Las 72 universales de los soñadores

Las 72 leyes universales de los soñadores

El arte de cumplir nuestros sueños

Mayte Ariza

VERGARA

Primera edición: septiembre de 2023

Printed in Spain – Impreso en España

ISBN: 978-84-19248-65-7
Depósito legal: B-12028-2023

Compuesto en Llibresimes, S. L.

Impreso en Romanyà Valls, S. A.
Capellades (Barcelona)

VE 48657

Dedicado a mi Mentor:

Un sueño sin acción es ilusión.

Daisaku Ikeda

Con gratitud infinita a mi árbol genealógico:
a mi padre, Antonio, por ser mi ángel de la guarda;
a mi madre, Xenia, por ponérmelo tan difícil;
a mi marido, Giorgio, por ser cómplice, arte y parte de mis sueños;
a mi hijo, Sasha, por tu amor incondicional;
a mi hija, Sumié, por tu sensibilidad;
a mi hermana, Naima, porque siento que estoy en deuda.

A mis amigos del alma, Séfora y Luca,
por vuestra sabiduría, y por ser inspiración en mi vida.

Para todos los soñadores del Universo que deseen de todo corazón alcanzar sus sueños.

A todos mis queridos dreamers *que forman parte de la órbita de la estrategia de los sueños. Gracias por vuestra confianza, aprendizaje y prueba real de que los sueños se hacen realidad.*

A mi hada madrina, Belinda Washington; a mi querida ilustradora, Raquel, por mostrar mágicamente las leyes, y a mi querido assistant, Alan, por tu apoyo incondicional en la expansión del arte de soñar.

A Sayda, quien me brindó su ayuda para organizar los conocimientos.

A Charo, Sergi, Miriam D. A. y Fer. Sois magia del Universo en estado puro. Este libro es también vuestro.

ÍNDICE

LEYES MENTALES

LEYES ESPIRITUALES

LA LEY DEL CARIÑO

Llevo años escuchando a Mayte hablar de las leyes. Ella dirá cuántos. Ella dirá también lo que me cuesta a mí aprenderme una ley... Llevo, en consecuencia, mucho tiempo siguiendo la metodología de la estrategia de los sueños. No soy una estratega, pero me he convertido en una adicta a los sueños —que parecen solo sueños hasta que acaban convirtiéndose en realidad—. Y así, un paso tras otro, *citius, altius, fortius* —más rápido, más alto, más fuerte—, hasta el punto de denominarme «olímpica de los sueños», aunque no siempre con el pódium definido.

Llevo años soñando gracias a Mayte. Trabajando por mis sueños, gracias a mi coach; trabajando, digo, porque como ella insiste siempre: un sueño sin acción es ilusión. Y me hace especialmente feliz que por fin vea la luz el libro sobre su método basado en las leyes de los sueños..., y así, de paso, a ver si consigo aprenderlas.

El día que le dije «sí» a Mayte no sabía que iniciábamos un «matrimonio» que nos iba a permitir soñar juntas sin necesidad de compartir ronquidos. Los sueños que he compartido con ella, y que se encuentran alineados o alineándose con esas leyes que tan bien explica en este libro, se han convertido en todo un ejercicio, no de supervivencia, pero sí de vivencias continuas, en la medida en que a un sueño le ha seguido siempre otro, sin siquiera planearlo, como una especie de historia interminable.

Aquel día fue uno de esos momentos que me hacen sonreír aún hoy cuando lo rememoro. A través de una amiga que tenemos en común, Mayte me había pedido que participara en una jornada dedicada a mujeres embarazadas en la que yo tenía que hablarles de su imagen. Me lo propuso meses antes de la cita, como buena previsora que era gracias a la experiencia que ya tenía como coach, algo que yo en ese momento desconocía. Así que cuando recordé mi cita una semana antes del evento, me eché a temblar, pues imaginé que nadie acudiría a un congreso de esas características un sábado por la mañana. Cuando entré en la sala de baile del Círculo de Bellas Artes de Madrid y la vi llena de tripas felices, sonreí satisfecha, como lo hago mientras escribo esto. El caso es que yo les hablé desde el corazón y, entre otras lindezas, les dije que las hormonas eran unas locas cansinas que a veces convertían a las embarazadas en una especie de monstruo lleno de preguntas y malestares que ni una madre ni una pareja eran capaces de aliviar, por lo que les sugerí buscar ayuda fuera de casa. Osé decir la palabra «coach» y ahí, como diría Félix Rodríguez de la Fuente, «el león oteó a su pieza». Vamos, que nada más terminar aquella suerte de conferencias Mayte me buscó para ofrecerme una sesión de regalo para que apreciara su método.

Y ahí empezó todo.

Aunque casi termina.

Porque en nuestra primera cita recuerdo que le conté algunos pesares laborales que vivía entonces, y ella me increpó con una de esas cariñosas frases suyas que te ponen entre la espada y la pared para que reacciones: que, si cambiaba yo, cambiaba mi ambiente. O sea, que además de estar jorobada, ¿era yo quien tenía que dar un giro al timón?... Casi me levanto y la mando a esparragar. Pero opté por seguir sentada. Y así hasta ahora.

E indudablemente he descubierto que, si cambio yo, cambia lo que me rodea. Y que los sueños se cumplen, aunque, ¡oiga!, hay que ver cómo y cuánto se sufre. A veces, conseguirlos. A veces, incluso después de lograrlos. Así es la vida, la ley de la vida.

Que nadie se equivoque con este libro. No es de autoayuda y tampoco de visionarios, por mucho que los *dreamers* sintamos que se nos otorgan poderes. Menos aún de derecho, por aquello de las leyes. Este es un libro de conocimiento. También de autoconocimiento, ese que hace que seamos capaces de reconocernos como fuerzas naturales de nosotros mismos. Eso es en lo que Mayte es experta. Porque su método integra en el entrenamiento de los sueños y su posterior consecución, el conocimiento de uno mismo, lo que es fundamental para alcanzarlos.

Con Mayte, aplico otra ley, la del agradecimiento. Porque es de agradecer que te ayuden, por ejemplo, a dejar de emplear palabras que no te hacen bien porque pueden llevarte a estados de desagrado y de inmovilidad. O a descubrir ese monstruito que todos llevamos dentro que se convierte en el personaje que se impone a nuestra persona y que debemos trabajar para neutralizarlo. O a cantar permanentemente eso de «saber que se puede», teniendo en cuenta las posibilidades de cada uno, porque luego ya se sabe que actúa el universo y las circunstancias, a veces, adversas o simplemente aplazadoras de los sueños. También es de agradecer que te ayuden a no acomodarte en el pasado, aunque todos tengamos uno. O a eliminar el miedo acostumbrándonos a vivir en la incertidumbre, porque así es la vida, una incertidumbre, así que debemos librarnos de quienes la sienten repleta de verdades absolutas.

Me encanta que Mayte no me felicite por mi cumpleaños, sino por el cumplesueños, como a todos sus *dreamers*. Porque, igual que los años alimentan otros años hasta convertirnos en los seres que vamos siendo —conquistando nuestro pasado y cursando el máster de nuestro futuro—, a un sueño le sucede otro generalmente mayor. Pero también me gusta que en cuestión *dreamica* el tamaño no importe, pues da igual que sean grandes o pequeños: todos cuentan. Y que Mayte me enseñe a vivir soñando mi sueño, a veces recordándome mi propósito. A desengancharme de mi adicción emocional, a cambiar exigencia por excelencia, a observar sin juzgar y a trabajar el ego.

Agradezco, en fin, que me acompañe. Porque cuando soñamos, a veces es superior a nosotros esa sensación que tenemos de caer al vacío, de estar en un ascensor que desciende sin freno... Tener la mano tendida y el corazón abierto a tus visiones soñadoras como *partner in crime* es mucho más agradable que hacerlo en la soledad de tus pensamientos y de tus propias leyes, que suelen ser selváticos. Agradezco que me guíe en el entrenamiento del sueño y a mover la energía que este demanda. Y que me ayude con su secreto de mantener el mío oculto a ojos, oídos y sentidos ajenos, custodiado en la caja fuerte de mi propio deseo, en lo que ella denomina «círculo de protección», sin interferencias de ningún posible depositario, salvo que el propio sueño pida a gritos ser compartido con un supuesto cómplice para elevarlo a la realidad.

Dijo Steve Jobs que solo los locos son capaces de cambiar el mundo. Yo creo que quería decir «soñadores», que solo los soñadores son capaces de impulsar el cambio del mundo: el exterior y nuestro pequeño mundo interior. Mayte es muy

Jobs. Por eso y porque es una dura tierna. Y muy gato. Se escabulle de los abrazos tanto como los busca. Y yo he dicho que no me aprendo sus leyes, pero sé que hay una que nos une aunque no hable de ella. Pero habla constantemente del amor. Y algo transmite que la incluyo entre mis leyes. Porque me ha enseñado a pilotar desde el amor, aunque a veces me salgo en las curvas. Y porque ya dicen que el roce hace el cariño y nuestros coches se han rozado mucho. Por eso la nuestra es la ley del cariño.

CHARO IZQUIERDO

EL CÓDIGO A.R.I.Z.A.

Si algo me fascina del código A.R.I.Z.A. es la capacidad de saber leerme y escucharme sin yo hablar y darle luz a lo que oculto en mi cajón de las emociones dormidas, de mis heridas disfrazadas.

MIRIAM DÍAZ-AROCA

PRÓLOGO

Cuando miramos el mundo en el que vivimos hoy en día, tiene cierto sentido que lleguemos a concluir que no es el mundo en el que querríamos vivir, ¿verdad? Sin embargo, es aquel que, poco a poco, entre todos hemos ido forjando. Pocas personas sospechan que es un mundo hecho y rehecho a nuestra imagen y semejanza. Y menos personas aún sospechan cuán atrapados estamos en él por el hecho de creer que este mundo humano es ajeno a nuestra responsabilidad.

De hecho, somos tan responsables de él que ya no vale creer que con solo pensar que queremos un mundo mejor esto vaya a suceder. Primero debemos asumir nuestra cuota de participación en su construcción. Inconscientemente, participamos de él de muchas maneras, pero la más inconsciente de todas es con nuestra gran ignorancia. Damos por hecho demasiadas cosas que no son verdad. Pero la mayor ignorancia de todas es no saber quiénes somos ni qué hacemos en este mundo.

Parece que el «conócete a ti mismo» que presidía el templo de Apolo en Grecia, hace unos dos mil quinientos años, no ha pasado de moda. Sin embargo, nosotros nos lo hemos pasado de largo. Hemos llegado a la era tecnológica sin haber resuelto los fundamentos de la vida humana como tal. ¿Alguien se ha dado cuenta de que evolucionar es crecer y madurar en lo profundo de cada uno, y no, en cambio, descargarnos la última actualización de una aplicación para nuestro smartphone?

Los valores fundamentales de toda vida consciente son descubrir y disfrutar la riqueza de dicha conciencia. No somos conscientes por azar, tal y como nuestra ciencia actual pretende asegurar. El orden que da forma a nuestro sistema solar responde a una inteligencia, y esta, a una intención universal. De este orden inteligente e intencionado surge nuestra conciencia humana. Formamos parte del universo entero, igual que el mosquito que se posa en nuestro brazo a merendar o la galaxia más alejada de la nuestra. Todos unidos en su inteligencia, todos unidos en su orden consciente.

Solo tienes que salir a mirar el cielo de cualquier noche estrellada para sentir —porque se siente— que algo da sentido y orden mayúsculo a semejante inmensidad de vida. Si la ola de mar que baña tus pies cuando paseas por la orilla de cualquier playa no llega por azar, ¿por qué debería ser azar que existas? ¿Acaso tu vida no forma parte de la inteligencia que rige en perfecto equilibrio el sistema solar en el que vivimos?

Expongo todo esto porque seguidamente viene el contenido de esta maravillosa obra, *Las 72 leyes universales de los soñadores*. Y no tiene mucho sentido que te sumerjas en ellas sin antes haberte preguntado: «¿Cuán responsable soy de mi propia vida?». Algunas personas vivimos la vida sentadas frente al templo de Apolo —sí, a la vieja usanza—, y hemos permitido que nuestras aplicaciones de smartphone caduquen. Por suerte, mi smartphone es suficientemente inteligente como para recordarme qué aplicaciones han llegado a su fin hoy. Pero ¿qué o quién me recuerda que no soy feliz debido a que participo de una vida de la que desconozco sus leyes?

Es más, ¿qué o quién me recuerda que cuando me siento solo o angustiado en realidad es porque no sé quién soy?

El poder que vemos irradiar en las niñas y en los niños pequeños no se debe a su fuerza, sino a su integridad. Son seres íntegros, y por ello viven de acuerdo con su naturaleza. Para ellos «soñar» y «hacer» son la misma palabra. Para ellos nada queda muy lejos en el horizonte de las posibilidades. Debes reconocer que de ahí —cuando éramos niños— a nuestra actualidad —los adultos— a menudo el viaje no suma, sino que más bien resta. Ellos no se preguntan el porqué de sus cosas ni se sientan delante de antiguos emblemas petrificados por el tiempo, porque ellos son lo que son sin dudarlo y, sobre todo, sin menospreciarlo.

Estas leyes que Mayte Ariza nos comparte son para aquellos que estén dispuestos a recordar su integridad y su capacidad de soñar. De caminar de regreso a su naturaleza vital: la de estar vivos, ¿recuerdas?

Antes de marcharme y dejarte frente a la inmensidad de las leyes universales de los soñadores, quiero hablarte de su divulgadora, Mayte Ariza. La conozco desde hace unos seis años. Recuerdo que se acercó a mí después de una charla que yo ofrecí y me dijo: «Te he escuchado con mucha atención, porque me han hablado mucho de ti, y tengo que decirte que no me ha llegado nada de lo que has dicho». Así empezó nuestra gran amistad, con la honestidad como testigo. Pocas personas conocen el preciado valor de una honestidad que nace del corazón y no del juicio. Muchos conocen a Mayte por su gran fortaleza. Ella es de esas personas que destilan poder a su paso, y digo destilan y no emanan porque es una gran empoderadora de los demás, y eso también se llama humildad. Y es que escribir un libro que lleva por nombre *Las 72 leyes universales para los soñadores* puede implicar dos cosas:

que te crees que sabes mucho o que eres suficientemente humilde como para haberte sumergido en las catacumbas de tu humanidad y sonreírles, y valiente como para atreverte a compartir aquello que se te ha enseñado a cada paso de tu camino. ¡Gracias, Mayte!

SERGI TORRES

DESDE DÓNDE:
MI PROPÓSITO

Me gustaría explicar que, para mí, la vida no ha sido fácil y que me considero una superviviente de un entorno complejo, donde el sacrificio y el sufrimiento eran las consignas de mi existencia.

La vida que tenía no me gustaba, y la familia con la que crecí, después de la trágica muerte de mi padre, fue un tormento. Esto fue así hasta que empecé a desarrollar una capacidad de soñar que me llevó a un crecimiento espiritual donde los límites se difuminaban con la grandeza del universo. No todo era una casualidad; debe de existir un orden que lo rige todo, aunque no lo comprendamos con la razón ni con la mente. Gracias a mi capacidad de observación, tomé consciencia de que los sueños se conectan con el ritmo del universo y, cuando empecé a comprender cómo podía suceder lo que soñaba, decidí recopilar información, estudiarla, profundizar en ella y meditarla. Divulgar las leyes resultantes de todo este proceso con el arte de soñar se ha convertido en una misión.

Nadie vive una existencia ausente de dificultades, pero mi propuesta para transformarlas en beneficios es lo que yo denomino «aprender a soñar». Un sueño de verdad te transforma en lo que sueñas y brota del corazón en estado de absoluta conexión con el universo. Para que lo que sueñas aterrice en la realidad, las leyes te guían en la orientación y en la materialización de estos sueños. Y, sin duda, esto ha sido para mí un descubrimiento que me ha ayudado personalmente, pero también ha ayudado a muchas personas a facilitar el alcance soñador.

La vida es una olimpiada donde se gana o se pierde. Tener y vivir una vida soñada es una victoria absoluta.

INTRODUCCIÓN

¿Eres consciente de que el universo tiene su propia constitución con sus características leyes? ¿Y sabes qué? Aunque esas leyes no estén recopiladas ni escritas en un macrodocumento, el cosmos deja claro su poder de influencia, su huella de intervención, su maestría incuestionable y su inmensidad inimaginable.

Las leyes habitualmente legitiman nuestras acciones y nos hacen vivir de acuerdo con un orden. Las leyes de los soñadores, que aquí te propongo, las he ido descubriendo gracias a mi capacidad de observación de los fenómenos de la vida en coherencia con el universo, y la interacción del ser humano con su vida en relación con sus sueños. Se trata de leyes universales que nos empoderan para tener más fuerza y así poder alcanzar nuestros sueños. Si nos alineamos con ellas, ganamos en coherencia y grandiosidad. Estas leyes se rigen por dos palabras claves: «energía» y «consciencia». Y con esto no quiero decir que estas leyes estén por encima de las leyes civiles, constitucionales o sociales, sino que conviven con ellas creando reglas invisibles para vivir de una forma más poderosa, iluminando sueños y creando un ritmo en sincronía con el universo.

Según la Real Academia Española de la Lengua, la ley es

un «estatuto o condición establecido para un acto particular», o «precepto dictado por la autoridad competente, en que se manda o prohíbe algo en consonancia con la justicia y para el bien de los gobernados». Las leyes son un sostén que legitima unos actos, y son necesarias para vivir en sociedad con respeto y libertad. En esta macroconvivencia interrelacionada que experimentamos en este mundo, estas leyes ponen unos límites necesarios en nuestra manera de actuar con los otros para que podamos, se supone, vivir tranquilos y seguros. Estas leyes que hemos creado los humanos impregnan nuestros Códigos Penales y Civiles, con el fin de lograr un espacio de convivencia armonioso para todos. «Armonía para todos», he dicho. Curiosas palabras, o más bien codiciadas, cuando en esta sociedad lo que menos abunda es la armonía y la paz. En cambio, sí sobra la desigualdad en el mundo, los enfrentamientos continuos en las relaciones humanas y las guerras están servidas en el mapa de los cinco continentes. Quizá sea porque no estamos alineados con esas leyes soñadoras universales que aquí te propongo para poder ser más felices y tener una prosperidad más afín a la abundancia del universo y a aquello que soñamos. Si de algo estoy infinitamente convencida es de que un soñador que sueña y que quiere hacer su sueño realidad nunca busca la guerra, sino todo lo contrario: conquista su felicidad interior y desea la paz. Un soñador profesional, de los que trabajan por su sueño, tiene la consciencia muy elevada y desprende una energía poderosa que mueve realidades inmutables hacia sueños alcanzables. Una especie de magia con sentido común.

He llegado a la conclusión de esta fórmula: $M = E + C$ (magia es igual a energía más consciencia). Me explico: magia con sentido común es igual al movimiento canalizado de energía con la consciencia elevada.

Las leyes universales de los soñadores han existido siempre, desde el remoto pasado hasta el infinito futuro. Con su rigor de exposición demuestran que nada es azaroso y que todo está regido por un equilibrio perfecto, aunque sea incomprensible por la mente y tengamos que romper límites para no entender, y sí comprender, desde otro lugar. Muchos las conocemos desde la experiencia y desde la intuición, aunque no sepamos ponerle palabras a lo que supone algo inexplicable, fortuito o mágico. Y, sin embargo, te quiero invitar a que pongas un pelotón de neuronas con atención a lo que vas a leer en este texto, que he escrito después de un estudio atento y focalizado que me ha llevado casi treinta años de observación y cuatro de recopilación, a que las comprobemos para así poder entender no solo que tiene que ser algo empírico, sino que la demostración se experimenta con la propia vida, y que se convierte en una prueba real de todas estas leyes que voy a compartir contigo.

Al formar parte de este universo, de manera a veces incomprensible y poco consciente, compartimos las leyes que lo gobiernan y lo constituyen en sí mismo. A un nivel multidimensional, estamos totalmente interconectados por dentro y por fuera por el universo.

Las leyes de las que te voy a hablar en este libro son las leyes universales de los soñadores que, de manera implícita y explícita, rigen el universo y nuestra vida. Conocerlas, comprenderlas y respetarlas nos facilita nuestro camino hacia el logro soñador. En mi metodología, llamada estrategia de los sueños, la Dream's Strategy, existen 72 leyes.

Cada una de ellas es un tesoro inigualable, una puerta abierta al universo de probabilidades en la consecución de tus sueños. Todas te pueden acompañar en tu viaje soñador. Por eso conocerlas es tan importante. Descubrir estas leyes nos hace alinearnos con el orden deslizante y poderoso que sustenta el universo. Y en esa conexión, los sueños se alcanzan con maestría poniendo en marcha nuestra sabiduría innata y nuestra belleza de tener una vida en armonía.

LAS LEYES DE LOS SOÑADORES FUNDAMENTALES PARA SOÑAR CON ESTRATEGIA

De esas leyes universales, ¿cuáles son las leyes de los soñadores?, ¿cuáles nos pueden ayudar a conseguir nuestros sueños? A lo largo de mi vida y de los procesos con mis *dreamers* (así llamo a mis clientes, soñadores con estrategia, y *dreaming process* le llamo a ese trabajo de alcance soñador) he descubierto las leyes que están intrínsecas en la vida de todos los seres humanos. He comprobado con mis propios ojos, desde la mirada interior, que estar alineado fluidamente con ellas nos conecta de modo directo con los principios que rigen el universo. Principios ilimitados, inmensos y profundos que sostienen la vida. Cuando nos alineamos con estas leyes, entramos en armonía con el universo y, esencialmente, recibimos el efecto de la abundancia. De pronto, nuestro microcosmos conecta con el macrocosmos, y eso nos hace omnipotentes y nos facilita poder para obtener infinitos beneficios.

De la misma manera que en una gota de agua del mar se concentra toda la inmensidad del océano, el mundo de un soñador conectado con la fuerza del universo contiene un poder inmensamente universal en nuestra vida, que puede inundar todo nuestro ser con una enorme potencialidad. En la estrategia de los sueños están contempladas las 72 leyes soñadoras que rigen el universo. ¿Quieres descubrirlas? Te las presento.

MINISTROS DE LOS SUEÑOS

Los auténticos soñadores están alineados con las leyes, a veces de forma consciente y otras de manera más inconsciente. A estos *dreamers* poderosos y a ti, querido lector, si tienes curiosidad por este libro, un sueño te estará rondando, y seguro que es así. Y voy a empezar por dirigirme a ti como ministro de los sueños. ¿Por qué? ¿No crees que te mereces que te trate como a un auténtico ministro que está sentado en el Congreso de tu vida? ¡Por supuesto que lo mereces! Eso y mucho más. A través de las páginas de este libro, uno de mis objetivos es que sientas el gran respeto y la autoridad que se merecen tus sueños que están por concretar. El mismo respeto que yo siento por ti, mi querido lector soñador, por atreverte a desafiarte con leyes. Y juntos vamos a compartir este emocionante viaje de soñar con poder gracias a muchas de estas leyes universales que están a tu alcance. Este libro tiene el propósito de abrirte la mente y hacerte conectar con esa energía más soñadora.

Me gusta hacer este paralelismo metafórico de ministros de los sueños para que trasciendas las leyes de la sociedad y conectes con las leyes universales de los soñadores. Con este símil, además de poner un toque de humor, quiero que te sientas importante, como los ministros que tratan temas de suma relevancia, ya que tus sueños lo son. Los asuntos de los ministros son a veces incuestionables, y así son también nuestros sueños: prioritarios, esenciales y, ¿por qué no?, incuestionables.

También los ministros crean leyes para cambiar o mejorar la sociedad y generar un nuevo comportamiento en los ciudadanos. Para mí no hay nada más potente en el universo que un soñador perfectamente alineado con las leyes universales de los soñadores. Gracias a esta constitución pueden vibrar en armonía desde su microcosmos hasta el macrocosmos en una proyección continua y recíproca. Conocer las leyes nos conectará con el *dreamer* que llevamos dentro, nos allanará el camino y nos enseñará a vivir en un universo de probabilidades donde nuestros sueños se hacen realidad sí o sí.

Estas leyes soñadoras universales las divido en leyes físicas, mentales y espirituales, tal y como verás a continuación. Cada una de ellas opera desde lo físico a lo tangible, desde lo mental a lo concreto y desde lo espiritual a lo real, según sus características de interrelación y manifestación.

Abróchate el cinturón, que la nave va a despegar, y navegaremos por este cosmos que nos pertenece y nos integra desde ese infinito estelar donde convivimos con las estrellas y podemos brillar. Porque un sueño siempre que se alcanza brilla, y en el camino hacia la consecución se abre una puerta estelar.

NOTAS IMPORTANTES

Me gustaría aclarar aspectos que considero importantes acerca de la filosofía de los sueños y el arte de hacerlos realidad.

Lo primero es que existe una dislexia semántica entre un «sueño» y un «objetivo». Y tenemos bastante cacao porque intercambiamos estos dos términos sin saber que existe una diferencia fundamental.

Un objetivo es una meta. Las empresas se marcan objetivos anuales, las personas también. Lo importante es llegar, alcanzar; la manera de hacerlo no es tan relevante como el punto de llegada. ¡Y si llegas hecho «unos zorros», ¿a quién le importa?! A nadie, seguramente. Un objetivo tiene que ver con el «tener».

En cambio, un sueño tiene que ver con el «ser», un sueño nace del corazón porque un sueño te transforma en lo que sueñas. La felicidad es importante en el sendero soñador. Si un sueño no te hace feliz, se convierte en una pesadilla. Un sueño te salva de la mediocridad, te hace único, te eleva, te conecta con tu ser, pues te hace consciente de lo que eres a través de lo que sueñas. Un sueño es una semilla de probabilidad implantada en el alma de un ser humano que lo induce a alcanzar su misión en la vida. Nadie puede soñar como tú; por ello, el sueño te convierte en líder y pionero de tu existencia.

Estamos condicionados por una creencia social y global de que los sueños son quimeras, tonterías y deseos fantasiosos con ninguna probabilidad de ser cumplidos. Claramente, con estas creencias trasnochadas e inconscientes, vamos directamente enfocados ¡al fracaso! Personalmente, no deseo abrir ningún debate social ni mucho menos intelectual, pero sí decido cambiar de registro idiomático para no sucumbir a esta definición, tan ajena a mi realidad, a mis creencias y a la de otros muchos que tienen muy presente el alcance de los sueños.

Soy consciente de que las palabras tienen mucho poder, y su semántica también, pero no puedo, ni debo, dejarme condicionar.

Me voy al inglés, más automático, más directo, más *business* y en la línea que deseo transmitir; por lo tanto, a las personas que se trabajan los sueños con profesionalidad y seriedad las denomino *dreamers*, «soñadores profesionales».

Soñadores con estrategia, y es así como llamo a mi metodología: Dream's Strategy (LA ESTRATEGIA DE LOS SUEÑOS).

Lo eterno y lo universal impregnan nuestros sueños. Soñar con estrategia es diseñar un plan de acción enfocado al resultado soñador. Soñar con estrategia forma parte del arte de soñar. Soñar para manifestar requiere de estrategias creativas y de herramientas poderosas. El salto de paradigma desde la realidad que tenemos hacia la realidad soñada es posible cuando incorporamos claves maestras, entrenamos la mente, ejercitamos la «arquitectura emocional» con una postura idónea que nos ayuda a instalarnos en aquello que soñamos viviendo la experiencia de «dar el resultado». Y las leyes son parte de la estrategia de los sueños.

LEYES FÍSICAS

Las leyes físicas están relacionadas con lo que percibe el cuerpo, con la materia. Por eso son más tangibles. Tanto tú, que lees, como yo, que escribo, tenemos un cuerpo físico que necesita alimento para nutrirse, agua para hidratarse,* oxígeno para respirar y movimiento para crecer. Este envoltorio resistente que somos alberga nuestros órganos vitales.

El corazón, motor que bombea la linfa vital, y un caparazón tan duro que protege a nuestro órgano más importante y que nos permite ser mucho más que vegetales: ¡el cerebro! Este gran piloto es el que conecta y regula todas nuestras funciones vitales y nos relaciona con nuestro entorno. Esta mente prodigiosa está constantemente nutriéndose de pensamientos y emociones gracias a su complejo sistema de conexiones neuronales. Unas sinapsis tan ponderosas que superan nuestra capacidad de cálculo y, además, generan resultados de valores incalculables.

---

* Excepto aquellos que viven con el alimento del prana: existen seres humanos con un nivel de consciencia muy elevado que viven alimentándose solamente de la energía que contiene el aire y el sol, y sus nutrientes son equivalentes a la comida y al agua que ingerimos. Y aunque parezca increíble, es cierto. Conozco a una persona muy querida y cercana que lleva mucho tiempo sin ingerir alimento sólido y conectada con el prana.

Pero el cuerpo también es algo sagrado, pues es el envase de nuestro corazón y nuestra alma o el altar de nuestro espíritu. Esa energía, que apenas pesa veintiún gramos, necesita un espacio privilegiado para materializarse, un lugar de custodia, un hogar donde protegerse, un templo desde donde recogerse y una antena parabólica desde donde expandirse. Estas leyes físicas impactan más sobre nuestra materia física y corporal que sobre nuestro espíritu, más etéreo e intangible. Veamos cuáles son.

1

LEY DE LA CLARIDAD

La claridad de un sueño es directamente proporcional a la velocidad con la que se consigue.

Esta ley relaciona con sentido común dos factores importantísimos en nuestro camino soñador: la claridad y la velocidad. Cuando tenemos claro lo que queremos, somos capaces de dibujar nuestro sueño con el máximo detalle y podemos visionar lo que podemos llegar a ser. La claridad genera velocidad y habilidad. Cuando esto sucede, activamos en nuestra vida una especie de cohete y encontramos lo que queremos rápidamente. Estamos demasiado acostumbrados a vivir en una nebulosa. Te suena, ¿verdad? ¿Qué ocurre cuando conduces con niebla? Si no quieres tener un accidente de tráfico, tendrás que desacelerar, ¿no es así? Si antes ibas a 100 km/h, ahora tendrás que ir a 60 km/h, y aun así irás inseguro porque no ves bien lo que tienes delante. En cambio, ¿qué ocurre cuando el día está despejado y no hay niebla a la vista? Que vemos con claridad y, en consecuencia, podemos llevar un ritmo normal y acelerar y adelantar cuando sea preciso. Exactamente igual ocurre en nuestra vida. Observar nuestros sueños de una manera cristalina nos activa inmediatamente para conseguirlos. Así funciona el sueño, cuanto más claro está, más rápido es el logro. Tú decides si te mueves por la vida en un tren regional de cercanías o si lo haces en un Ferrari. Pero no te confundas; esto no significa alcanzar los sueños a lo loco y rápidamente, no. Vamos rápido porque vemos claro dónde se encuentra nuestro sueño y lo que anhelamos. Sentir claridad es imprimir esa fuerza de visión desde la cual vemos y sabemos dónde está nuestro sueño, y al despejar la senda se activa la velocidad desde la certeza. El sentimiento de certeza es potente y esclarecedor.

A continuación, te voy a poner un ejemplo de lo importante que es definir y diseñar aquello que sueñas. En una ocasión trabajé con una *dreamer* que tenía muy poco tiempo, así que las sesiones de su *dreaming process* se centraban en que obtuviera la mayor claridad posible. De pronto, por motivos laborales mi *dreamer* tenía que mudarse de San Sebastián a Madrid. En una de nuestras sesiones decidió con absoluta claridad que su casa debía estar en el centro urbano de Madrid, que debía tener luz, silencio y espacio, y además tenía que ser económica.

Recuerdo que tuvo que ir a Madrid unos días por trabajo. En esos días acudió a casa de una amiga periodista a tomar el té, y cuando entró en el portal sintió que allí estaba su nuevo hogar. En medio de la conversación con su amiga descubrió que había un apartamento disponible. ¡La casa la encontró a ella! Sí, como lo oyes. Este lugar reunía los requisitos deseados aderezados con lujo y elegancia. Además, encontrarla le supuso una inversión de cero segundos. Por si fuera poco, estableció una amistad tan grande con el administrador de la finca (quien obviamente le hizo un precio muy especial) que su relación culminó en un noviazgo con su hermana. Y lo más anecdótico es que empezó a atraer a sus amistades al edificio y así acabaron convirtiéndose sus mejores amigos en grandes vecinos. De este modo su casa llegó a ser un lugar de encuentro, donde el hall y los rellanos del edificio eran mucho más que simples espacios comunes. No creo en las casualidades; sé que la casa la encontró a ella porque clarificó en su mente y sintió en su corazón lo que deseaba y soñaba, y cuando la vio la reconoció inmediatamente.

Tener claridad en tu sueño te convierte en un imán y posiciona tu vida en un lugar estratégico que magnetiza tu deseo haciendo de la atracción un hecho, lógico y físico, tan real como la ley de la gravedad. Claridad soñadora como un cristal, de manera que, cuando lo ves, lo alcanzas.

② LEY DE LA SIMETRÍA

La simetría de un sueño es directamente proporcional al reflejo ordenado en la propia realidad.
Cuando cumplimos la ley de la simetría, nuestros puntos de realidad se corresponden a los puntos en paralelo dentro del plano soñador, y viceversa.

Se trata de una ley hermosa. Nuestras partes fundamentales para facilitar un sueño se ordenan para que se reflejen en la realidad como cuando nos miramos al espejo. Dicen que la belleza de un rostro se basa en la simetría de sus partes. Y para mí la belleza de un sueño se basa en la simetría, no solo de sus partes, sino también en la de su propio reflejo en nosotros y de nosotros en él, proyectados a la realidad como consecuencia natural.

El orden interior nos capacita para proyectar el sueño y ordenar la realidad para que este se cumpla. Somos simétricamente soñadores cuando nuestro interior proyecta en el exterior exactamente lo que queremos. El ser humano tiende a buscar fuera, a echar las culpas a su entorno y a castigar a los demás; pero las equivocaciones que nos afectan son solo nuestra responsabilidad.

Cuando entendemos profundamente que nuestro ambiente es nuestro reflejo, y que un cambio interior produce un cambio exterior, trabajaremos por el sueño internamente también y activaremos en automático un componente que facilite que encontremos los recursos apropiados para alcanzar y realizar nuestros sueños en el exterior. Todo lo que pasa fuera tiene que pasar antes dentro.

Esta ley del efecto de la simetría soñadora está sustentada por el fenómeno físico llamado *entanglement*, que consiste en la observación de dos partículas de materias nacidas de un mismo evento de colisión, que tienen las mismas e idénticas características, y por ello se llaman «gemelas». Pero el dato curioso es que, a través de sofisticados experimentos electromagnéticos, han visto que el comportamiento individual de una de las partículas, separada y aislada, afecta a la otra por igual en un efecto simétrico. Por ejemplo, si una rota, la otra lo hace exactamente igual que su gemela, sin ser intervenida. Y es así como funciona el reflejo de un sueño interno en la realidad exterior.

Siempre me emociono cuando recuerdo a una *dreamer* que echaba la culpa a los hombres egoístas que siempre encontraba en su vida. Un día, en una sesión entró en estado de shock cuando reconoció que ella era tan egoísta o más que el hombre con el que en ese momento tenía una relación. Pudo ver profundamente su comportamiento, y por dentro le produjo hastío y rechazo, no su novio, sino ella misma. Decidió entonces perdonarse y empezar a ser más generosa con ella misma. Comenzó a romper con todo aquello que suponía pagar un alto coste emocional a cambio de una vida material. Por supuesto, rompió su relación, pero no porque dejó de querer a ese hombre, sino porque empezó a amarse a sí misma y, en consecuencia, a respetarse profundamente, y entonces sus valores existenciales primaban sobre sus apegos superficiales. Su vida empezó a brillar como un sol y el reflejo de sus rayos iluminaba su camino, hasta que encontró una pareja simétrica a sus sueños que correspondía con sus valores. Lo demás es historia, amor, hijos y familia.

La simetría de un sueño expande; el sueño en un espacio ilimitado. Como espejos que se reflejan infinitamente en una secuencia ilimitada. La autora del best seller *Come, reza, ama*, Elizabeth Gilbert, declaraba en una entrevista en la que le preguntaban cómo se había ganado una vida feliz con su marido: «Aprendí a tratarme tan bien a mí misma por mi cuenta que, cuando alguien te trata tan bien como tú te tratas, reconoces a la persona y al sentimiento, porque es lo que has estado haciendo todo ese tiempo».

Ella encontró a su marido tratándose bien a sí misma, y sus actos reflejos se proyectaron con amor en la pareja en ese momento de su vida. Y aunque ahora esté divorciada de ese hombre y haya cambiado de pareja, ese fue el inicio de su nueva etapa de respeto a sí misma y de amor simétrico y en paralelo.

❸ LEY DE LA PROXIMIDAD

La proximidad física a nuestro sueño es directamente proporcional al aumento de las probabilidades tangibles que tenemos de alcanzarlo. Cuanto más sea nuestra proximidad física y material a nuestro sueño, más aumentan las posibilidades de lograrlo.

Esta ley es muy interesante. Estar próximos a nuestro sueño y a lo que representa significa saborear con la mirada la cercanía real para poner acción en aquello que queremos alcanzar. Esta ley funciona casi como la ley de la gravedad. Vamos atrayendo lo que soñamos por proximidad, el cerebro va entiendo lo que quiere y se acerca al plano real.

Aunque no conozco personalmente a Carmen Cervera, la baronesa Thyssen, siempre la he admirado. No solo por su sensibilidad en el arte y su tenacidad en conseguir lo que quiere, sino por su capacidad de soñar a lo grande. Creo que ella es un modelo ejemplar de la ley de la proximidad. Me atrevo a decir que sus realidades sentimentales han sido fruto de sueños alcanzados con esta ley. Su primer marido, el actor de Hollywood Lex Barker, fue fruto de una aproximación mental y emocional. Carmen Cervera siempre soñó con casarse con un millonario. Y, sin saberlo conscientemente o no, se alineó con la ley de la proximidad. Ella invirtió tiempo, energía y talento para estar estratégicamente en el lugar donde podía encontrar las grandes fortunas del momento. Ese lugar era la Milla de Oro de Marbella. Y con esa determinación, claridad y enfoque, más próxima a sus sueños que a su bolsillo, se desplazó a su oasis soñador, donde encontró el maná de sus sueños infinitos. Allí se enamoró del barón Thyssen Bornemisza y siempre estuvo cerca de él, hasta su muerte.

Ahora parece claro, pero se trata de la lógica de una ley vivida con firmeza. Nuestro sueño, próximo físicamente, se convierte en un referente posible y real con sus poderes fácticos. El cuerpo siente y la mente debe también aprender mirando con los ojos lo que queremos alcanzar. Y sentir delante con proximidad lo que se desea alcanzar.

4 LEY DE LA INTEGRACIÓN

La integración de nuestro sueño en nuestra vida es directamente proporcional a la intensidad con la que sentimos y vivimos nuestra transformación soñadora en nuestra rutina diaria.
Así, aceleramos con vitalidad el cambio. De manera que la vida se integra en el sueño y el sueño se integra en la vida.

Es curioso, pero la normalidad del *Homo sapiens* es vivir el sueño como un anexo a su cotidianeidad. Como tales, dedicamos poco tiempo al sueño y, en consecuencia, le damos una importancia relativa. Así, el sueño se queda como un apéndice, una especie de encefalograma plano donde se convierte en un analgésico para vivir en la ilusión desde un plano imaginario.

Si integramos el sueño a nuestra vida cotidiana, le pondremos patas y luego alas. Y el sueño cargado de ilusión empieza a dar los primeros síntomas vitales, la puesta en marcha. La prueba real de un sueño que se va realizando es el tiempo de calidad que le dedicamos para que se integre en nuestra vida con naturalidad, y no se desintegre como una ilusión pasajera.

A menudo me conmueve pensar en una de mis *dreamers* que se emocionaba y lloraba en las sesiones cuando integraba su sueño con emoción en su vida real. Escritora y periodista especializada en derechos humanos, todo lo que hacía y vivía era siempre desde el exterior, como si fuese ella una pieza externa de todo lo que creaba, un colgajo sin importancia. Un día fui a escucharla dar una conferencia en la que hablaba sobre el contenido de su libro. Mi *dreamer* hablaba sobre la biografía de una interesante mujer mexicana llamada Eufrosina que luchaba por los derechos humanos de las mujeres indígenas. Su conferencia se convirtió en la promoción de la protagonista del libro. La autora (mi *dreamer*) se diluía en las sombras perdiendo notoriedad e importancia y, en cambio, era la protagonista del libro la que brillaba. Es cierto que la protagonista del libro es una valerosa mujer llena de coraje por sus hazañas, pero la protagonista de la conferencia era la *dreamer*, la escritora. Pero al no tener su autoría integrada, sutilmente pasó a un segundo plano como una mera portavoz de un mensaje solidario.

Cuando detecté lo que estaba sucediendo se lo hice notar, y ella empezó vorazmente a integrar el resultado de su sueño en su vida y a trabajar en la autoría consciente e integrada del libro. A los quince días, el tono de su siguiente conferencia fue mucho más elevado. Los aplausos esta vez fueron atronadores, y ella sentía una felicidad inmensa al comprobar que de verdad había integrado auténticamente su sueño en su vida, y su trabajo estaba siendo reconocido como se merecía. Ahora narraba la hazaña de una aventurera como Eufrosina desde el acompañamiento personal. La integración la llevó al respeto de su sueño y, en consecuencia, al reconocimiento de su público, emocionado ante ella. Y los siguientes libros los firmaba con la autoría que se ella merecía.

5

LEY INFINITA

El infinito universo soñador es directamente proporcional a las probabilidades infinitas para que, sorprendentemente, se hagan realidad. Los sueños tienen ese campo de expresión infinito de probabilidades que a veces ni siquiera podemos imaginar para que se cumplan.

Ir ajustando los sueños a un espacio ilimitado desarrolla en nosotros una capacidad infinita de realizarlos. Además, nos dota de infinitos valores y capacidades para que aumente la probabilidad del alcance de la realidad soñada donde se ha determinado cumplir en ese espacio soñador. Parece una paradoja, pero así funciona.

¿Verdad que a veces nos ha sucedido algo que nunca hubiésemos imaginado que pudiera ocurrir de esa manera? Ni en las mejores versiones de lo que pensamos que pudiera suceder, jamás podría imaginarme lo que se manifestó de una manera tan extraordinaria que solo la abundancia infinita del universo deja claramente su poder de intervención.

Si es cierto que los sueños tienen infinitas maneras de ser realizados, ¿por qué nos ponemos miles de excusas para no llevarlos a cabo? ¿O por qué pensamos que existe un solo camino para alcanzarlos y, además, que ese camino es imposible? Cuando pensamos que solo existe ese camino y nos empecinamos en una manera única de lograrlos, vemos nuestros sueños desde un prisma obtuso y no con un gran angular. Nuestros objetivos son enanos cuando nuestra visión utiliza un microscopio en vez del telescopio de la vida con el que ampliar la visión para proyectar el alcance. La dimensión del enfoque provoca un grado mayor de apertura y, en consecuencia, aumentan las probabilidades del logro. Aumentar los puntos de vista, generar masa crítica, compartir nuestros pensamientos para obtener probabilidades inicialmente no contempladas ayuda a desplegar las condiciones adecuadas, los requerimientos indicados para que el sueño aumente su capacidad de realización y su calidad al obtenerlo. Sin límites, sin coraza, con leyes guiadas por una vibración infinita que hace sentir que la vida está ahí para ser aprovechada; es un milagro posible dotado de un encanto mágico donde todo se alinea para saltar del sueño a la vida real soñada.

En mis sesiones siempre me gusta cuestionar la amplia manera de obtener resultados y aumentar también la calidad de ellos. Recuerdo que uno de mis soñadores profesionales (sénior de Chanel) me comentaba que solo existía una manera de llegar a su sueño. Desde que le he cuestionado, su manera de acercarse a su futuro trabajo soñado en esta marca de lujo ha desplegado su talento único de formas infinitas. Mi *dreamer* ha ganado una beca en Chanel, ha sido contratado durante dos años por la propia marca en calidad de *assistant manager*, ha estado en París en los desfiles de esta codiciada firma, donde solo un puñado de privilegiados pueden acceder; ha sido solicitado por marcas internacionales que apuestan por su creatividad en moda y arte; ha sido contactado por revistas como *Vogue* y *Vanity Fair*, que empiezan a abrirle sus páginas dedicadas a promocionar su arte y sus diseños, además de haber obtenido espacios para sus obras de arte cedidos por galerías en numerosas ocasiones. Sin duda, todos estos pasos suponen un abanico infinito de posibilidades que lo acercan a su sueño. Además, ahora él tiene un as en la manga para cuando esté delante de su sueño. Ante él podrá desplegar ese talento infinito que, ahora sí, está cultivando mientras lo está alcanzando, a la vez que está aprendiendo de la mejor versión de sí mismo y está poniendo su talento extraordinario al servicio de sus sueños.

Este *big dreamer*, llamado con el alias de Gabrielle, ha empezado a seducir a toda la órbita del *management* de Chanel. A veces, el CEO de España, cuando le dedica a sus obras un aplauso, le presenta con el prestigioso apellido de Lagerfeld. Actualmente, y después de conseguir un puesto de responsabilidad en Madrid —primero como *visual merchandiser*, responsable de toda la imagen de la marca Chanel, en el mayor punto de venta de Madrid, su lujosa tienda en la calle Ortega y Gasset (barrio de Salamanca, la zona más chic de Madrid)—, lo han trasladado a Dubái. Es cierto que todavía no ha alcanzado el *top dream*, pero te aseguro que está *on the road*. Y no contaría esto si no tuviese lo que considero un gran mérito: su origen soñador.

Pero esta historia sería menos emocionante si no fuera porque cuando conocí a Gabrielle él estaba desesperado. Era un artista absorbido por su sombra y plagado de una gran falta de reconocimiento. Gabrielle me confesó que nació con unos pinceles en la mano, pero que nadie era capaz de valorar su arte, y su último fracaso fue cuando se presentó como diseñador a la marca de lujo más importante de España, llamémosla Tripelle, y fue rechazado sin explicación. Lo grandioso de la anécdota es que, un mes más tarde, se encontró con todos sus diseños escenificados en forma de bodegones del siglo XVIII en los grandes escaparates de la tienda más famosa de la calle Serrano (por excelencia, la calle más cara de España). Su sorprendente paseo, lleno de perplejidad y asombro, culminó en una fuerte depresión. Así me mostró las fotografías, con el alma en los pies y el corazón en un puño. Esta es la prueba más llamativa de lo que te estoy narrando. No podía ser más explícito en su exposición. Comprobé la realidad de lo que me decía y empecé a sentir una profunda indignación.

La ley infinita le ayudó a abrir su universo de probabilidades para alcanzar su sueño. Y justamente esta ley que nunca antes contempló fue la que, dos años después, hizo que una marca de lujo, más prestigiosa aún que Tripelle, le llamara para ser el responsable de la imagen de los escaparates y de la tienda Chanel (exactamente, la marca donde él soñaba estar), precisamente diseñando unos escaparates cercanos al lugar donde años atrás sus ideas y diseños fueron plagiados. Esa probabilidad infinita de ser reconocido de la misma manera que fue ofendido no estaba en su mente, pero así sucedió. A veces pienso que no podemos decirle a la vida cómo se van a reproducir nuestros sueños, porque nuestra mente es limitada, y nos debemos abrir a un universo infinito de probabilidades para ingresar en un brillante futuro dejando atrás un pasado de tormento ya innecesario, con la posibilidad de dejar para siempre de invocarlo.

❻
LEY DE LA ARQUITECTURA

La arquitectura de un sueño es directamente proporcional al diseño de unos planos de acción que generan equilibrio en la realización.
«Arquitectar» nuestros sueños significa diseñar planos de acción para que las medidas se ajusten a nuestros deseos, y que nuestros sueños se cumplan en equilibrio con nuestra vida.

Sentir que somos arquitectos de nuestra vida nos hace movernos en planos seguros y diseñados a la medida de lo que soñamos. Un arquitecto soñador es aquel que es capaz de vivir tridimensionalmente el sueño: en el tiempo, el ámbito y la realidad apropiada, hasta que es capaz de unificar el ámbito soñador con la realidad que uno mismo ha construido en el tiempo marcado. El tiempo define el momento del sueño. El ámbito hace referencia al concepto, y la realidad es el «dónde» se materializa ese sueño. El inicio de la construcción de un sueño es una realidad arquitectada en unos planos acoplados en un fluir continuo de oportunidades.

Me encanta trabajar con arquitectos soñadores. De verdad que tienen una visión muy profunda de su sueño. Admiro la forma que tienen de concebir el espacio, trascendiéndolo, y cómo se convierten en auténticos filósofos de las formas ubicadas en planos reales. Sus trazos, perspectivas, volúmenes y perfiles seccionados hacen visible lo que al ojo es invisible. Intento aprender de los arquitectos, la planificación detallada del plan de acción en «materia de alcanzar el sueño» como cuando se construye un edificio, con precisión y ajuste para que todo encaje, funcione, y las estructuras se apoyen unas con otras con solidez y aplomo.

Un sueño se arquitecta cuando somos capaces de planificar los planos de acción. Así podremos tener sueños monumentales, prueba de nuestra grandeza. Es como construir nuestra propia catedral. Lo que requiere nuestro sueño es edificar nuestros talentos con fortaleza y proyectar con maestría.

A continuación, voy a rendir homenaje a uno de mis soñadores que también es el arquitecto de mi casa. Al principio del *dreaming process* (proceso soñador), empezamos a planificar hasta dónde podía llegar su excelencia en arquitectura. Después de muchos pasos llegamos a la conclusión, gracias a una minuciosa planificación, de que su talento como arquitecto era tan visionario que se convertiría en un referente en sostenibilidad, y su marco de excelencia culminaría con un reconocimiento en la sede de las Naciones Unidas, Nueva York. Y como no podía ser de otra manera, en el ámbito de la arquitectura sostenible y, además, el momento sería, precisamente, en el Año Internacional del Desarrollo Sostenible. Lo suyo fue la arquitectura de un sueño tridimensional: el ámbito fue la sostenibilidad, el tiempo fue el año mundial en el que se honraba la sostenibilidad, y la realidad, el espacio de las Naciones Unidas.

Su nombre es Luca Lancini, gran arquitecto reconocido mundialmente, y es con él con quien me gusta ejemplarizar esta ley porque la cumple al dedillo, no solo por ser un gran arquitecto, sino por ser un *big dreamer*.

Su reconocimiento marcó valor al sentido de su misión, donde su arquitectura se convierte en un ejemplo de sostenibilidad en cada proyecto que realiza con planos, obras y edificios que elevan su mensaje.

Y aunque él es arquitecto, también es un emprendedor polifacético creador de una marca cosmética con sus valores de sostenibilidad; además, su faceta de especialista en PNL lo lleva a aplicar en todos los ámbitos de su vida lo que él llama el «sustainable thinking», un pensamiento sostenible para todo. Su ejemplo para mí ilustra y deja claro que no es necesario ser un arquitecto para cumplir esta ley, porque todos podemos ser arquitectos de nuestra vida y cumplir nuestros sueños tridimensionalmente. Los arquitectos no construyen casas ni edificios sin planos. Al igual que ellos, nosotros también necesitamos planos para edificar nuestros sueños. Son planos de acción que nos sirven para que la proyección sea sólida y la ejecución cumpla el sueño tridimensional: en el tiempo, el ámbito y la realidad. Equilibrio en la realización que genera paz y seguridad en los pasos que vamos dando hasta la meta soñadora.

7

LEY DEL AMBIENTE

Un ambiente soñador es directamente proporcional a la facilidad con la que se favorece la ejecución de ese sueño para hacerse realidad. Un sueño con fuerza, unido a un gran soñador, tiene la capacidad de transformar el ambiente y hacerlo pasar de un clima de positividad a una atmósfera poderosa que facilite un ambiente fluido para disponer de todos los elementos necesarios para la realización de ese sueño alcanzable.

La capacidad que tiene el *dreamer* de transformar ambientes lo posicionan a favor del logro y hace que fluya con las oportunidades que se generan en un nuevo entorno. Un *dreamer* es un generador de atmósferas. Tiene una cualidad llamada «alto voltaje» y una energía capaz de transformar un ambiente de tristeza en otro de alegría, uno de depresión en otro de serenidad, o una atmósfera de bloqueo en otra de aceleración. Un *dreamer* es un catalizador de energía. Es capaz de cambiar la percepción y desarrollar el concepto de ser magmático, como la lava que lleva dormida mucho tiempo en nuestro interior y, de repente, erupciona en nuestra vida como un volcán soñador, impregnando todo con esta nueva y gran visión.

El *dreamer* crea un gran contexto de sí mismo con su propio mensaje, y eso hace que proyecte muchísima credibilidad. Lo que nos pasa de verdad no es lo que nos pasa, sino la respuesta que damos a lo que nos está pasando, para trascender las circunstancias y elevar nuestros sueños. Somos los creadores de nuestros sueños, por lo tanto, somos los responsables de obtener el resultado adecuado con lo que nos está pasando a través de la respuesta que le vamos dando.

Hay que trascender las circunstancias para elevar nuestros sueños y tomar la iniciativa de que las cosas sucedan. Las personas soñadoras llevan consigo su propio clima, su fuerza impulsiva y su valor, lo que hace que consigan su sueño.

Seguro que recordarás la famosa película de Robin Williams (John Keating), *El club de los poetas muertos*, un gran film que en todos dejó un mensaje de honor, disciplina, tradición y excelencia. Recordemos un poco el argumento. Gracias a la poesía, el ambiente rígido que vivían los alumnos de la institución se empieza a transformar. Keating rompe totalmente los esquemas (de hecho, rompe literalmente las hojas inútiles de los libros), y transforma la rigidez en una nueva forma de enfocar el estudio en la que las asignaturas se puedan percibir de una manera apasionante. En vez de estudiarlas teóricamente y de memoria, él los invita a sentir la enseñanza con profundidad y sensibilidad. El protagonista genera así un ambiente de estudio poderoso en el que los mismos alumnos se atreven a defender sus deseos y a vivir sus sueños rompiendo sus límites y enfrentándose a las normas de educación establecidas, tanto en el ámbito escolar como en el familiar. Y así, gracias a este ambiente de libertad creado, los sueños de cada uno van floreciendo. Una de las frases más reveladoras es: «No importa lo que digan las palabras y las ideas, si cambian al mundo». Y la película termina con un conmovedor reconocimiento a ese profesor, líder inspirador, que fue capaz de producir un cambio muy profundo en la vida de sus alumnos, y que contagió la creación de un nuevo clima de aprendizaje. «Mi capitán», le dicen sus valientes alumnos al despedirlo desde lo alto del pupitre. Y lo hacen con rebeldía, expresando la admiración que sienten por ese gran maestro que les ha despertado tanta inspiración y pasión cambiando el ambiente.

Y eso mismo es lo que ocurre con esta ley. El ambiente soñador genera inspiración, y la inspiración produce una enorme transformación que facilita el sueño en cuestión.

LEY DE LA BELLEZA

La belleza de un sueño es inversamente proporcional a la pasión que se despierta en el camino del logro hacia el alcance soñador.

La belleza de un sueño es subjetiva y relativa. Y no me refiero a la belleza de la que hablaban los griegos, ni al canon de belleza entendido como las características de algo o alguien que la sociedad acaba por considerar hermoso. La belleza a la que me refiero difiere de las tendencias de la moda o del «qué dirán». La ley de la belleza hace honor a otro tipo de encanto más sutil, auténtico y genuino. Cada persona, cada *dreamer* tiene su propio canon de belleza. En la beldad del sueño está incluido todo lo que le gusta a un soñador. ¡Por lo tanto, el canon de belleza lo decides tú! Tengo una *dreamer* que sueña con ser la próxima protagonista de una película de Woody Allen. ¿Cómo es este sueño de bello? Rebosa hermosura, ¿verdad? Para ella, ser la próxima protagonista de esa película en sí mismo es un sueño precioso. A eso me refiero. A la belleza del sueño que viene dada por el amor, el deseo, la pasión que pongas para alcanzar tu sueño.

Vivimos para ser felices y no para martirizarnos. Estamos aquí para sentir, vivir y disfrutar con lo que soñamos. El sueño despierta nuestra pasión en la vida, y ahí radica la belleza del sueño. En el camino de alcanzarlo hay que disfrutar con lo que estamos haciendo y con lo que estamos logrando. Para satisfacer tu curiosidad, esta querida *dreamer* se fue a Los Ángeles, encontró mucho trabajo en diferentes series de Netflix y consiguió una prueba con Woody Allen, de momento ahí sigue.

Winnie Harlow es una modelo de piel oscura que actualmente sufre de vitíligo, una enfermedad que provoca la despigmentación de la piel haciéndola más clara. Ella tenía el sueño de ser modelo y revolucionar el mundo de la moda para cambiar la percepción común de la belleza. Su enfermedad, que aparentemente le limitaba a alcanzar su sueño, ha sido, en cambio, el detonante principal para que varias marcas de moda se fijaran en ella. Así es como sus «defectos» se convirtieron en una virtud. Hoy en día representa a la marca Desigual. Ella es el buque insignia de su *branding*. Ha recorrido las pasarelas más famosas del mundo, y se ha demostrado a sí misma que la belleza de su sueño va más allá de las manchas de su piel.

Chantelle Brown-Young, como se la conoce artísticamente, hoy en día imparte conferencias y las abre con una pregunta poderosa que invita a su público a reflexionar: «¿Qué es lo más hermoso del mundo para ti? ¿Qué es lo más atractivo que encuentras en la otra persona?».

Personalmente, pienso que Winnie Harlow es un icono revolucionario de la contramoda ya que rompe todos los estandartes de belleza. Para mí ella tiene una alineación grandiosa con la ley universal de la belleza. Gracias a estar alineada con esta ley y con la autenticidad de su belleza, ha logrado una mirada sensible y ha conseguido que los problemas de su piel sean virtudes relucientes en su forma de ser y estar en el mundo.

Lo sueños tienen una gran belleza intrínseca para aquellos que soñamos, y ese sueño posee esa belleza especial, única e indiscutible porque nace de un anhelo personal.

Durante toda mi vida siempre soñé con encontrar una pareja muy especial, especial para mí. Y, obviamente, mi mirada hacia la belleza estaba dirigida al que yo considero el país más bello del mundo: Italia. No por casualidad, hoy en día estoy casada con un milanés. Es cierto que no es el hombre más bello de la faz de la tierra, pero, sin duda, para mí sí lo es. Representa todo lo que amo, y en todo su ser transpira también su sangre italiana, que me transporta a la belleza de mis sueños, a la belleza de lo que yo amo y con la que identifico mis sueños.

⑨ LEY DEL BRILLO

El brillo de un sueño es directamente proporcional a la capacidad que tenemos de ser fieles a nosotros mismos.

Soñar con autenticidad respetando nuestra esencia. El poder luminoso o el efecto brillante de nuestro sueño es, simplemente, una consecuencia que se expresa con naturalidad.

Las personas brillantes tienen éxito porque sacan beneficio de cada cosa conectando con la luz que tenemos dentro y que brilla por la fidelidad que demostramos a nuestro ser interior.

Los obstáculos que se presentan en el camino hacia alcanzar nuestros sueños nos pueden llevar a la iluminación, ya que pueden ser una gran oportunidad para que las personas desarrollen la sabiduría adecuada para alcanzarlos. Y en esa dificultad se encuentra el brillo de nuestra voluntad conectado con nuestro corazón y el espíritu de superación que genera un brillo interior.

Cuando empezamos a valorarnos aumentamos la autoestima, y cuando comenzamos a respetarnos empezamos a brillar. Ser fiel a nuestros sueños forma parte de ser fiel a uno mismo, y ser fiel a uno mismo nos ayuda a ser fieles, a alcanzar nuestros sueños. Tu espíritu interno hace tu propia promoción. Una persona que alcanza su sueño, brilla y ya nunca más vuelve a ser la misma persona. La diferencia entre un soñador de uno que no sueña (un común mortal) es que el primero brilla en su día a día y el otro está apagado. La persona que brilla se mueve en la luz, y la persona que no brilla tiende a la oscuridad, se mueve en la sombra.

«Si dedicas tu mente a hacer lo que sea que quieras hacer, buenas cosas pueden pasar». Es así como Michael Jordan se mantuvo fiel a su sueño. Así transitó el sendero hacia la grandeza; un camino en el que, sin duda, sorteó dificultades. En esos momentos utilizó el baloncesto como una herramienta de enseñanza, de la que extraer lo mejor de cada experiencia. En sus palabras: «No cambiaría nada, porque pienso que afectaría a las otras cosas». Tampoco cambiaría el final del otoño de 1978, cuando las pruebas para formar parte del primer equipo del Instituto Lane le dejaron helado. Le dijeron: «Tu sitio está con el cuadro júnior». Aquel entrenador le había destinado solo a atar los cordones de los zapatos de sus compañeros. Aquella decisión tomada por el técnico Clifton «Pop» Herring le persiguió de por vida. Sin embargo, Jordan reubicó sus pensamientos y se dedicó a trabajar obsesivamente y a entrenarse con valentía siendo fiel a sí mismo, y no a lo que le decían. Invirtió cada uno de sus segundos en jugar con excelencia el deporte que amaba, y gracias a su trabajo y empeño, antes de darse cuenta, el éxito le llegó y el brillo inundó su mirada. Ni siquiera Michael Jordan, el baloncestista más inspirador y fascinante de todos los tiempos, ha escapado a las trampas del pedregoso camino a la gloria. Pero ha brillado en cada momento lanzando la pelota a la canasta y siendo leal a sus sueños hasta el último instante de su vida.

LEY DEL MAGNETISMO

El magnetismo es una propiedad soñadora directamente proporcional al poder vibracional que posee un sueño en su propagación.
Un sueño, al igual que los átomos, tiene propiedades magnéticas que con su campo de vibración puede atraer lo necesario para cumplirlo.

El átomo atrae y emite la misma luz que produce. Atraemos de forma real la vibración de lo que pensamos, lo que sentimos y lo que soñamos. Una baja vibración atrae resultados blandos. Una alta vibración atrae resultados poderosos. Nuestro cuerpo es un imán de atracción o repulsión. Nuestro pensamiento es una fórmula complejísima de validación, y nuestra energía ya ni te cuento lo que es capaz de producir, emitir y transformar. Cuando soñamos, debemos entrenarnos para saber vibrar con nuestro sueño para imantarlo a nuestra realidad deseada.

Un soñador es un ser magnético que genera un campo de vibración alto para que personas, circunstancias, oportunidades y encuentros aparezcan para favorecer la realización de lo que soñamos y deseamos alcanzar. Cuanto más sintonicemos con nuestro sueño, mayor será el poder de atracción que tengamos en la vida. Es como la ley de la gravedad: a mayor altura y peso, mayor es la atracción hacia la tierra.

El libro *El secreto* afirma que si no activas la energía que está a tu favor, solo te quedarás en simples deseos. Todos los estados encuentran su origen en la energía y también en el poder del corazón. Si uno habla o actúa con pensamientos negativos y destructivos, entonces el sufrimiento le perseguirá. Por el contrario, si habla o actúa con pensamientos focalizados con intención positiva y poderosa, entonces encontrará la felicidad y el camino se abrirá. Existe un poder dentro de nosotros que es capaz de conseguir cualquier cosa que nos propongamos. Hay una dotación infinita de recursos a la altura de lo que soñamos con esa intención. Es un proceso poderoso para «cambiar» la energía y atraer más de lo que tú sueñas en tu vida.

Agradecer por aquellas cosas que ya tienes atrae más cosas buenas a tu vida. Dar gracias de antemano por las cosas que se sueñan acelera el alcance de tus deseos y se envían señales más poderosas al universo. Por lo tanto, visualiza constantemente las cosas que deseas y agradece siempre por las cosas que ya tienes.

Cada vez soy más consciente del poder de mi energía y la onda vibratoria y expansiva que soy capaz de emitir. Cuando desees una respuesta positiva de una persona, mándale luz y amor y, como dice la película *Come, reza, ama*, déjalo ahí. Recuerdo en una ocasión que me encontraba en una situación de desprotección total. Estaba desnuda en un quirófano, a punto de que me practicaran una intervención que, aunque no era de gravedad, sí era dolorosa. Me iban a operar del pie derecho, pues padecía de tremendos dolores en los huesos metatarsos. En definitiva, tenía un pie deformado que me producía muchísimo dolor con cualquier calzado. Afortunadamente, conocí a una eminencia de traumatólogo que hacía una curiosa operación aprendida en Estados Unidos, en la que ponía tres tornillos para enderezar el plantar. Ciertamente, más que una intervención quirúrgica parecía una sesión de bricolaje, pues el escenario estaba provisto de martillos, cinceles y demás herramientas, más propias de un carpintero que de un médico.

Tumbada ya sobre la camilla, se hallaba junto a mí el anestesista, que más que dormirme la pierna me estaba torturando. En esta situación, convaleciente y sintiendo unos dolores muy fuertes, osé preguntarle qué es lo que estaba haciendo. A lo que él respondió, con rechazo, que hacía su trabajo y que no le molestara. En ese momento, mi cerebro me dio dos opciones: entrar en una crisis de ansiedad y atentar contra mis propios resultados deseados de la operación o mantener la calma. Opté por la segunda opción, donde, desde ese estado de difícil tranquilidad, empecé a tomar consciencia y a mandar energía a través de una invocación o canto budista que me ayuda y me acompaña siempre en mi meditación. Llegados a un cierto punto, fue el anestesista quien me hizo una pregunta con un tono de sorpresa, e incluso yo diría que de admiración: «¿Qué estás haciendo?». A lo que yo le respondí: «Iluminando su trabajo». Y entonces la energía cambió en el quirófano. Él empezó a tratarme dulcemente. Yo empecé a relajarme y a dejarme llevar entrando en una fase de inconsciencia hasta que me quedé profundamente dormida con anestesia local. La onda vibratoria que empecé a emitir me llevó al estado soñador en el amplio sentido de la palabra. La operación del pie fue un éxito, pero lo que en realidad se convirtió en un éxito para mí fue el estado en que viví esa operación, de pasar de la absoluta desesperación a los dulces brazos de Morfeo, entregando mi voluntad con la paz que genera confiar en ese momento, gracias al simple hecho de cambiar la vibración de unos momentos tan delicados, en una sala de operación.

11 LEY DE LA ESTRUCTURA

La estructura soñadora es directamente proporcional a la solidez de todos los elementos soñadores concebidos ordenadamente en su ejecución para llevar el sueño a la realidad.

Estructurar los sueños es concebir las fórmulas estructurales de su puesta en marcha y así convertir las paredes en muros, los cimientos en pilares, las puertas en entradas y las ventanas en visiones.

Cuanta más estructura tenga un sueño, más probabilidad tendrá de ser sólido. La solidez de un sueño es directamente proporcional al diseño de su estructura.

Uno de los sueños más claros que cumple esta ley, al menos para mí, ha sido escribir un libro. ¿Qué sería de un libro sin estructura? Un mejunje de contenidos desordenados bailando en páginas sin sentido. Un libro debe ser comprensible y para eso debe tener una estructura, y más si es un libro soñador como este que estás leyendo.

Esta estructura se compone de índice, prólogo, capítulos, subcapítulos y conclusión. Siempre hay una estructura mental que te conduce cumpliendo una estructura física.

Un sueño, en la fase de llevarlo a la realidad, también debe tener su estructura, y, dependiendo del sueño, la estructura encontrará la forma que necesita. La mejor manera de estructurar el sueño es con un plan de acción: marcarse objetivos prioritarios, luego destinatarios y, como pieza final o principal, el gran «para qué». Recuerdo con ternura a una mujer, Irenka, que quería a toda costa trabajar conmigo simplemente por el hecho de dar un giro a su vida y saber que yo la podía ayudar. Me llamó y agendamos. Mientras hablaba sin parar como una máquina de palabras inconexas, sentimientos contradictorios y peticiones incomprensibles, le pedí que, por favor, se callara. Ella, expectante, guardó silencio y me miró alarmada y confundida. Simplemente, le dije que no podía trabajar con ella. No sabía para qué hacía las cosas, tampoco sabía para qué había venido a verme ni, por supuesto, para qué le servía tener un sueño. Se derrumbó y, con lágrimas en los ojos, aceptó lo que le dije y me dio las gracias. Su humildad me conmovió. Fue lo único que me gustó. Así que le dije que volviera al cabo de un mes con un «para qué».

Y al mes, Irenka había dado un giro brutal a su vida. Había encontrado un sueño concreto y estaba dispuesta a apostar por él, y quería un plan de acción para realizarlo. Su sueño era tener un faro vestido de hotel donde acoger a personas que quisieran iluminar su vida, descansar en un lugar singular o que simplemente buscaran un paraje de ensueño y muy especial.

Su gran para qué fue encontrar un sentido único a ese hotel, el único hotel en el mundo que cambiaría la energía de las personas. ¡Qué pedazo de sueño con gigante significado!, ¿verdad? Y te aseguro que todo cambió en cuanto ella empezó a estructurar su sueño.

Entonces, nos pusimos a diseñar los objetivos y el público idóneo que acudiría a ese lugar. El para qué se definió tan claramente que, a medida que la idea cobraba forma, el sueño se iba realizando y enriqueciendo.

La estructura inicial de un sueño puede cambiar. Es más, con toda probabilidad se verá modificada. Podríamos decir que entonces las fases del sueño están hechas de masilla y que se van modelando hasta encontrar esa fórmula que requiere la estructura, y, en cambio, los pilares del sueño son de hierro, es decir, que se forjan con solidez y altura.

Si tomamos como ejemplo el sueño de mi querida Irenka, veremos esos cambios de los que hablo. El hotel, inicialmente, estaba ubicado en Galicia, pero ahora se encuentra en fase de materialización en Portugal. La estructura mental no ha cambiado, pero sí la ubicación y el lugar; seguramente, modelará la estructura hasta hacerla sólida y coherente. La estructura que sostiene este sueño es su mensaje, el cual es innegociable y permanecerá siempre: un hotel capaz de cambiar la energía de las personas. Guauuu, un sueño único e impactante, con una estructura excelente armada de un gran sentido, sólida por su misión, repleta de significado.

LEY DEL IMPACTO

La profundidad de un sueño es directamente proporcional al impacto que produce en nuestra vida.

Un sueño alcanzado irradia felicidad en nuestra existencia, rompe barreras, impacta en el entorno y demuestra que el poder de nuestros valores radicados en nuestros sueños se ratifica en el sentido de que empezamos a orientarnos en nuestro camino soñador; en nuestra vida se produce el impacto de la realización.

Me encanta bucear, sumergirme en el mar de nuestros sueños, donde se encuentran los tesoros enterrados. Y precisamente es lo que nos encontramos, tesoros muy valiosos que luego, cuando se sacan a la superficie, impactan con nuestro brillo, pletóricos de valor.

Bucear en nuestra vida es tener una alta capacidad de introspección para mirar dentro, aunque al principio nos tengamos que enfrentar a nuestros miedos, nuestros fantasmas y nuestra propia oscuridad; pero es la única manera de brillar con pureza.

Navegar en lo profundo de nuestro ser es una aventura apasionante, y por eso me gusta hacer el paralelismo de bucear en el agua.

Cuando uno bucea, no piensa en otras cuestiones de la vida; el cerebro solo tiene una ocupación, y es respirar bajo el agua, también mantener el equilibrio y observar la naturaleza. Entramos en un estado de desconexión total de toda nuestra vida habitual y de nuestros problemas. Aunque haya marea en la superficie, la profundidad del océano siempre mantiene la calma.

Y así, cuando nos sumergimos en la profundidad de nuestra existencia, nuestro cerebro se concentra en la capacidad de trascender para rescatar los diamantes que resplandecen, observar sin distorsión para descubrir la llave de nuestra felicidad y el cómo manifestarla desde la esencia.

Y no hay nada más contagioso que la alegría. No hay nada que produzca tan alto impacto como una persona alcanzando su sueño o en el propio camino hacia él. De verdad, no hay mayor energía que emane de un ser humano que cuando manifiesta el estado de haber conquistado lo que quiere y lo que sueña.

Uno de los mayores impactos en la vida, y a la vez un reto, es convertirse en el propio mensaje que promulga con coherencia. Para, mí uno de los más impactantes y mayores ejemplos de soñadores, quien convirtió su vida en un poderoso mensaje y en un gran ejemplo de inspiración, es Nelson Mandela. No ha habido nadie como él, quien después de haber estado veintisiete años encarcelado logró transformar los barrotes de la celda en alas para su alma; un espíritu libre en un cuerpo rodeado de barrotes. Él fue algo más que ejemplar; demostró con su propia vida que la libertad que le habían negado había sido la mayor oportunidad para promulgar y defender esos principios por los que había luchado, con una credibilidad tan poderosa que le llevó a ser presidente de su propio país y convertir los principios de igualdad en pilares para una sociedad. Nelson Mandela decía: «Un ganador es un soñador que no se rinde jamás».

¿Es impactante la vida de Mandela? ¿Nos emociona su mensaje? Toda la gloria de su vida está solidificada con la profundidad de su historia. Su experiencia liberadora y su sufrimiento de negación hacia la libertad de movimiento fueron el trampolín de la exaltación de un ser respondiendo a la llamada de la grandeza y la capacidad de haberse liberado de sus limitaciones, dejando atrás el dolor de su esclavitud convirtiéndose en la mayor expresión de la libertad a la que puede aspirar un ser humano. El impacto de su mensaje de reconciliación fue el producto de profundizar en su vida más allá de lo que le impedía expresar quién era y todo lo que sentía. Todo dolor transformado en fuente de verdad y alimento de esperanza para cualquier ser humano que vive atrapado por la tristeza.

D

13
LEY DEL EQUILIBRIO

El equilibrio de un sueño es directamente proporcional a la regulación emocional que tenemos en nuestra vida precisamente cuando vamos a la conquista del sueño contando con la felicidad como compañera de viaje.

La vida en equilibrio con el sueño y nuestro sueño en equilibrio con nuestra vida es una ardua tarea de coexistencia. Hay un ejercicio que empleamos en coaching llamado la «rueda de la vida». Este trata de medir el grado de satisfacción que sentimos en todas las áreas de nuestra vida: trabajo, economía-finanzas, amigos, familia, ocio, salud física, mental y ética-espiritual. En cada apartado debes marcar del 1 al 10 tu grado de satisfacción. Al terminar de colorear cada apartado, se trata de que mires el dibujo completo como si de una rueda se tratara y dijeras si crees que rodaría o no. Algunas ruedas tienen partes muy pequeñas y otras muy grandes. Lo ideal es que todas ellas configuren un círculo para rodar. Para ello, la fórmula puede ser bajar ciertas áreas o subir otras. No hay fórmulas perfectas. Lo que sí está claro es que entre todos esos apartados debe haber un equilibrio en cuanto al tiempo, al grado de dedicación y al avance que hacemos en cada área. Los seres humanos buscamos el equilibrio permanente, y como no lo sabemos encontrar tratamos de compensar, a veces equivocadamente.

Un error evidente es cuando dejamos a la familia a un lado porque nos quita mucho tiempo para el trabajo. En ese caso, nuestra vida personal se resiente. Aumentamos las horas dedicadas al trabajo sin compensar a la familia y nuestra vida interior. Y así empieza el baile de las emociones y el estrés como principal síntoma de desequilibrio. Comienza entonces un descontrol en nuestro comportamiento que viene influido por un disparate emocional, fruto del alto nivel de exigencia. Todo ello provoca una alteración anímica que suele desembocar en egos desatados sin control, en guerras de poder absurdas, en gritos que cortan la energía, en frustración y en tantas otras consecuencias desastrosas que retumban en lo personal y hacen eco en lo profesional. En un intento por desestresarse, los japoneses se van a una habitación a desgañitar sus cuerdas vocales, los americanos se atiborran a cantidades elevadas de glucosas que repercuten directamente en su salud física, y los más acertados se van a correr o al gimnasio. También otros, no menos importantes, se dan sus homenajes antiestrés a base de un lady gin-tonic o un Bacardí con cola para anestesiar sus sinsabores y entrar en un estado de «ansiedad en calma». Sin olvidarnos de los adictos a los ansiolíticos con recetas médicas y su licencia química de «consume sano para estar en paz».

El universo es nuestro máximo referente de equilibrio. Gracias a él, los astros, planetas y todo el cosmos conviven dinámicamente en ese estado de paz astral.

La vida debe tender, cuando menos, a un equilibrio, y la realización de los sueños tiene mucho que ver con ese estado, pues más allá del alcohol, las drogas, los chutes emocionales, los músculos en el gimnasio..., los sueños te dan ese punto de equilibrio para que tu vida interior y exterior se armonicen creando y generando felicidad. Somos seres humanos en busca de grandes sueños y no hacedores de negocios en busca del dinero, el éxtasis y la compañía a cualquier precio.

Trabajar por tu sueño te aporta un punto de equilibrio deseado. El sueño entendido no como objetivo, sino como ese aprendizaje que te lleva a reconectar con tu ser y te induce a alcanzar tu misión en la vida.

Decir que un sueño aporta equilibrio no sería realístico sin el factor del compromiso sincero de que estás en el camino hacia tu sueño, contribuyendo a esa balanza nivelada.

Un sueño entendido no como un objetivo que tiene que ver con el tener. El sueño tiene que ver con el ser y nace del corazón, y por ello digo que aporta equilibrio a nuestra vida. Un sueño tiene que ver con la felicidad porque, si no, se transforma en pesadilla.

Tengo una *dreamer* que siempre dejaba el sueño para el final, para cuando tuviese tiempo; en definitiva, sufría la enfermedad de procrastinar.

Empezamos a trabajar su sueño de actuar, el cual aplazaba porque se dedicaba a la enseñanza. Una gran actriz escondida en una universidad ejerciendo de profesora.

Cuando empecé a diseñar la estrategia con ella, había un tremendo desequilibrio en su agenda, todo eran clases, recuperaciones y formaciones. Se había olvidado de que una vez tuvo mucho trabajo como actriz en Miami.

Empezamos a observar y restablecer un orden juntamente con sus tareas, donde la máxima era que debían estar en equilibrio con sus dedicaciones: su trabajo en la enseñanza y en otra área su vida con espacio y tiempo para su sueño. Pero era un continuo sabotaje, se llenaba el calendario siempre de clases y cuando le salía un casting rezaba casi para que no la cogieran y así no prescindir de su trabajo como profesora. Todo ese desequilibrio entre su sueño de ser actriz y su rutina, cada vez la afectaba más. La ayudé a encontrar el equilibrio interior, que tanto ansiaba, enfrentándose a sus miedos. El elemento perturbador y desestabilizador. El miedo produce inseguridad y no es la emoción más adecuada para alcanzar el sueño soñado.

Identificar sus miedos y reconocerlos ayudó a ver con claridad lo que estaba pasando. «¡Me estoy saboteando continuamente!», me decía. Trabajando con sus emociones logramos más seguridad, y el sueño de actriz iba llegando despacio, pero llegaba. Y el universo, que es muy sabio, le daba unas oportunidades mágicas y extraordinarias. Aunque —ella vivía en Madrid—, la llamaban de producciones internacionales que se rodaban en su tierra de origen, Canarias. Quizá estas ofertas la llevaron a confiar en sus sueños, que fue equilibrando con su agenda y dedicación y, además, con su vida familiar emplazada en Canarias. Hoy en día se encuentra en Nueva York rodando, y cuando termine volverá un tiempo a sus clases calendarizadas para luego volver otra vez a los escenarios. La confianza ha sido un regulador de su equilibrio interior que le permite estar y vivir en dos facetas de su vida con más felicidad. Cada vez que recuerdo sus monólogos en Nueva York, me conmueve esa postura en el escenario. Una balanza interior. *Desde dentro* es el nombre de su función. Fascinante, ¿verdad?

14
LEY DE LA SINCRONÍA

La sincronía de un sueño es directamente proporcional a las coincidencias de nuestros pensamientos soñadores con la realidad soñada y manifestada en perfecta simultaneidad. Un sueño empieza a tener sincronía cuando el pensamiento soñador coincide con las circunstancias de la realidad en un ritmo adecuado lleno de una lógica difícil de explicar, pero sorprendente en su manifestación. La sincronía es una consecuencia real; cuando pensamos con energía en una idea, suele aparecer en ese momento lo que acabamos de sentir o pensar.

La simultaneidad de los pensamientos con los hechos es directamente proporcional al poder de la sincronía, donde los sueños se corresponden con sus realidades casi al momento.

Los cerebros sincronizados, en un momento de inspiración, producen un intercambio energético y espontáneo en el cual la máquina del cerebro pensante, al mismo tiempo que trabaja, transmite de manera exacta unos conocimientos a la otra masa encefálica que colabora. Trabajan al unísono en un plano de absoluta conexión.

Al igual que la sincronía es muy común en la música y en algunos deportes, como la natación, lo es también en el mundo de los sueños. Ahí es vital y absolutamente sorprendente.

Actuar en sincronía con el universo es activar una palanca de conexión y cohesión alucinante, y si, además, ponemos consciencia, encontramos mensajes. Ponerse al ritmo del universo es fluir con la esencia de la vida. Es alimentar nuestros sueños de una energía infinita que se cristaliza en el milagro: de repente aparece el pensamiento como una imagen en 3D. Un sueño puede ser directamente proporcional a nuestra capacidad de conseguirlo. Y eso pasa cuando de repente piensas con mucho ahínco en la solución y la encuentras materialmente, y yo diría casi mágicamente. Por lo tanto, tus sueños están sincronizados con la frecuencia vibratoria del universo. Y en esa frecuencia entiendes, transmites, percibes y captas unos mensajes tan potentes que facilitan la realización de tus sueños en el plano imaginario, que se convertirá al plano real en una sucesión de espacio y tiempo, lleno de lógica.

Recuerdo una vez que asistí a un evento de psicología positiva. Nos mandaron redactar una carta dando las gracias a una de las personas que más nos hubiesen ayudado en la vida.

Todos cogimos un papel y nos pusimos manos a la obra.

Yo lo tenía muy claro, mi mentor sería el destinatario de esa carta. Para mí, Ikeda ha sido la persona que me ha hecho ser, a día de hoy, quien soy: una soñadora con acción y resultado. Él me ha mostrado el camino para sacar enseñanzas de mi vida y ser maestra de mi propia existencia. Por lo tanto, siento una infinita gratitud hacia él.

Cuando terminé la redacción de la carta, me sentí muy satisfecha, aunque dicha satisfacción duró solo unos segundos, pues la psicóloga nos invitó a realizar una llamada telefónica a la persona que nos había inspirado tanta gratitud en la vida.

Daisaku Ikeda, mi maestro de vida, vive en Japón, tiene noventa y cinco años y, además, no tengo su móvil. Sentí una profunda decepción y tristeza. Recuerdo que salí a la calle y me fui dando un paseo de vuelta a mi casa. De repente tomé una decisión, me subí a un escalón lateral que había en los jardines del Palacio Real y empecé a leer la carta mirando al cielo despejado y sin nubes. Era el único recurso que tenía para enviarle mi mensaje y la única forma de hacerlo. Recuerdo que me emocioné con aquellas palabras que expresan gratitud lanzadas al aire, dirigidas al viento, con dirección mística al país del sol naciente.

Cuando llegué a mi casa guardé la carta en un cajón y me olvidé de este asunto. Al día siguiente, una amiga mía japonesa llamada Nobuku, que pertenece, al igual que yo, a la Asociación Soka SGI (asociación para la construcción de valores en la sociedad a través de la paz en el mundo), y la cual preside mi mentor, me mandó un wasap que decía: «Hola, Mayte. En tres días me voy a Tokio. Tengo pensado ir a ver a Ikeda y me gustaría saber si quieres escribirle un mensaje o una carta; se la puedo llevar yo» (me decía en su japo-español). Yo no daba crédito, el teléfono se me cayó de las manos, se me llenaron los ojos de lágrimas. Al final conseguí decirle que sí, que ya le había escrito una carta, aunque creo que ella no me entendió.

Me dijo que se pasaría por mi casa a recogerla, un gesto precioso porque vive en la otra punta de Madrid. El mensajero llegó a mi casa para llevar mis palabras de gratitud a mi mentor. La sincronía de los acontecimientos, con los pensamientos y las emociones auténticas son muestras de esta ley que es pura magia; la sincronía es una manifestación absoluta en el universo de probabilidades de una manera física e incuestionable.

15
LEY DE LA CAUSA
La causalidad de un sueño es directamente proporcional al efecto poderoso que se manifiesta en la realidad.
La causa latente de una realidad soñadora y el efecto manifiesto de ese sueño son la consecuencia de esa causa potente que se produce en una lógica sucesión de acontecimientos para llegar a un resultado poderoso, manifestando la realidad soñada de manera concreta y materializada.

Esta es una ley incuestionable y poderosa. Es la ley que rige el universo. No hay efecto soñador en nuestra vida que no preceda a unas causas soñadoras. La causa interna que ponemos en nuestra vida genera un efecto latente que se manifiesta en nuestro interior a través del pensamiento y la energía.

Estos dos elementos unidos (causa interna y efecto latente) producen una causa externa, y solo a través de un comportamiento dirigido a la realización de nuestros sueños conseguimos que se materialice a nivel físico, que el sueño se haga realidad.

Ese sueño hecho realidad no es más que el efecto manifiesto del proceso soñador. La fase inmaterial del sueño es una fase mística que es irracional y difícil de explicar porque se experimenta, más que se explica. Se experimenta con la propia vida. Es una fase vital en la que se pone una causa potente para obtener un efecto poderoso. Y este plano es invisible, pero no quiere decir que no exista.

Nada es producto del azar ni procede de la suerte. Es más, cuando trabajamos en la cosecha y sembramos, es normal que, si alguien nos dice «¡qué suerte tienes!» cuando observan el éxito y la abundancia del resultado, nos moleste. El esfuerzo de poner causas y sembrar no es azaroso ni es pura casualidad; detrás de un efecto abundante hay un trabajo consciente de plantación y cuidado diario.

¿Sabes cuál es la esencia del éxito de Barack Obama sin la cual no habría llegado a la Casa Blanca? Esta causa en esencia es un sueño donde un extraordinario ser humano puso la semilla.

¿Conoces la famosa frase que pronunció Martin Luther King en su discurso del 28 de agosto de 1963? Gritaba a las masas: «Last night I had a dream» («Anoche tuve un sueño»), para que muchos luchadores por los derechos de los negros conquistaran los mismos derechos de los blancos. Luther King batallaba por el respeto y la dignificación de los de su raza. A este gran humanista lo asesinaron por un sueño. Y aunque hoy nadie te mate por soñar, Martin Luther King murió por su sueño y dejó una huella potentísima en la historia, con el discurso más inspirador de la humanidad. ¿De verdad que hubiese sido posible cosechar un éxito sin precedentes con la presidencia de Barack Obama sin la causa que puso Luther King con su propio sueño, e incluso con su propia vida?

El efecto manifiesto de la dignidad y de la igualdad de la raza negra del mundo fue la victoria electoral de un presidente de color que ganó, dos veces consecutivas, las elecciones.

La causa externa fue una campaña de empoderamiento, «Yes, we can» («Sí, se puede»), que es casi un himno entre sus seguidores. Ambos líderes representan la ley de causa y efecto, desde mi punto de vista, con absoluta claridad y rotundidad con una manifestación holística y transgeneracional.

En el caso de Luther King, ¿cuál fue el efecto latente? El efecto latente fue la invitación a elevar la consciencia de muchos seres humanos con su extraordinaria energía, un salto de paradigma, un cambio de mentalidad de una raza que pensó que ya se sentía igual que los blancos, aunque todavía no fuese un hecho real. Y la causa interna fue el espíritu que todavía sigue vivo en esa sociedad gracias a ese discurso tan poderoso. Martin Luther King fue una persona que inspiró a toda una nación, pero antes se dio el gran permiso para llegar a lo más alto y sobresalir para elevar un mensaje justo y necesario. Este es el poder de los sueños. Desde la causa hasta el efecto soñador.

🔟6️⃣
LEY DE LA ESTRATEGIA
La estrategia de un sueño es directamente proporcional al plan de acción enfocado al resultado soñador.

Alcanzar un sueño con estrategia consiste en la capacidad de activar una mente poderosa, arquitectar emociones valiosas que te acompañen en la decisión más idónea, siendo maestros de las palabras para construir esa realidad con el lenguaje y tener un comportamiento que desafíe el presente para atraer la realidad futura.

La estrategia de los sueños parte del principio de que todo lo que pasa fuera tiene que pasar, antes, dentro.

Una realidad soñada que determina un comportamiento maestro, que proyecta un lenguaje de alto impacto que activa una emoción estratégica que precede un pensamiento poderoso y que emite una orden pura.*

Cuando tienes una estrategia, eres capaz de valorar tus recursos y tus habilidades, reconocer tus fortalezas, observar tu potencial, contemplarte con la capacidad que posees para afrontar todos los obstáculos. En consecuencia, eres capaz de absorber unas toneladas considerables de aprendizaje. El sueño se puede convertir en una guía maestra, en el hilo conductor de tus experiencias, que demuestra que todo tiene un sentido, una dirección poniendo una brújula en acción.

La estrategia se adapta al sueño y no el sueño a la estrategia. La estrategia soñadora es aquella que se programa desde dentro para proyectarse al exterior, y así el resultado es el sueño manifestado. Todo lo que pasa fuera primero pasa dentro. Mi metodología no tiene un nombre al azar. Mi método se llama la estrategia de los sueños con total consciencia. Me

* Una orden pura es la pieza clave de la metodología de la Dream's Strategy. Una OP es una orden que te hace consciente de lo que eres a través de lo que sueñas. Construir ordenes puras soñadoras y empezar a emitirlas es poner en órbita tu sueño con la vibración diseñada de la orden pura.

encantaría explicártela paso a paso, pero eso será en mi segundo libro. En este libro de las leyes, mi intención es que las conozcas, vibres y te alinees con ellas. Pero sí te voy a dar un adelanto de mi siguiente libro explicándote el primer paso de la estrategia de un sueño, que consiste en emitir una orden pura o un enunciado *dreámiko*, neologismo soñador.

Este enunciado nos sirve para construir la matriz de nuestro software interior. Y a esa matriz yo la llamo «orden pura» (OP). «Orden», porque es un comando que se ejecuta, y «pura», porque está sometida a un proceso de purificación profundo.

Orden pura te hace consciente de lo que eres a través de lo que sueñas. Una OP es la sentencia en forma de frase poderosa que emite el ser interior para decirle al pensamiento cómo tiene que pensar y cómo no tiene que pensar, y al sentimiento cómo tiene que sentir y cómo no tiene que sentir para lograr nuestros sueños. Podríamos decir que la orden pura es un comando que te conecta con tu sueño en estado puro. En la pregunta «¿en quién me voy a convertir para llegar a mi realidad soñada?» está la respuesta de la OP. La idea es pensar de atrás hacia delante, del futuro al presente. Me explico. Preocúpate ahora de pensar en quién te vas a convertir cuando alcances tu sueño. Eso hará que lo desees con un hambre tan voraz y claridad tan cristalina que te ayudará a su materialización lo antes posible.

Para emitir tu enunciado *dreámiko*, primero tienes que clarificar el resultado de lo que quieres alcanzar soñando. Pues bien, esa orden determina un pensamiento poderoso acorde con la realidad soñada. Ese pensamiento activa una emoción estratégica a esa realidad. Y esa emoción proyecta un lenguaje que construye la realidad anhelada, a la vez que determina un comportamiento necesario para que tu acción genere ese gran resultado.

Un sueño sin acción es ilusión. Por eso es tan importante que todo este proceso derive en acciones, pero no en cualquier acción; son comportamientos adecuados, comportamientos maestros para alcanzar el sueño. La estrategia soñadora es la que en cada momento se refleja en nuestra orden pura. ¿Cuál es el pensamiento y qué emoción activamos que nos acerca a nuestro sueño? El pensamiento debe estar estructurado para que obedezca a la orden pura. Esta forma de pensar prodigiosa estará al servicio del sueño. Somos nosotros quienes decidimos cómo tenemos que pensar con la mente, y no al revés. No es la mente la que toma el mando imponiendo su voluntad. Y con ese pensamiento estratégico generamos la emoción básica y auténtica que requiere el sueño. Las emociones tienen una fuerza brutal que nos dispara a la acción, y son ellas las que deciden la dirección de nuestra vida en cada momento. ¿Y qué lenguaje componemos alineado con unos comportamientos que tenemos para llegar a manifestar ese resultado?

Al final, el lenguaje se proyecta como antecedente de un comportamiento convincente, ecualizado e impecable que va a generar el resultado soñado, vehiculizando pensamientos poderosos y alineados con nuestro deseo. Un lenguaje construye realidades. Gracias a que nosotros tomamos el mando de nuestra mente con nuestra capacidad de decidir consciente en lo que pensamos y proyectamos.

Aprender a enunciar la primera orden pura suele costar, pero luego te será muy fácil y adictivo. Al instalar el programa maestro de enunciados *dreámikos* en tu disco duro cerebral (programa maestro de enunciación de orden pura), te será fácil activar el comando cada vez que quieras volver a soñar con estrategia. Es tu OP la que te lleva al resultado que quieres alcanzar soñando. Una orden pura tiene que ser clara, sencilla y directa. Debe ir en presente del singular, del modo indicativo, en primera persona y a ser posible con el verbo ser.

Todo esto renueva el cableado neuronal, bajando los circuitos trazados que nos arrastran a lo que no soñamos, pero que tienen la fuerza incisiva de instalarse en automático con la función graba y reproduce, aunque nos perjudique. Por ello, la exfoliación de nuestros pensamientos, el *peeling* de nuestro sentimiento, genera una cirugía sin mascarilla para la renovación de esa nueva mirada que provoca esa reciente forma de pensar y sentir.

Veamos un ejemplo. Tengo una *dreamer* que llegó a mí con un sueño muy bien definido. Nada más llamarme por teléfono, me dijo que ella quería recoger un Óscar como mejor actriz protagonista. Me dijo que ese era su sueño, su realidad soñada (RS). Ya en la primera sesión le pregunté: «¿En qué te convierte esa RS? ¿En qué te conviertes si recoges tu Óscar como actriz protagonista?». No tardó mucho en contestarme que sería entonces una *celebrity* internacional. Su resultado entonces es recoger el Óscar, y su orden pura: «Yo soy una *celebrity* internacional».

El enunciado de esta orden pura se hace todos los días al menos cinco minutos, o cien veces diariamente, y como mínimo tres meses consecutivos. El enunciado te ayuda a mover una energía consciente y llegar a ese resultado soñado, y te quita de todo lo que no te ayuda a alcanzarlo. El resultado ahora mismo es que se mueve en todos los eventos, y con naturalidad como una estrella internacional, sin vanidad y con un posado de estrella de Hollywood va cosechando éxitos en todos los trabajos cinematográficos y televisivos que está realizando. Es su camino estelar lo que con mucha probabilidad la llevará a ese reconocimiento tan anhelado. El tiempo lo dirá mientras la energía, con toda su estrategia, se va moviendo hacia su meta.

Te voy a poner otro ejemplo personal. Hacía años que soñaba con construirme la casa de mis sueños. Claramente, no era una casa al uso. Era un modelo de hábitat donde se reflejase mi personalidad, mis valores y mi estilo de vida coherente con una manera de pensar. Cuando diseñé en mi mente mi querida casa, me di cuenta de que no tenía dinero para financiármela. Así que no tuve más remedio que diseñar una estrategia. Mi orden pura fue: «Yo me convierto en una pionera en materia de sostenibilidad». Y simplificada: «Yo soy pionera en sostenibilidad», pues lo que era antes «mi casa», un proyecto de vivienda unifamiliar, se convirtió en un producto útil que serviría de ejemplo a otras construcciones por sus cualidades de respeto al medio ambiente. Así que me inventé un prototipo de vivienda unifamiliar bioclimática, ecológica y sostenible, que bauticé con el nombre de Fuji (grande y fuerte como el monte de Japón). Al tratarse de un prototipo (y no de mi casa), lo utilicé como modelo de negocio para las empresas y un producto demostrativo que pudiese ser susceptible a un gran plan de patrocinio. Diseñé una estrategia de comunicación, RR. PP. junto con una campaña de prestigio con las instituciones. Daba visibilidad a las empresas con los materiales que me enviaban a cambio de una comunicación de alto impacto. Conseguí apoyos de las instituciones implicadas en construcción y en medio ambiente. La palabra «sostenibilidad» estaba en pleno apogeo y todos querían apostar. Capitalicé esta tendencia ofreciendo Fuji como modelo de inspiración futura, y las empresas de materiales de construcción me apoyaron completamente. Más de cincuenta multinacionales apostaron por mi sueño, y con su patrocinio se hicieron cómplices de Fuji. Mi casa fue declarada edificio emblemático de la CAM, ejemplo de sostenibilidad a nivel europeo y la ministra Cristina Narbona (ministra de Medio Ambiente, en aquel momento) me otorgó un reconocimiento con una placa conmemorativa en la Embajada de Italia. Un artículo del periódico *El Mundo* rezaba: «La casa que le saca los colores al código técnico de edificación». Una estrategia interior me llevó a tener esta estrategia exterior. Una mente que me abrió un infinito campo de posibilidades para darme ese gran permiso que podía hacerlo realidad, una emoción que transformó mis miedos en seguridad, mi tristeza de perder en la valentía de ganar y mi rabia e impotencia en fuerza. Cambié mi lenguaje de debilidad a otro poderoso. Elegí palabras nuevas aplicadas y adecuadas al sector de la construcción, que con un profundo estudio de la materia conformaron mi nuevo lenguaje soñador. Construí una nueva semántica. Envolvía mis frases de inspiración. Mi comportamiento se convirtió en una determinación innegociable que me llevaba a construir esa realidad soñada, un edificio donde los pilares eran valores, y los ladrillos, producto de un trabajo orquestado para demostrar que la construcción de un sueño era posible. Fuji es el reflejo de una idea que se transformó en un proyecto vivo lleno de elementos tangibles que mostraban mucho más que un poderoso contenido. Un edificio sostenible fruto de una estrategia soñadora interior, proyectada en el exterior, con la fuerza de la inspiración soñada alineada con esa OP que sigue grabada en mi corazón.

17 — LEY DEL DESAPEGO

El desapego con respecto al resultado soñador es directamente proporcional a la capacidad de soltar con amor todo

lo que nos obstaculiza en el camino hacia el logro.
El desapego al resultado soñador produce un aprendizaje
tan bestia como un resultado más soñador, mágico y
transformador.

Es muy fácil y común obsesionarse con el resultado soñador y restar importancia al camino de retos y desafíos que, inexorablemente, debes afrontar. Y es precisamente ahí donde el foco es fundamental. La obsesión y la angustia por llegar a la meta soñadora sin aprender en la senda te alejan todavía más. En esta ley debe existir una cualidad que es casi una virtud: la paciencia soñadora, y para mí tiene nombre y apellido. La paciencia a secas, y no es poco, es saber respetar el ritmo natural de las cosas. La soñadora entraña la humildad de seguir y aprender con coraje lo que todavía no sabemos. La paciencia es necesaria para manifestar beneficios. Y su postura se encuentra en la espera serena, la escucha atenta, la mirada curiosa, la confianza profunda y el disfrutar del placer de no saber. ¡Menudo reto!, para los tiempos que corren. Además, creo firmemente que cuando fijamos todo el tiempo el foco de atención con ansiedad, perdemos energía al andar.

Otro «temazo» es el desapego. Saber y captar el aprendizaje de soltar con amor y desaprender con entusiasmo. La mente sí está configurada para el aprendizaje, pero el desconfigurar creencias le cuesta mucho. El amor desde el desapego es fundamental para borrar en la pizarra mental aquello que es inservible y ocupa espacio, necesario para llenarlo de conceptos nuevos que cambien nuestra vida y nos ayuden a saltar de paradigma a un plano más soñador y más increíble, como es vivir la vida que siempre hemos soñado.

Cuando Gandhi defendía los derechos humanos, no pensaba en el resultado tan descomunal que sus acciones conseguirían. De hecho, era un abogado de formación en Inglaterra, ejerció en Bombay y nunca ganó un pleito. Y, sin embargo, ganó la batalla más grande que puede ganar un ser humano, la de liberar a su pueblo contra la opresión sometida. Este gran líder logró independizar en 1947 la India de Gran Bretaña. Su corazón tocado por la injusticia, el pilar en el que Gandhi se basaría para defender los derechos de igualdad de su nación. Y sin haber sabido defender ninguna causa en los tribunales, consiguió vencer lo que representa el mayor derecho de un ser humano y un ciudadano: la libertad. Su objetivo estaba en que ambas naciones, tanto Sudáfrica como la India, coexistieran en absoluta unidad desde la libertad. Gandhi nunca vivió para sí mismo. Tenía un profundo compromiso hacia los demás, hacia su pueblo, y lo demostró en cada acción de protesta que emprendía sin violencia, trabajando sin deseos de recompensa y renunciando a los frutos de sus acciones, con un enorme y ejemplar desapego (hasta desapegarse de su nutrición, con el ayuno voluntario que alimentó su espíritu rebelde e inconformista), y sin recrearse en el gusto de llegar y alcanzar su meta. Su propósito marcaba el amor de dar sin recibir, de la total renuncia a sí mismo y al placer. Su mente estaba enfocada en aliviar el sufrimiento humano para implantar la paz por medio del amor, el silencio y la fuerza de la verdad, y así venció. Es cierto que él quería la independencia y la libertad de su patria, pero en su camino se desapegó del resultado con tanta fuerza que movilizaba masas solo con su presencia. Ese desapego logró la independencia de una nación de una forma extraordinaria y alcanzó un gran resultado a través de la paz, la austeridad y el respeto profundo por los valores intrínsecos del ser humano. Un *top dreamer* en su máxima expresión.

18

LEY DE LA EQUIVALENCIA

*La equivalencia de un sueño es
directamente proporcional a la energía
que se desprende y al valor de igualdad*
con la que nos relacionamos con ese sueño que queremos
alcanzar.

Eres equivalente a lo que sueñas. Disney decía: «If you have
a dream, you can do it!». O sea, que solo por tener ese sueño
cohabita en ti el poder de alcanzarlo.

Sueña con lo que quieres, descubre lo que vale tu sueño
y conviértete en esa equivalencia soñadora para alcanzarlo.
Un sueño necesita desarrollar una capacidad soñadora equivalente a lo que se sueña consiguiendo y desarrollando esa
capacidad de alcance.

Si nos conformamos con lo que tenemos, estamos traicio-
nando nuestros sueños. Hay que estar a la altura de lo que
soñamos. Hay que ser equivalentes a lo que soñamos. Por eso
es tan importante tener el estado de energía que te da acceso
a las habilidades y las capacidades de todo lo que necesitas,
cuando sales al encuentro. Tener una energía equivalente a lo
que soñamos es importantísimo, más que el propio talento.
¡Cuántas personas se mueren con la música dentro! A veces,
no tenemos ese poder transformador para convertirnos en lo
que soñamos. En ese caso, no estaremos siendo equivalentes.

Te propongo que pienses en algo. Imagina por un momento el salón de tu casa, ese lugar en el que te relajas, lees, comes
y hasta escribes. Imagínate durante una semana sin recoger
absolutamente nada de ese espacio. Cada vez que llegas del
trabajo y te quitas los zapatos, la chaqueta, comes algo...; todo
se va quedando acumulado. Al cabo de siete días no podrás ni

entrar por la puerta del salón y el desorden se habrá apoderado del espacio. Imagina ahora que cada día te encargas de quitar del lugar aquello que estorba y lo colocas en su sitio. A diario limpias y ordenas tu espacio. Pasados siete días, probablemente esté casi mejor que el primer día. Este ejemplo tan sencillo me sirve como metáfora para que entiendas que a veces es mejor limpiar cada día un lugar que no dejar que todo se vaya acumulando, pero también ejemplifica la idea de que para limpiar mejor y tener un espacio saludable no hay que acumular suciedad ni desorden. A veces, la toxicidad de un ambiente o de personas, y no hacer nuestra limpieza diaria nos roba toda la energía para lograr nuestro sueño. Al igual que un salón abarrotado de objetos y suciedad no nos hace relajarnos ni un instante, tampoco si nosotros mismos estamos abarrotados de escoria mental, bien del ambiente, bien de otros o de nosotros mismos, no estaremos en la energía ni en el espacio mental de equivalencia que el sueño necesita para alcanzarlo.

Para alinearnos con esta ley hay que trabajar, sobre todo, en todo aquello que nos quita la energía y nos está alejando de alcanzar nuestros sueños. Por eso, esta ley nos dice que hay que tener un estado vital alto que nos dé una energía importante y dé acceso al sueño, y que también transforme lo que impide alcanzar dicho sueño. Identificar lo que nos impide lograr nuestros anhelos es sumamente importante. A lo mejor lo que te impide alcanzar el sueño es el ambiente de mediocridad del que te rodeas durante el día y eso te quita mucha energía. Así que o cambias tú, o bien cambias el ambiente. Hay que elegir en el trayecto a las personas de las que te vas a rodear. Hay personas que vampirizan y otras que potencian. También debes tener tus momentos de soledad sin que te produzca miedo, porque de ahí brota una energía potente y rompedora.

La ley de la equivalencia es una ley muy poderosa. Es la fórmula que te ayuda a tener la equivalencia contigo mismo y esa realidad soñada. También tienes que ser consciente de los pensamientos que te ayudan a alcanzar tus sueños. Ellos producen una inmensa energía. Los pensamientos tienen un peso. Pregúntate: «¿Pienso con aquellos pensamientos potentes que me ayudan a alcanzar mi sueño?». ¿Qué pensamientos generan poder? ¿Cuáles «desempoderan»? Ser consciente de lo que piensas y de lo que producen esos pensamientos es importante para ser equivalente.

Por ejemplo, ante una dificultad, ¿piensas que esa dificultad te está llevando a tu sueño, o piensas que te está alejando? Estos pensamientos divergentes hay que tenerlos en cuenta. Porque si estás trabajando en tu sueño y piensas que esa dificultad se puede transformar en beneficio, eso genera equivalencia. Pero si piensas lo contrario, generas una energía no equivalente que te derrumba.

Tienes que convertirte en un auténtico *hunter*, cazador de los pensamientos que te empoderan para ser equivalente, tú y tu ambiente. Sí, como lo oyes. Tienes que cazar los pensamientos que tengan fuerza, y con los que no debes producir la energía para transformar lo que te resta y no suma. También debes ser equivalente en tu comportamiento, ¿te comportas de forma equivalente a lo que sueñas? Un comportamiento equivalente a tus sueños podría ser el tener esa capacidad de vivir el día a día con alegría, con felicidad. Un comportamiento no equivalente sería vivir el día a día con angustia y ansiedad. Para vivir con alegría se necesita tener pensamientos positivos y conscientes, y una energía optimista desde por la mañana con pensamientos del tipo: «Voy a dar un paso más, voy a tener un día más feliz, voy a conquistar el día de una forma más abierta». Esa es la clave. Si te cierras, no produces consciencia. La postura de cierre produce miedo o tristeza.

Sentir alegría genuina con un problema es un gran desafío que produce equivalencia. Cuando te dan una mala noticia o te comunican un problema, te pueden debilitar las circunstancias externas. Decidir vivir con alegría el problema para sentirlo como oportunidad es todo un reto grande y un enorme *challance*.

Recuerdo una vez que tenía que presentar unos premios de una categoría que había creado y trabajado en ella durante cuatro años. Los premios fabulosos de la gala Positivos en Acción los organizaba una gran mujer, periodista, mitad persona, mitad duende. Se había comprometido conmigo en que yo iba a representar públicamente esta categoría que había creado, que, por justicia, me correspondía. Así que yo sentía una enorme alegría por este gran privilegio. Dos días antes del evento me comunicó que no subiría al escenario; una enorme tristeza me apuñaló, sentí como mi reconocimiento caía en la penumbra del desencanto y, sobre todo, la traición de una gran amiga que representaba unos premios que su propio nombre desacreditaba la coherencia con la que actuaba. Tras dos días de duelo y orgullo dolido, decidí vivir eso que me pasaba con alegría, y así comprendí también que necesitaba transformarme en lo que defendía y estar a la altura de un mensaje tan poderoso como es la transformación social, efecto de mi propia evolución personal. Viví una noche llena de regalos, aprendizajes y humanidad donde todo se envolvía de un profundo significado. ¡¡¡Y mi amiga, con micrófono en mano, hizo hincapié en la gratitud que sentía hacia mí!!! La alegría llenó mi corazón; donde antes había herida, ahora había comprensión.

LEY DE LA SEMEJANZA

La semejanza es una propiedad soñadora que es directamente proporcional a la atracción semejante de potenciar la capacidad de soñar.

Elementos de semejanza soñadora producen una atracción de igualdad o parecido en cuestión a la habilidad para soñar.

Esta ley está inspirada en los movimientos de la física del átomo. Todo átomo emite la misma luz que recibe. ¿Recuerdas que esto lo vimos en la ley del magnetismo? Esta nueva ley tiene para mí un profundo significado porque nos viene a decir que somos capaces de soñar, y que proyectamos con la energía soñadora que somos capaces de absorber. Además, también somos capaces de crear y cocrear con el universo lo que soñamos. En un paralelismo semejante entre realidad tangible y realidad cuántica.

Y aquí viene otra cosa interesante también.

En ese proceso de emisión y atracción también está la parte negativa. ¿Qué capacidad tenemos de atraer lo que no queremos sin darnos cuenta de que eso que no queremos también lo estamos emitiendo? Esta ley nos ayuda también a la transformación. Si queremos alcanzar un gran sueño, ¿qué estamos emitiendo? Lo que emitimos es lo que recibimos. Si emitimos una potente orden pura de nuestro sueño, que se asemeje a lo que estamos soñando, acabaremos por atraer lo que estamos emitiendo.

Sin embargo, si emitimos inconscientemente lo contrario a lo que estamos soñando, acabamos recibiendo aquello que nos produce pesadillas. Tenemos que aprender a emitir positividad, optimismo y entusiasmo porque todas esas moléculas las acabaremos absorbiendo y nos producirán una proyección más poderosa de lo que soñamos.

Te voy a poner un ejemplo. ¿Te acuerdas de mi *dreamer* cuyo sueño es ser la protagonista de una película de Woody Allen? Si en el sueño es crucial o vital hablar o encontrarse con una serie de personas, debe preguntarse: «¿Qué estoy emitiendo para que eso suceda?». En el caso de esta *dreamer*, imaginemos que se pregunta lo siguiente: «¿Me es imposible encontrarme con él?» o: «Y si me encuentro con Woody Allen, ¿va a tener tiempo para dedicármelo a mí?». Si nos cuestionamos continuamente, acabamos profetizando nuestro fracaso antes de intentarlo. Imagina qué diferente sería que esta *dreamer* se dijera: «Soy capaz de ir al encuentro con Woody Allen». Por lo tanto, si ella piensa que Woody Allen se va a sentir alegre por haberla conocido, facilitará abrirse a encontrarse con él. Diametralmente opuestas las dos realidades, ¿verdad? Pues de eso trata esta ley.

20 LEY DE LA AFIRMACIÓN

La afirmación de un sueño constante es directamente proporcional a activar en nuestra vida la gran posibilidad de alcance.

El cerebro ejecuta una orden. ¿Qué órdenes estamos dando a nuestro botón sináptico? Trabajar en la creencia poderosa de «creo en mí», «merezco cumplir mi sueño», «tengo la preparación para cumplir mi sueño», «puedo provocar mi futuro», «puedo conseguir lo que me plantee cada día», «aporto algo a mi sueño», «soy responsable de crear las circunstancias "logradoras" y soñadoras» y «mi sueño me convierte en protagonista de mi existencia» son, sin duda, órdenes poderosas en forma de pensamientos afirmativos.

Pregúntate por un momento cómo estás viviendo tu vida: ¿la estás viviendo con afirmaciones o con negaciones? ¿Estás afirmando lo que sueñas todos los días y reafirmándote que lo vas a lograr, o estás negándolo constantemente pensando que eres incapaz?

Recuerdo un gran trabajo que hice con una *big dreamer*, subdirectora de una de las cabeceras de moda más importantes del mundo —no era *Vogue*, pero sí similar—. Llevaba diecisiete años trabajando para esa revista y cada año que pasaba su tristeza aumentaba. Un día me llamó para contratarme para que diera una conferencia, pero, en realidad, lo que quería era que le recordase cómo se sueña; se había olvidado. Me sorprendió ver a una mujer tan bella apagada por su tristeza. Era una mujer rebosante de gran talento, pero eclipsada en su mundo editorial. Empezamos a trabajar en una afirmación: «Yo soy la primera». Esta frase se convirtió en su orden pura, un mantra mental que emitía cada mañana, y además le pedí que fuera como un pensamiento recurrente. A los pocos meses, tras doce años de trabajo, habían despedido a la directora de la revista de moda y ella se encontró, sorprendentemente, cumpliendo las funciones de directora general cuando le ofrecieron a ella el cargo (o sea, ser la primera a nivel laboral). Se sentía confundida y nerviosa. Claramente, no estaba acostumbrada a que el universo le diera una oportunidad tan clara, y mucho menos que fuese un fruto tan evidente de su afirmación de ser la primera. Por si fueran pocas las sorpresas, recuerdo también que la marca Cartier organizó una yincana con muchas directoras de moda y ella participó con tanta naturalidad y energía positiva que llegó la primera, derrotando a las antiguas directoras con las que había trabajado con anterioridad. El premio fue igualmente sorprendente. Mucho más que un reloj de oro valorado en 19.400 €. Este objeto se convertía para ella en un ancla emocional para que nunca le fallase la memoria, con su potente afirmación grabada a fuego en su corazón y en tonos dorados en su pulso de Cartier: «Yo soy la primera». Pensamientos de afirmación tatuados en el corazón y que se quedan grabados en el cerebro con afirmación desde la repetición.

21
LEY DE LA REVERBERACIÓN

La reverberación de un sueño
es directamente proporcional
a la potencia de la emisión
del sueño con nuestra voz, que intensifica el resultado
soñador.

Cuando lanzamos nuestra OP (orden pura) al universo, reverberamos con nuestro sueño e intensificamos el resultado soñador. La reverberación es un fenómeno físico que consiste en la reflexión del sonido amplificado, y su permanencia persiste, aunque la fuente de emisión se haya desvanecido. El poder de la voz con esa energía que se invoca para que el sueño se haga realidad tiene un efecto en el universo moviendo un campo magnético de rebote, y no solo acústico, sino de expansión hacia la realidad.

He tenido la suerte, elaborada por mi propio sueño emitido con fuerza, de tener un compañero de vida con el que llevo casada más de veinte años. Él es italiano y, cuando decidimos acometer la gran aventura de la convivencia, debíamos elegir el lugar donde vivir: Madrid o Milán. La decisión la tomó él, venir a vivir a la «capital del oso y el madroño». En aquel tiempo éramos jóvenes y teníamos muchas ganas de apostar. Giorgio trabajaba en una multinacional como comercial y amaba ser reportero y operador de cámara. A dicha pasión le dedicaba los fines de semana, en los que grababa grandes partidos de béisbol en su ciudad natal, y ahí empezó a ser un operador y cámara algo más que aficionado.

En nuestra época de noviazgo cada uno vivía en su país, y durante una de las visitas que me hizo a Madrid le llevé a una fiesta a las afueras. Era una fiesta del ámbito cinematográfico que se celebraba en casa de un conocido presentador de televisión, con motivo de todos los premios que había recibido Álex de la Iglesia con su película *La comunidad*. Todavía recuerdo a Giorgio hablando amigablemente con Carmen Maura y Cecilia Roth, sin saber realmente de quiénes se trataba y haciendo bromas en italiano con mucha naturalidad. Cuando estaba llegando el final de la gala de los Goyas, él se sinceró conmigo y me expresó sus miedos de venir a España y de poder encontrar un trabajo aquí.

En ese preciso instante me levanté de la silla y le miré con firmeza y seguridad a los ojos, y le dije: «Tú vas a ser uno de los mejores cámaras de este país. En Madrid se necesitan operadores como tú». Él me miró desconcertado y me dijo que creía mucho en él. «Gracias, te lo agradezco», añadió. Y luego no habló más. Yo siento que esas palabras le penetraron hasta lo más hondo de su ser, adentrándose en la química de su masa encefálica, sin ofrecer resistencia. Durante el tiempo que aún estuvo en Milán, yo siempre le recordaba, casi a gritos, esa especie de sentencia. Y, finalmente, Giorgio se trasladó a Madrid y dejó atrás familia, amigos y un trabajo remunerado. Tuvo una gran valentía al apostar por esa proeza, y eso es algo por lo que todavía hoy le sigo agradeciendo. Mi marido, hoy en día es un cámara de televisión muy reconocido, ha realizado muchas series de éxito, como *Periodistas*, con Belén Rueda; *Betty, la fea*, con Ana Milán; *La edad de Rita*, con Verónica Forqué; *La señora*, con Adriana Ugarte, etc. Nada mal, ¿verdad? Giorgio empezó a trabajar como operador de televisión y poco a poco se fue haciendo un nombre. Le llamaban para hacer los grandes partidos del Real Madrid, hasta que le incluyeron en el listado de los llamados «cámaras galácticos». Actualmente lleva más de dieciséis años grabando en uno de los mejores programas de televisión en directo de este país, *El intermedio*; pero lo más increíble es que es el cámara de Wyoming. ¿Y sabes qué es lo más alucinante? No que mi marido sea uno de los cámaras de Chechu (el Wyoming para los amigos), una de las personas más populares de este país, sino que fue él el que le hizo la fiesta a Álex de la Iglesia. Fue en su casa donde yo le petrifiqué con esa orden pura que nació desde lo más profundo de mi corazón. Y el anfitrión de esa fiesta y dueño de esa casa era, precisamente, el Gran Wyoming.

Ese decreto intensificado y expandido en ese lugar culminó en esta estrecha colaboración profesional que vemos casi todos los días en la televisión. El programa *El intermedio* lleva cosechando premios desde hace más de cuatro años, y la destreza de su OP también se ha llevado sus méritos, con toda la reverberación amplificada en el universo.

Aún hoy siento esa reverberación en el universo, e impacta en mi corazón.

22
LEY DE LA UNIÓN

La unión soñadora es directamente proporcional a las mentes soñadoras, unidas por un mismo corazón, que necesita ese sueño para que se haga realidad.

Toda unión hace la fuerza, unidos por un mismo propósito, contagiados por muchos sueños diversos. Muchas mentes diferentes en un mismo corazón.

Igual que existen los semilleros de talentos, existen también lo semilleros de sueños. Cuando los soñadores se juntan se unen las voluntades, se disipan las dudas y se convocan los sueños. Uno solo no tiene la misma fuerza que aporta una reunión de soñadores, donde se despiertan fogonazos, se desatan chispazos, se retroalimentan con fuerza los deseos y se activan las más poderosas inspiraciones en estado de ignición. Los sueños se nutren de un potente contagio. Cuando uno está alineado fuertemente con su sueño, encuentra a esos soñadores que también están en su misma o parecida fase hacia la cima. Toda unión con propósito aporta más fuerza, más sentido y, por supuesto, mucho más brillo.

Cuando me pongo a trabajar en sueños individuales, noto la diferencia de cuando trabajo en grupo; vasos comunicantes donde se destila la magia. El soñador se revela en su más genuina esencia cuando es capaz de exprimirse en equipo. Se descubren valores, aparecen nuevas motivaciones y cada uno se atreve a dar un paso más, porque la energía soñadora que mueve el grupo se apodera de unos momentos irrepetibles, llenos de eventos increíbles.

Recuerdo un grupo de *dreamers* que estaba trabajando la

manera poderosa de liderar su sueño. Un ser extraordinario de nombre Gonzalo era un artista y empleado en una tienda de lujo, pero también era un talento maltratado y, por supuesto, desperdiciado.

Trabajó todo el fin de semana para aprender a liderar su sueño. Y el lunes a las siete de la mañana amaneció con una sorpresa. El universo le tenía un flamante desayuno preparado. Sonó su móvil con esa potencia que te saca de los brazos de Morfeo en volandas. «Gonzalo, ven corriendo a la tienda, están todos los escaparates destrozados, hemos sufrido un alunizaje (coche empotrado en la entrada para robar en cinco minutos, aun haciendo saltar las alarmas)», fue el mensaje que escuchó del otro lado del teléfono. Mi *dreamer* Gonzalo, responsable de la imagen de la tienda, no daba crédito. Todos los empleados estaban pasmados, y la directora, con un ataque de ansiedad y mareada, tuvo que irse a su casa. Para más inri, al día siguiente era la fiesta de inauguración con los clientes vip y todo lo que ello suponía: entradas enviadas y condesas confirmadas. Estaban abocados a la cancelación. Gonzalo empezó a sacar todo su aprendizaje, toda la inspiración de sus compañeros *dreamers* con los que se había alimentado durante el fin de semana. Le sucedió algo parecido a Cenicienta, que, tras ser desposeída de su vestido de la fiesta palaciega por sus hermanastras, llega un hada y, con encanto mágico, la viste de princesa. Gonzalo empezó a liderar con el equipo, a dar órdenes a cristaleros, persianistas, albañiles y limpiadores, responsabilidades y tareas de un directivo donde el resplandor de dicho cargo brilla por su ausencia. Las dependientas se pusieron a ordenar toda la mercancía que estaba tirada y entre todos empezaron a decorar, planchar, estirar, colocar..., y se esmeraron tanto que dejaron la tienda mejor que antes del asalto. Todos estaban tan encantados por el liderazgo que sacó Gonzalo que decidieron no anular la fiesta de presentación y seguir adelante con el evento.

Todo fue increíble. La directora no daba crédito. Gonzalo pasó de ser invisible a convertirse en alguien muy querido y elogiado, pero con un elogio merecido. Con un sueño en el corazón, unido a las habilidades de otros sueños y soñadores, alineados con el mismo propósito de liderar sus sueños y, brillando, sucedió el milagro.

LEY BIUNÍVOCA

La propiedad biunívoca de un sueño es inversamente proporcional a los elementos que vamos introduciendo desde lo imaginario hacia la realidad soñada donde se va conformando. Cuando soñamos, nos movemos en dos universos paralelos que se corresponden. Donde el sueño soñador en estado de realización se corresponde con la realidad actual, que va introduciendo elementos soñadores que dejan de ser imaginaciones convertidas en pruebas reales presentes que se van entrelazando con elementos del futuro.

En matemáticas se dice que es biunívoca la correspondencia entre dos conjuntos, en la que a cada elemento del primer conjunto le corresponde, a lo sumo, un elemento del segundo conjunto, y viceversa. De este concepto matemático nace esta ley compleja que dice que cuando soñamos nos movemos en dos universos paralelos: el presente, que está avanzando al futuro; y el futuro, que está ya creado (en nuestra mente) y se siente atraído al presente avanzado hacia al futuro.

Por lo tanto, hay elementos del presente que ya corresponden al futuro soñado, de la misma manera que el futuro soñado contiene elementos del presente avanzado. Presente y futuro tienen una relación binaria cuando se sueña, en la que el futuro se ve magnetizado por el presente y el presente se va encaminado hacia el futuro soñador. Esta ley se puede entender también con un ejemplo de PNL (programación neurolingüística), donde vas caminando y proyectando en tu vida presente acontecimientos del futuro a través del lenguaje y los pensamientos, pero que todavía no han sucedido en la realidad.

Un productor de cine, con su último fracaso y cierre de su productora, me llamó para pedirme ayuda. Angelo estaba triste y perdido. Después de desbrozar y quitar su maleza mental, apareció su sueño escondido, el de dirigir una película. Y empezamos a trazar el éxito de su futuro con los pensamientos de éxitos corroborados en su presente al producir varias películas. Seleccionamos los sentimientos del presente y lo activamos a la película del futuro que soñaba con dirigir, esbozando solo ideas. Pero esta ley funciona porque sembramos un campo de probabilidad muy poderoso. Trabajando desde el presente soñando hacia el futuro, lanzábamos elementos, incluso a veces inconexos, resultados del futuro soñador que los reportábamos al presente. Y con este viaje de pensamientos futuribles y lenguaje «proyectable» despertamos su sentimiento de claridad y de posibilidad. Su película se tejió en su cabeza en quince días, al mes rodó en tiempo récord y a los seis meses se estrenó en el cine con el título *Destinos*. Curiosamente, a este director, al siguiente año le contrataron como ayudante de dirección para hacer una serie de televisión llamada *Sueños que salen del desván*. Ahí lo dejo.

Vamos a simplificar con otro ejemplo. En la fase donde estamos creando un sueño (presente) nos vamos con el pensamiento, y a veces con una visualización, al futuro. Imagina conmigo lo siguiente. Voy a recordar el caso de una *dreamer* actriz que sueña con ganar un Goya. Ella se visualiza cómo aparecería en la gala y cómo lo celebraría en la fiesta con todos los ganadores. Esta *dreamer* rubia platino con el nombre de una flor decidió tomar prestado esa estatuilla del famoso cabezón goyesco y empezó a hacerse fotografías como si hubiese ya ganado dicho premio. En este caso, estaba introduciendo en el presente elementos del futuro. Con la escultura en la mano, ella sentía que su premio, su Goya, se lo habían otorgado ya, con un sentimiento de realidad aplastante. Su imaginación volaba y le decía al Goya: «Te espero», «Te sueño». Todo eso estaba en su recuerdo como si ya se lo hubiesen otorgado. Daba las gracias, recibía felicitaciones y sentía la alegría del reconocimiento. Estaba introduciendo en su futuro esa información desde el presente. Dos estatuillas decoran hoy su librería, una invisible y otra con el peso materializado de su sueño realizado.

24 LEY DE LA EMOCIÓN

La emoción más soñadora es directamente proporcional a la realidad manifestada de la manera más emocionante.

¿Qué emoción requiere cada sueño en cada momento? No se pueden sentir tres emociones a la vez. Ni tampoco todas producen el mismo efecto. Soñar con miedo no es lo mismo que alcanzar un sueño con seguridad. Cada emoción tiene su «para qué», su utilidad. Las emociones nos producen autenticidad y equilibro, lo que genera una enorme capacidad de discernimiento. Algo fundamental también a la hora de la toma de decisiones.

En mi metodología de trabajo hablo de aprender «arquitectura emocional» para construir un palacio interior a pruebas de tsunamis. No nos han enseñado a tener habilidad emocional, y así, con esta ignorancia, nos hemos convertido en verdaderos zotes emocionales y vamos sufriendo por la vida por esta falta de conocimiento, donde encontrar la solución parece ser que es solo responsabilidad del ego, origen de nuestro profundo pesar y sufrimiento.

La cultura occidental que viene de los presocráticos (heredada *in extremis*), la exaltación de lo racional y dejar en el banquillo las emociones se acentúa con Descartes, y su lema «Pienso, luego existo» lo remató. ¿Y qué pasa, que siento y desaparezco?

Somos animales emocionales, no solo racionales. Con permiso de toda la filosofía que hemos heredado, yo, personalmente, descarto a René Descartes.

Mostrar las emociones está muy mal visto en la sociedad, y en el mundo empresarial ¡¡ya ni te cuento!! ¿¡Cómo podemos ser tan ignorantes de obviar los verdaderos radares de felicidad, provocados por nuestro mundo emocional!? Una emoción es fundamental para vivir con felicidad la vida, y para alcanzar un sueño ¡ni te cuento! Una emoción necesita su propio campo de expresión, y si se reprime se somatiza en el cuerpo en forma de malestar o enfermedad. Una persona afectada emocionalmente está anulada intelectualmente. Las emociones son portadoras de mensajes encriptados que necesitan activar esa capacidad de escucha para ser revelados. Todas las emociones son positivas, ¡todas! (pese a su mala reputación), si sabemos captar su mensaje soñador y si las sabemos posicionar estratégicamente como verdaderas cómplices de nuestros sueños.

Yo siempre me pronuncio ante esto, la autenticidad de una emoción que aparece en el escenario adecuado con habilidad encuentra la paz interior. Las emociones auténticas nos ayudan en cada momento a descubrir nuevas facetas de nosotros mismos y a sacar partido de muchas difíciles situaciones. El miedo nos protege, la tristeza nos ayuda a la reflexión, la rabia reclama la justicia y desvela la verdad, el orgullo aparece para brillar, la alegría sin euforia es vitalidad y el amor es un perfume que todo lo envuelve y tiene un enorme poder de transformación en estado puro que llama al respeto.

Las emociones aflictivas, sin embargo, como la ira (la rabia elevada al cubo), la frustración (siempre destructiva), la ansiedad (demoledora), la impotencia (perdedora), la depresión como un manto de negrura, la prepotencia y el fanatismo (que producen ceguera mental), etc., son emociones disfuncionales que generan pérdida de foco, devastación energética, confusión, falta de acierto a la hora de tomar decisiones y sufrimiento. ¿Alguien da más?

El mundo emocional es algo tan importante que no conocerlo y sobre todo ignorarlo nos produce incapacidad. Y, al contrario, adentrarse en él nos habilita para el éxito y ser más felices.

Las emociones siempre nos deben acompañar estratégicamente a nuestro alcance soñador. Son energía en movimiento y nos catapultan a la diana soñadora. La razón convence, la emoción decide y el sueño se cumple. ¿Qué te parece? Cuando menos, interesante, ¿verdad?

Recuerdo siempre un alto directivo de una multinacional que me llamó un día diciendo desesperado: «Tengo el corazón en la UVI, ayúdame». Él era y es un hombre con muchísimo éxito profesional, alto directivo de una multinacional, pero su angustia vital estaba devorando su existencia y mermando también su capacidad mental. Hombre diez, de una gran responsabilidad con un equipo muy numeroso, se pasaba el día entero escondiendo sus emociones, y, por supuesto, su tristeza infinita estaba aniquilando todo su poder. Le ayudé a expresarla, a sentirla, a empatizar con ella practicando la dialéctica emocional. ¿Sabes algo tan importante a lo que me refiero?

Pues a que «quien niega su tristeza, niega su inteligencia». Dicho está.

Y creo que esta frase le impactó muchísimo. Porque David no tenía ni tiene un pelo de tonto. Empezamos a trabajar con ella, «lady tristeza», y sobre todo a no camuflarla. A expresarla sin miedo, a escucharla. David siempre me reconoce algo que me encanta: «Mayte, desde que te conozco estoy enganchado a mi tristeza y soy el hombre más feliz del mundo». Espectacular, ¿verdad?

La potencia de una emoción te lleva con su destreza a mover esa energía (*e-motion*: energía en movimiento) para canalizar tus grandes sueños.

LEYES MENTALES

Los pensamientos tienen un gran poder. Un software activado en nuestra vida programado en un ordenador biológico que funciona sin pausa. Nuestros sueños, que generan entre muchas cosas pensamientos, brotan de una mente poderosa; una programación mental altamente soñadora. ¿Desde qué mandos se activan? ¿Cuál es el botón que pulsamos para producir pensamientos y desencadenar tantas acciones que determinan luego nuestra existencia soñadora?

Desafortunadamente, la tendencia mental marca siempre en negativo. Está científicamente comprobado que las orientaciones de nuestros «pensa-mientos» están abocados al desastre, las catástrofes, las desgracias, y todo lo malo que nos puede pasar es producto de los guiones de nuestra mente binaria terrorista, aleccionada a lo peor ¡siempre! Entrenar nuestras capacidades cognitivas a nuestro favor es todo un reto.

¡UFFFFFF! Qué pereza, ¿verdad? Esta herencia del paleolítico ha quedado grabada a un nivel mental muy básico y de supervivencia; los miedos nos hacen ser cromañones del siglo XXI, pues se quedan instalados en nuestro sistema operativo como troyanos perpetuando una realidad mental que la vivimos como certezas inmutables. En vez de saber distinguir que son unas propuestas simplonas que nos propone un sistema arcaico y anclado en la prehistoria.

El universo siempre responde como un receptor de todo lo que lanzamos a nivel consciente, inconsciente y subconsciente, y a modo de multiplicador y amplificador nos lo envía de vuelta, como un bumerán. Para mí, las leyes mentales tienen que ver precisamente con cómo nuestra mente se puede alinear con el universo para alcanzar nuestros sueños desde la trascendencia del conocimiento intelectual sin obviarlo, y con una programación acertada correctamente armonizada con la actuación más idónea de nuestro mapa soñador. A lo largo de este apartado veremos las leyes que operan dentro y alrededor de esta máquina poderosísima que es nuestro cerebro, una computadora orgánica, altamente sofisticada, capaz de hacer billones de sinapsis estratégicas y conexiones neuronales en un nanosegundo, y que, además, tienen un valor incalculable porque procesan una cantidad de datos que generan resultados impresionantes. La realidad es neutra, objetiva e imparcial. Lo que hace nuestra mente con esa realidad determina muchas veces quiénes somos. Hacer que la realidad no nos determine ni nos condicione depende del dominio con el que operamos con este poderoso *computer* que nos transforma en alguien muy soñador para diseñar un programa altamente soñador que produzca bits para lograr el sueño que tenemos en nuestra mente y hacerlo realidad.

¿Qué quieres?
¿Tener razón o alcanzar tus sueños?

25

LEY DEL PODER

La grandeza de un sueño es directamente proporcional al poder que se necesita para hacer tangible ese sueño en la realidad.

Activar el poder de un sueño es generar una fuente de energía descomunal, e incluso inagotable, que requiere nuestro sueño para colapsar esa realidad y hacerla visible. Y cuanto más grande sea nuestro sueño, más potencia necesitamos para hacerlo realidad, ¿verdad? Es de una lógica aplastante. Un avión pequeñito para despegar necesita poca gasolina en comparación con un Airbus, que pesa toneladas y que encima desafía la ley de la gravedad.

Lo curioso y prodigioso de todo esto es que el poder soñador genera un movimiento poderosísimo para encontrar ese espacio de consciencia desde donde se produce por activación un comportamiento poderoso y necesario demandado por nuestro deseo para ser alcanzado.

Cuando estamos en el camino para alcanzar nuestros sueños, también se crea un eje vibratorio de aumento de frecuencia (poder vibracional), y ese entorno es el reflejo de algo que se ha activado en nuestro interior. Creer en el poder de los sueños que se hacen realidad es despertar en nosotros mismos esa fuerza soñadora y creadora que nos genera una autoridad vibracional (parecido a la ley de la gravedad) para que las cosas ocurran. Este fenómeno, en sí mismo, desarrolla habilidades, capacidades y palancas que a veces estaban dormidas, dentro de nosotros mismos, instaladas en un profundo letargo y que, de repente, amanecen porque responden a la potencia del sueño aclamado.

Un poder soñador crea las circunstancias para que el sueño pueda ser concretado. Cumplir un sueño nos infiere poder para hacer que las cosas sucedan como debe ser.

Powerdreams! Un soñador es excepcionalmente podero-so cuando cree profundamente que tiene el poder para alcan-zar sus sueños, cuando siente, sobre todo, que es posible. Sus creencias poderosas se convierten en poderes necesarios para que los sueños se cumplan. Son transferencias invisibles de fuerza. El poder soñador te da la autoridad para lograrlo. «Creer, cocrear con el poder universal, actuar de consecuencia para verlo». La realidad que nos rodea a veces, y casi siempre, es muy distinta de lo que aspiramos. «Primero lo veo y luego me lo creo», ¿verdad?; este es el mundo cartesiano en el que vivimos. En el mundo de los sueños, esto va a la inversa. El creer es básico y fundamental para la creación de lo imagina-rio en el plano real. Creer para crear y cocrear para tener el poder universal; esta ecuación es la que funciona.

Somos poderosos cuando nos sentimos grandiosos, siempre desde la humildad, ¡por favor! Sin interpretaciones arrogantes. Para la conquista soñadora. La energía *dreamika* (soñadora) es un acto de poder desde la humildad del «no saber». No saber, a veces, cómo va a suceder ayuda a que no intervenga la mente tirana y racional, y genera un espacio necesario para que suceda lo fundamental para alcanzar ese sueño. Decirlo es muy fácil; hacer que no intervenga la mente, un desafío. La mente ocupa demasiadas gigas en la propuesta. Y nos abarrota de datos que aportan, normalmente, muy poco en la fase inicial.

El sentimiento de grandeza nos lo proporciona la aspira-ción soñadora que sentimos, que tenemos y que podemos. Soñar a lo grande nos capacita enormemente. Esa grandeza jamás desde el ego, ni desde la vanidad, ni desde la prepoten-cia; esa grandeza siempre desde el reconocimiento humilde del ser interior alineado con la esencia soñadora. Tenemos un grave problema con soñar a lo grande porque venimos de la cultura de la modestia y hemos aprendido a ser liliputienses, y nos da pudor soñar con ambición, porque es malo. Pero esto está en nuestra mente limitante, que solo quiere que seas un diminuto bonsái en el planeta de los enanos. Y así padecemos de «pudorazgo».

El conocimiento y el reconocimiento de nuestro talento soñador nos aportan poder. No nos vamos a engañar, necesitamos poder para alcanzar nuestros sueños; sin duda, esto es una realidad. Pero el poder al que me refiero no es aquel que manipula desde la condición laboral y social en muchas de las ocasiones. No es el poder susceptible a ser vulnerado o corrompido, sino que es un poder en estado puro, que emerge de la profundidad de nuestra vida y que se activa como un volcán que hace emerger el magma desde dentro hacia fuera para desplegar todo nuestro ser poniendo la mente poderosa a nuestro servicio ganador, y todo aquello que se necesite para alcanzar ese sueño.

El poder no tiene tampoco nada que ver con los conocimientos, la cultura ni el estatus. Un malvado analfabeto, si tiene poder, puede ser peligroso. Un inculto con bondad, si tiene poder, puede llegar muy lejos. Una persona cultivada sin poder sentirá, con remordimiento, su impotencia. Y una persona soñadora con poder que se preocupe de su formación, de sus conocimientos y que viva la experiencia de sus sueños ayudará a que su poder innato se despierte y lo pondrá al servicio de sí mismo, de su entorno, de sus sueños y de la humanidad.

He sido testigo de muchas personas que se han sentado delante de mí y con el simple hecho de recordarles quiénes son o quiénes son capaces de ser, de repente, plafff, se han empoderado y han hecho uso de ese poder yacente en su vida y han alcanzado cimas con cotas elevadísimas.

Recuerdo que en una ocasión conocí a un político que ejercía su cargo completamente desempoderado y con una tremenda falta de ilusión: Antonio Córdoba —voy a utilizar un pseudónimo para preservar su privacidad—. Antonio acudió a mí con un discurso óptimo y con grandes ideales, pero con una tremenda falta de poder interior. Es cierto que creía en todo lo que decía, pero había un gravísimo problema. No creía en su poder interior, desconocía sus capacidades y, por lo tanto, eso le afectaba a su falta de «permiso». Les daba muchas vueltas a sus cuestiones personales, defensa que a veces tenemos automatizada para no afrontar la raíz del problema. Activé un láser, metafóricamente hablando, y con cuidado disparé una ráfaga de verdad. El impacto le sorprendió, y un destello se colocó como pieza importante para seguir ahondando en la clave del asunto.

Antonio tenía esa creencia limitante de que no se podía permitir llegar a ejercer como alcalde de su ciudad porque los políticos que estaban por encima en su jerarquía de partido se lo iban a impedir. Lo primero que descubrimos fue que lo que le impedía alcanzar su sueño era él mismo, pues se había puesto una tremenda mordaza en la boca que hasta le impedía verbalizar sus deseos. Cuando le ayudé a quitársela, de repente también se le cayó la venda de los ojos y vio que su alcance soñador era mucho más alto que los límites que se había autoimpuesto. Es cierto que el presidente de su comunidad no veía con buenos ojos esa posibilidad de patrocinar su candidatura, pero obviamente no era el único en tener la última palabra. Lo que sucedió fue, cuando menos, impresionante. Cuando mi querido *dreamer*, Córdoba, verbalizó con poder el derecho de lograr ser alcalde de la ciudad que amaba, y que para él era muy grande ese deseo, no solo con el corazón, sino con sus acciones de apoyo siempre a los marginados, a los invisibles y a los más desfavorecidos, y con sus propuestas respaldadas de resultados, un político de las altas esferas del gobierno, muy cercano al presidente, apostó por él y promulgó su candidatura contra todo pronóstico.

Su campaña electoral fue soberbia, un éxito descomunal, el pueblo le quería, le votaba, salía en las portadas de los periódicos regionales. Su poder mediático fue brutal, pero lo que fue impresionante de verdad fue la capacidad que tuvo de gestionarlo, porque su consciencia sabía que ese poder que vibraba en las masas que lo aclamaban estaba anclado en su interior, que lo invocaba cada día con una precisión neumática, casi religiosa. Y su carrera se convirtió en un desafió constante donde cada vez que la vida le ponía en una encrucijada, y en la vida política esto es muy común, su poder se activaba para abanderar su sueño en cualquier momento. Y, además, ese poder siempre estaba allí para brillar intensamente en los ángulos de su memoria «soñadoramente» empoderada.

26

LEY SIN LÍMITES

El límite soñador es directamente proporcional a tu capacidad de expansión para su manifestación.

Soñar sin límites es fundamental y extraordinario. A los sueños no se les puede ni debe limitar si queremos afianzarlos y expandirlos de verdad.

Según esta ley, una expansión ilimitada es un sueño proyectado al infinito.

El ser humano es una persona con una mente muy restrictiva que necesita poner límites a todo para estar seguro. Y hay límites que funcionan para ser respetados y hay fronteras que no tienen sentido. La imaginación, la creatividad y los sueños son infinitamente ilimitados, además de necesarios, para que seamos felices. Soñar sin límites es aprender a crecer y a expandir nuestros sueños en todo el recorrido de nuestra vida y que en sí es limitada en el tiempo.

La ley sin límites hace honor a su nombre. Esta ley dice que no hay que poner límites a nuestros sueños, porque, efectivamente, los sueños no tienen límites y pueden crecer y reproducirse en formatos muy gigantes. Talla XXL, por favor. Y así el crecimiento será mucho mayor.

Cuando no nos ponemos fronteras, generamos capacitación para alcanzar aquello que soñamos y resultados inesperados para los fines alcanzados.

Uno de los límites que nos ponemos y más frecuentes es el dinero, ¿verdad? «No tengo dinero y, por lo tanto, no alcanzo mi sueño», nos decimos a menudo. ¿Te resulta familiar? Pero eso no es una realidad, eso solo es un «piensa y miento» que está en tu mente castradora en forma de virus recurrente. Los sueños no funcionan con condiciones ni con pura lógica. En el mundo soñador te propongo tener «ambiciones irracionales». Muchas veces perdemos antes de intentarlo porque creemos que todo se consigue con dinero (creencia limitante), sin contar con otras fuentes de riqueza que no tienen precio. Los sueños tienen un espacio ilimitado y un universo infinito de probabilidad para que se cumplan. Los sueños son como el aire: ilimitado en el espacio, e infinitas son sus posibilidades de alcanzarlos.

Pero, además, precisamos de pulmones para respirar ese aire, así como de la voluntad de materializarlo. En las primeras fases del sueño no deberíamos ponernos límites. A veces, para cumplir nuestros sueños debemos limpiar la maleza mental que nos invade y superar esos límites que viven en la parte racional de nuestro cerebro, y que se han instalado como un pesticida que nos anula desde la casilla de salida y nos aleja de nuestro compromiso con el cumplimiento hasta llegar a la meta con el deseo realizado. ¡Qué aburrimiento!, ¿cierto?

Al igual que no se debe poner límites a nuestros sueños, lo mismo sucede con nuestras capacidades, con nuestro talento, con nuestra habilidad, con nuestra creatividad y nuestro poder de alcance. ¿Dónde está escrito que necesitamos limitar nuestro crecimiento, amputar nuestros sueños y que nuestros deseos tienen fronteras infranqueables?

Cuando uno se desafía con su logro soñador, el sueño se puede estirar ilimitadamente hacia el infinito y mucho más.

Brian Tracy, un top coach americano con el que tuve la suerte de trabajar, dice con absoluta convicción que no hay que poner límites a la imaginación. Pues yo te invito a no poner límites en tu etapa soñadora y creadora en tu sueño ganador.

Un sueño que brota del corazón es un sueño invencible. ¿Sabías que existen patrocinadores de nuestros sueños? Poner el talento al servicio de una gran idea o una potente visión genera una fuente ilimitada de beneficios y un gran surtido de energía abundante, además de propuestas financieras.

Cuando tuve el sueño de construirme mi casa y, como no podía ser de otra manera, deseaba que fuese la casa de mis sueños, esta ley es la que sucedió.

Lo primero que supe fue que no tenía dinero para construirme esa casa tan soñadora que estaba diseñada en mi cabeza, y el banco se encargó de confirmar, de manera cristalina, mi teoría y puso mi primer límite: el económico.

Mi siguiente planteamiento para la edificación de mi casa, convertida en mi sueño en ese momento, fue una idea visionaria que cuando se convirtió en un proyecto fue el plan de acción más capacitador para hacer mi sueño realidad. Mi idea fue convertir la casa de mis sueños en un «buque insignia de la sostenibilidad en España». Una casa pionera en el contexto del medio ambiente y así, más que una casa, creé un concepto; y más que vender un proyecto, vendía un mensaje soñador con un gran posicionamiento.

La fuente de financiación no era únicamente el banco, sino las empresas que impliqué haciéndolas que patrocinaran un prototipo de sostenibilidad y un modelo de inspiración en el mundo de la construcción. Más de cincuenta multinacionales aportaron materiales y conocimiento para esta aventura medioambiental que era mi sueño, y que se convirtió en un ejemplo de vivienda unifamiliar, bioclimática, ecobiológica y sostenible. Las empresas entusiasmadas por el reto y el desafío de demostrar la vanguardia y el futuro de la nueva construcción en España —hoy en día homologada, pero en su tiempo y momento muy futurista—, apostaron por esta innovación y se convirtieron así en los auténticos cómplices de mi gran sueño, donde conseguí romper los límites monetarios para construirme una casa enorme y, de esta manera, poner mi propio sueño al servicio de un mensaje muy necesario y ofrecer una demostración para el ahorro energético, el reciclaje y la utilización de materiales certificados con respeto al medio ambiental. Ayudada por las grandes empresas conseguí realizar mi sueño no por los canales tradicionales ni los medios rutinarios de financiación como las entidades bancarias. Mi estilo fue diferente, pues pagaban el mensaje en forma de experimento demostrable donde las marcas proyectaban su apuesta en un prototipo de sostenibilidad innovador, real y muy mediático.

Una auténtica estrategia de patrocinio basada en valores y que cumplí a rajatabla fue mi compromiso y el retorno de la inversión de toda la apuesta empresarial que suponía la construcción de «mi casa» (camuflada de concepto) y el modelo de vivienda sostenible. Y desde luego dejó de ser mi casa durante mucho tiempo para convertirse en el Proyecto Fuji (véase en Google).

Un proyecto que hoy en día se estudia en la las facultades de Arquitectura de Madrid y Barcelona, y que es conocida internacionalmente como una casa emblemática y que en su momento, en España, fue pionera en sostenibilidad.

Fuji, mi sueño en forma de casa, inauguró una nueva cuota de mercado muy necesaria y, hoy en día, obligatoria en su forma de planteamiento y de ejecución en la construcción de una vivienda del futuro construida en el presente.

Si me hubiese detenido en mis límites económicos, jamás me habría podido construir una casa así, tan valiosa y tan arrebatadoramente soñadora y de la que me siento muy orgullosa. Además, nunca hubiese realizado mi sueño y me habría perdido este enorme aprendizaje que me regaló el universo. Gracias a que rompí mis límites internos y me desafié poniendo «todo mi talento al servicio de este gran sueño para la sociedad». Mi pequeña cuenta corriente no me limitó.

Un sueño es ilimitado y, cuando su capacidad de alcanzarlo es desafiante, abre otras fuentes que te inundan de probabilidades y de maneras de alcanzarlo. Cuando se explora hasta la última posibilidad más realista y se llega a un punto muerto, empieza uno a retarse trabajando la imaginación, otra parte del cerebro se activa hasta que aparece esa idea brillante que despunta sobre las demás y que requiere de una mente poderosa y rompedora. Y así nace un proyecto sólido, acompañado por un beneficio que superó el planteamiento inicial y todas mis expectativas.

En mi caso, Fuji (así se llama el concepto de «arquitectura por naturaleza», o mi casa) se llevó cinco premios y reconocimientos de arquitectura, y fue un impacto mediático traducido en miles de euros y en una satisfacción a nivel personal grandísima por haber conseguido superarme a mí misma, con esa capacidad enorme que nos ofrece ese gran deseo de romper nuestros límites y activar el arte de soñar a lo grande con una mentalidad poderosa alineada con el universo.

LEY DEL TIEMPO

El tiempo soñador es un parámetro mental directamente proporcional al desafío que necesita nuestro sueño para dar una prueba real en un espacio temporal. El tiempo soñador equivale a establecer la fecha de realización para que se acelere el momento de concretarlo y el tiempo te ofrezca el espacio más adecuado para realizarlo.

La realización de un sueño depende del momento en que vivimos y del instante en el que queremos alcanzarlo. Ponerle fecha concreta a nuestro sueño para que se haga realidad es aplicar, utilizar, disponer y emplear todas las herramientas a nuestra disposición para llegar a la fecha establecida donde el sueño se ha convertido en una realidad. Y, si no se ha manifestado en la fecha indicada, el mensaje que aparece es fundamental y preciso para seguir hacia delante en esa senda marcada por los aprendizajes que nos ofrece el camino soñador hasta llegar al alcance.

Solo el simple hecho de poner una fecha de caducidad a nuestro sueño provoca un movimiento gravitacional. Se empieza a acelerar una energía poderosísima, como un ciclón que se mueve y se remueve hasta el punto máximo de atracción, que es la consecuencia de ese sueño concretizado y llevado al plano real. Un meteorito que llega a la Tierra.

Para aplicar esta ley con la máxima eficiencia, expongo la fórmula de crear OP (órdenes puras). Como ya dije anteriormente, una OP es un mandato elaborado conscientemente para mandarle pautas a nuestro pensamiento sobre cómo tiene que pensar y cómo no tiene que hacerlo para alcanzar nuestros sueños. Asimismo, es una orden que se ejecuta a partir de pensamientos planificados basados en la futura realización del sueño en cuestión. En su conjunto, son órdenes que producen la sincronía necesaria para que la realidad se manifieste en forma de oportunidades infinitas e ilimitadas, ya desde el momento presente basado en nuestro pensamiento como si estuviese ya realizado en el futuro.

La destreza de emitir órdenes puras responde a la pregunta: «Cuando el sueño es alcanzado en el futuro, haciéndolo ya presente, ¿en quién me convierto?».

Una frase corta, clara y sencilla que profetiza tu futuro y lo atrae al presente como una centrifugadora.

Por ejemplo:

«Yo soy pionera en sostenibilidad ahora», fue la primera OP que emití. «Yo me construyo la casa de mis sueños pase lo que pase», fue la segunda.

Marcar nuestro sueño con un parámetro tan específico como la fecha de caducidad es dotar a nuestro sueño de una energía extra; a medida que el tiempo va transcurriendo y se acerca la fecha prevista, la velocidad aumenta como un remolino succionador ante el paso implacable del cronómetro, que devora con dedicación implementada la urgencia de cumplir nuestro sueño en el tiempo previsto y a una velocidad sideral. Curiosamente, este dato, una fecha específica tan clara y sencilla que parece insignificante, adquiere sin embargo una gran relevancia cuando nos alineamos con esta ley tan potente. Al igual que las multinacionales se marcan objetivos anuales, e incluso trimestrales, nosotros también podemos ser una multinacional del pensamiento soñador con nuestra propia vida, rumbo a nuestro sueño, fijando una fecha para el logro y con la pista de aterrizaje preparada para llegar en la fecha prevista.

A veces, me resulta significativo que, cuando trabajo en mis sesiones especiales y soñadoras, ante mi propuesta de marcar el tiempo las personas no saben qué responder y, más de una vez, la fecha más significativa que se repite es la del cumpleaños. En mi movimiento y órbita soñadora se llama «cumplesueños». Uno deja ya de cumplir años para cumplir sueños y llenar los años de sueños y los sueños de años para disfrutarlos muchos años.

Recuerdo una ocasión en la que trabajé con un escultor que estaba desesperado, casi con lágrimas en sus ojos vidriosos, que me decía que la escultura no tenía cabida en España, que su arte de papel machacado con lo que construía grandes piezas ornamentales nadie lo entendía, ninguna galería le abría las puertas a su obra, nadie atendía a sus propuestas de exposición, cualquier oportunidad colectiva en la que participaba él siempre pasaba inadvertida. Su arte caía siempre en el olvido y su desesperación minaba su autoestima, cada vez más lesionada, y aumentaba su visión pesimista sobre un futuro sin esperanza.

Empezamos a trabajar en su sueño. Yo le invité a construir una OP simple pero elaborada. Y le decía con absoluta convicción: «Marcos, tú eres el mejor escultor moderno de Madrid; el problema es que solo lo sabemos tú y yo..., de momento».

Marcos me miraba con mucha perplejidad y, por supuesto, sus dudas descomponían su rostro pasando de una mueca delirante a un atisbo de esperanza.

Empezamos a trabajar su OP; reconozco que me costó un gran esfuerzo que la asimilara, que la empezara a pronunciar, verbalizar y a emitir con poder. Pero poco a poco empezó a formar parte del mantra de su vida: «Yo soy un artista reconocido internacionalmente». «¿No quieres que sueñe a lo grande? —me dijo—. Pues ya que no consigo visibilidad en Madrid, sueño con que sea en otro país, como América». Y así, desde esta base, definimos una meta con una fecha precisa y exacta. Su fecha elegida fue el día en que nació.

¡Qué alegría sentí cuando me llamó desde Nueva York! No tanto porque estaba exponiendo allí, que ya de por sí era un lugar de ensueño, sino porque la inauguración de su exposición había coincidido con la fecha planificada conmigo en la estrategia de los sueños, una fecha muy significativa y diseñada conscientemente: su cumpleaños (¿o cumplesueños?). Estaba emocionado. Pero cuando yo verifico por repetición que no es la primera vez que me pasa, saco mis conclusiones. Poner fecha moviliza, fijar la fecha del cumpleaños quizá despierte la magia y el poder de recordarnos el significado de nuestra existencia y la razón profunda de nuestro nacimiento. La mayoría de las veces, los seres humanos vivimos anestesiados por el paso del tiempo, que adormece el devenir sin sentido en una eterna siesta que nos atonta, y olvidamos la promesa que tenemos que cumplir cuando nacemos y venimos a este mundo. Cumplir nuestro sueño poniendo una fecha específica (yo la denomino «meteorítica») es hacernos un homenaje profundo a nosotros mismos, rindiendo tributo a nuestra vida. Y es así cuando nos alineamos con la ley del tiempo.

Un tiempo que rige el universo, donde el nacimiento, el comienzo de nuestra vida en ese al ritmo de nuestro sueño, es una especie de milagro, y, si además ponemos fecha consciente a nuestro sueño, puede que nos lleve a un lugar sorprendente.

Podemos fijar otras fechas, incluso al azar, pero es importante grabarlas en nuestro disco duro, nuestra poderosa mente, para establecer un compromiso energético donde el tiempo vuela al ritmo del sueño y el sueño se sincroniza con el tiempo marcado. Y el sueño sincronizado con el tiempo produce un ritmo acelerador del momento soñado que tiene la cita pendiente para cumplir con la realidad soñada en el presente, a modo de marcador. Una realidad soñada que se ha fundido con fuerza con la promesa cronometrada en el mágico espacio del tiempo real.

Y el resultado alcanza la mayoría de las veces dimensiones tan grandes, tan sorprendentes como inesperadas, que te dejan, literalmente, sin palabras.

Yo los llamo «momentos *flipanding*»: cuando damos prueba real de una evidencia con la coherencia cognitiva con la que se ha procesado en la mente a través de nuestros sueños despiertos y conscientes, y con recursos también a niveles inconscientes. Utilizamos el poder de la mente de forma intencionada otorgándole mensajes temporales que apoyan movimientos y recursos claves.

LEY DE LA DETERMINACIÓN
La determinación de un sueño es directamente proporcional al poder extraído de nuestra vida, que necesita la adversidad para ser combatida.

*El obstáculo que nos vamos a encontrar en ese momento es
la prueba real de nuestra imbatible determinación.
Este poder exprimido desde dentro y dirigido al universo
donde fluyen y confluyen todos los acontecimientos.
La postura determinada hacia el alcance soñador produce
una fuerza descomunal que rompe límites internos y
externos, los cuales son fundamentales para allanar nuestro
camino hacia nuestra meta soñadora.*

Ser resolutivo es primo hermano de tener iniciativa enfocada
para llegar al final y no quedarnos a la mitad, y la determinación es fundamental para mantenerse viviendo el instante al
máximo y facilitar el camino.

La determinación soñadora tiene personalidad de locomo-
tora, y consiste en saber que pase lo que pase lo vas a conseguir
y que eres capaz, además, de disfrutar del proceso viviéndolo
como un reto. El camino del soñador está lleno de sorpresas
y de obstáculos. Hay momentos en los que puedes perder la
fe, pero hay que continuar hasta que vuelvas a creer. Y eso va
a depender de tu mente determinada hacia la acción.

Una persona que siente que va a realizar su sueño con determinación es una persona que encuentra la manera. Y esto es
importantísimo. Creer en los sueños y tener determinación
provoca el poder para poner la acción concreta y correcta en el
camino hacia el sueño. Determinar por encima de las circunstancias hace que estas se vuelvan a nuestro favor.

Las emociones, los comportamientos, los pensamientos
y el lenguaje que se activan con el poder de la determinación
generan un campo de energía que potencia que los deseos se
hagan realidad, sin más dilación. Los prejuicios son enemigos de la determinación y además distorsionan nuestras creencias positivas y degeneran en creencias antisoñadoras.

Tu sueño necesita un torrencial de determinación. La determinación es fundamental y tiene un efecto altamente eficaz. Esta ley dice que, sin la menor duda, nos vamos a enfrentar a circunstancias desfavorables con grandes obstáculos, y es entonces cuando nos ponemos a prueba, y es ahí donde se esconde el éxito y emana el poder de la determinación.

Nuestra conducta soñadora es una función de nuestra decisión y de nuestra condición determinada. Con la ley de la determinación tenemos la iniciativa y la responsabilidad de que el sueño se cumpla y está siempre por encima de las circunstancias.

¿Recuerdas la famosa película de Charles Chaplin *El chico* (1921)? En ella se presenta a un niño abandonado y buscado para ser devuelto al orfanato. Pues ese mismo abandono y falta de acogimiento es el que vivió en carne propia el famoso comediante y grandísimo actor durante su infancia. Él deambuló por casas de acogida de la mano de su madre y se enfrentó a la vida duramente, pero con un gran espíritu de determinación. Él abrazó la vida en su condición esencial y la vivió con profunda pasión. Chaplin, a pesar de haber conocido la extrema miseria cantando en las calles de Londres para ganarse la vida, sentía su sueño dentro con absoluta convicción: «Ser un grandísimo actor», aun cuando buscaba en los cubos de la basura con hambre algún residuo comestible para echarse al gaznate. A pesar de que su madre estaba encerrada en un manicomio y su padre estaba muerto, él no permitió que las circunstancias le atemorizaran ni que aniquilaran de su interior su sueño, su imaginación y su gran creatividad. Soñaba y determinaba convertirse en un gran actor. Aunque vivía una situación paupérrima, se sentía el mejor actor del mundo.

Uno de sus personajes míticos y más relevantes de la historia del cine mudo fue el Vagabundo. ¡Qué gran paradoja le tocó vivir! ¡Qué gran aprendizaje le ofreció el universo para compartir!

La secuencia de Charlot deleitándose con una bota cocinada con servilleta, cuchillo y tenedor, preparándose para degustar «su menú gourmet» como si se tratase de un chuletón de Ávila, es conmovedora y nos hace sentir desde las entrañas su vida de pobreza y su grandeza de corazón y, por supuesto, sin perder de vista su gran sueño: convertirse en uno de los mejores actores del mundo. Y no hubo nadie como él en la época del cine mudo, donde su mímica no necesitaba palabras para conmover con su arte plagado de grandes mensajes donde sus circunstancias nunca le dejaron abandonar su sueño, gracias al infinito poder que activó con su impecable determinación.

Para mí, Charles Chaplin es el mejor ejemplo de la ley de la determinación. Pues todos los obstáculos que tuvo para alcanzar su sueño fueron la pólvora que dinamitó el fuego de su alma, que incendió en él la llama para iluminar el camino que lo convirtió en un grandísimo actor de su tiempo e inolvidable en todo momento, y un gran referente cinematográfico universal.

Él lo determinó y decretó con su propia vida, y así decía: «El mundo pertenece a quien se atreve». Con su ejemplo nos empuja a vivir y a determinar soñando. Nos invita a convertirnos en algo más que meros números en el censo de la vida. «Soñar es ir a la lucha con determinación, abrazar la vida y vivir con pasión», así decía el inmortal Charlot.

Chaplin, en su osadía determinada, venció todo obstáculo. Fue un excelente mimo, un magnífico director, compositor de la música de sus películas y uno de los grandes magos y actores de la historia del cine. Su bigote acortado bajo la nariz es conocido histórica y mundialmente por todos. Pero, sobre todo, para mí es un ejemplo de lo que significa este poderoso soñador y actor que con su determinación alcanzó la gloria de su vida, y culminó su carrera con un éxito estrepitoso de incuestionables resultados, además de ser alguien extraordinario.

LEY DEL LENGUAJE

El lenguaje soñador es directamente proporcional a la construcción de la realidad soñada desde la invocación fonética con el poder de las palabras.
Nuestra manera de expresarnos verbalmente construye realidades. El lenguaje nos ayuda a estar a la altura que se merecen nuestros sueños para hacerlos realidad.
La complicidad del poder de la palabra está unida a la proyección de nuestros sueños que nos lleva a la consecución.

El poder del fonema. Las palabras tienen energía. Los sonidos invocan la magia del poder de la cocreación de un estado inicial a otro estado proyectado. El vocabulario soñador debe ser seleccionado con cuidado, amabilidad y belleza, pinzas esterilizadas para procrear con el universo un proceso de identificación que preludie lo visible y lo concreto que deseamos ver en el plano real. Con nuestro lenguaje activamos una semántica, y fabricamos con un material invisible todo lo que se va a producir a nuestro alrededor. Si utilizamos palabras de éxito, nos identificamos con el éxito y producimos éxito. Si utilizamos un lenguaje pobre y pesimista, estaremos en la precariedad en este momento de nuestra vida donde queremos alcanzar un sueño y nos chocaremos todo el tiempo con la realidad contraria a lo que queremos.

Trabajar en la pureza y la excelencia de nuestro lenguaje favorece la construcción de la realidad deseada. Comunicar sueños con gentileza ayuda. Detrás de un soñador también hay un gran comunicador, porque ha sabido transmitir la información con sensibilidad y respeto hacia uno mismo y a los demás, a través de sus sueños hablados, escritos y, luego, comunicarlos excelentemente a la realidad espacial.

Hay que escoger las palabras adecuadas para transmitir el pensamiento soñador generado. El lenguaje es el vehículo de la mente y si se emite de una forma correcta, con una energía sonora, produce una vibración de ondas que generan alta productividad soñadora. La voz de una persona que emite desde la caja acústica de la laringe hace que las palabras expresen sonidos que son aspectos de la energía personal con los pensamientos en elocuencia verbal. Conseguir una vibración amable y excelente con la voz ayuda a atraer unos conocimientos que proyectan la realidad soñada que está relacionada con la expresión sonora consciente. El lenguaje expresado con las palabras adecuadas y los ritmos modulados según lo que queramos alcanzar nos ayuda a mantener los máximos niveles de energía que favorecen la producción del sueño a través de un profundo proceso de conexión mente-lenguaje y espacio. La fuerza del verbo a través del lenguaje soñador nos hace abandonar la cuna de Morfeo y desafiar los límites del presente para concretar el sustantivo de la realización de los sueños.

Uno de los planes de acción más poderosos que invito a realizar a mis *dreamers* es establecer la credibilidad de nuestro anhelo soñador a través de escribir el guion de quiénes somos y cuál es la película que nos contamos, qué creemos que vamos a conseguir y cómo será nuestro sueño en el futuro, aunque desafiemos todas las creencias mundanas y vayamos contra todo pronóstico racional y realístico a lo ideal y más soñador.

Definiciones que nos hacen únicos, la conversión del drama de nuestra vida en una estupenda historia donde pasamos de ser víctimas a protagonistas y la imaginación de sentir que ese sueño se va a manifestar es importantísimo.

Recuerdo siempre a una grandísima estilista de moda que buscaba el amor de su vida; estaba desesperada después de muchos años viviendo en soledad y casi había tirado ya la toalla. Su *dreaming process* indicaba que se tenía que ir a vivir a Noruega, al norte de Europa. Y ella, de Madrid, muy cosmopolita, decidió apostar y empezar una nueva vida en un país desconocido. Su trabajo era móvil, podía seguir haciendo asesorías de moda por Skype y, por supuesto, encontrar clientes nuevos en ese destino nórdico.

Empezó a escribir un diario, no de lo que le pasaba, sino de lo que le gustaría que le pasara. Diseñó un encuentro en su mente y lo grabó con las palabras más inspiradoras en su corazón.

Un día se fue sola a ver su película favorita de gánsteres, *Érase una vez en América*, en un cine pequeño pero muy acogedor, recogida en silencio, con su mente abierta y su corazón despierto dispuesta a recordar momentos de su adolescencia, llena de buen cine y diversión.

Cuando más atenta estaba en su interior, una voz cálida le susurró a sus espaldas: «¿Te apetece comer palomitas?». Con esa sencilla frase inició la historia de amor más bonita, soñadora y determinante de su vida.

Lo flipante fue que se olvidó de haberla escrito en su diario, pero allí estaba, narrada en su subconsciente, que «plagiaba» sus papeles en la realidad. El día que la volvió a releer no paraba de emocionarse y, con lágrimas en los ojos, me confesaba con qué acierto había invocado esa realidad y con qué palabras tan cuidadosas había elegido ese destino, donde ahora vivía, como si fuera absolutamente natural. Y lo es. Una historia flipante que tiene un resultado alucinante. ¡Qué poder tiene la ley del lenguaje!

㉚ LEY DE LA COHERENCIA

La coherencia de un sueño es directamente proporcional a la alineación consciente de los valores fundamentales en los que basamos nuestro sueño para ser materializado en la realidad con credibilidad.

Cuando alineamos nuestros sueños con nuestros valores vitales, el sueño se redimensiona. Soñar con valores es poner foco, dirección y navegar con un rumbo donde la manera de llegar al sueño es importante, poderosa y, por supuesto, valiosa.

Cuando uno tiene coherencia, genera fuerza, además de credibilidad. De la misma manera, cuando uno no es coherente pierde poder y fiabilidad. La coherencia en sí misma es una postura, para mí, de las más difíciles de poner en práctica en la vida.

¿Cuándo se trata de ser coherentes? Cuando hacemos que los pensamientos coincidan con lo que estamos sintiendo, y lo que realmente pensamos y sentimos en ese momento lo expresamos con un lenguaje que refleja lo que decimos con nuestros actos y comportamientos. Las palabras se las puede llevar el viento, por eso es tan importante que coincidan con los hechos. Así el mensaje tiene fuerza y llega con potencia. Y esto no genera contradicciones internas, falta de credibilidad ni distorsiones externas. Y los valores son tu guía en toda esta línea interna.

Una de mis dinámicas más soñadoras es hacer una selección consciente de los valores que priman en tu sueño o en esa etapa soñadora; e incluso, en un momento difícil, acompañar tu sueño con tus valores es tan poderoso que te puede llevar a otra dimensión y a otro resultado mejor dentro de esa dificultad.

Lo primero que deseo aclarar es la importancia de «soñar con valores» (pieza esencial de mi metodología de trabajo), pues consiste en aportar valor en todo momento del recorrido hacia el alcance de tus sueños donde la realidad irradia valor.

Los valores son rectores en el camino hacia la virtud. Y la virtud es hacer algo «casi perfecto» y no por ello perdemos nuestra «humanidad». La virtud roza esa perfección para llegar a la excelencia desde el comportamiento y, poniendo bondad, podemos llegar a la felicidad desde el sentimiento y el comportamiento en todo momento. Los valores te elevan por encima de la inmediatez y ayudan a construir tu nueva personalidad, transformada desde la coherencia de lo que sentimos dentro y lo que está en el exterior.

Lo segundo que deseo explicar es que la elección de los valores para ese momento deben ser tres, así ajustamos el foco y no nos dispersamos. «Lo poco es más». Además, cuando nos alineamos con estos tres valores elegidos conscientemente, generamos equilibrio, y en la toma de decisiones estamos más seguros, pues el margen de equivocación es menor al tener en cuenta nuestros valores, que guían nuestra capacidad de decisión, de dar una respuesta enfocada a un resultado más feliz y beneficioso y, ¡cómo no!, también más eficaz por la energía de coherencia que se desprenden en la manera de actuar.

Recuerdo que una de mis *dreamers* había tenido que cambiar varias veces de trabajo y, claramente, cada vez el cambio había sido más retador y soñador, pero nunca fácil, y algunas veces incluso doloroso. Sus valores: la determinación, la responsabilidad y la pasión han sido siempre sus guías respetadas por ella en todo momento.

Trabajando para una gran multinacional de moda donde organizaba unos eventos que incluían mensajes necesarios para la sociedad y para el mundo, detectó una gran contradicción. La empresa para la que trabajaba, y que apostaba por estos eventos de prestigio y que hacía mucho hincapié en la calidad y en la veracidad de la información valiosa que promulgaban dichos actos sociales, cojeaba de algo fundamental: no practicaba con el ejemplo (me refiero, en este caso, a la empresa). Dicho de otra manera: padecía de justo aquello que defendía. Te suena, ¿verdad? La empresa o el sistema tenía una miopía tremenda, y a la hora de beberse el jarabe se pronunciaba con arrogancia y soberbia. A veces, ella miraba para otro lado, otras veces, o muchas, no les daba importancia a las quejas internas; ¡claro!, todo era de puertas hacia dentro. El escaparate impecable de una hipocresía alarmante.

Me explico mejor. Si mi querida Elena organizaba un evento de moda bajo el paraguas sobre la igualdad de género en el mundo laboral, se daba cuenta y ponía en relieve a su empresa que tenían que tomar medidas al respecto internamente sobre la desigualdad del sistema donde ella y su equipo convivían en esta gran contradicción sistémica. Sus críticas no solo eran desoídas, sino duramente reprimidas, y a veces incluso se sentía amenazada por la posible pérdida de su puesto de trabajo como alta directiva.

Hasta que detectó su incoherencia con una gran incomodidad, la palanca de sus valores y esta ley la hicieron abandonar su trabajo en plena efervescencia, asumiendo un gran reto consigo misma desde la coherencia.

Puso a la multinacional en un brete. Y aunque le pidieron perdón cuando ella presentó su carta de despedido y le ofrecieron el oro y el moro, nunca dio marcha atrás. Su gran responsabilidad, su determinación y sus valores marcaron un antes y un después en su vida.

Elena saltó y fue muy valiente.

Mi querida *dreamer* es, ahora, una gran mujer de éxito y una de las personas más influyentes de la sociedad española. En el mundo laboral está reconocida en un ranking nacional de liderazgo donde hay una lista minuciosa de las «100 mujeres top de España». Su capacidad inmensa de trabajo y su gran talento han sido siempre regidos por sus líneas invisibles trazadas por sus valores vitales que caminan por delante hacia la cima, y todo lo que se mueve a su alrededor, curiosamente, brilla y le genera mucha credibilidad.

Soñar con valores y caminar con ellos es una experiencia sólidamente soñadora y marca un rumbo ascendente coronando la cima de sueños guiados como una estrella polar.

31
LEY DEL JUEGO

La ley del juego es directamente proporcional a la flexibilidad que tenemos en poner nuestro sueño en marcha aceptando el juego de la incertidumbre inherente en la vida, y marcado por los imprevistos del camino hasta concretarlo.

Cuando decides alcanzar un sueño debes conocer y aceptar las reglas del juego que se generan en ese ámbito del sueño para luego, si quieres y tienes oportunidad, transgredirlas con destreza a tu favor y nunca, obviamente, en contra. Pero siempre con respeto, aportando valor y sentando un precedente positivo donde tu destreza en tergiversar las reglas ha cambiado el juego para evolucionar.

Primero se aceptan y, si no te gustan o no son justas, se cambian luego. No se pueden cambiar si no sabes aceptarlas. Es una ley difícil y retadora.

Un ejemplo extremo eran las reglas injustas y deshumanas: los negros no podían acceder a ciertos lugares donde iban los blancos, como a los mismos baños, restaurantes, hoteles, etc. ¡Qué horror! ¡Qué injusticia! ¡Qué desigualdad!

A mí estas reglas en forma de leyes siempre me han producido mucha rabia. La raza de color, para prosperar y vivir en paz durante siglos, ha tenido que vivir con el sometimiento. Hasta que, un día, unos negros, con el apoyo de algunos blancos, decidieron no aceptar esas reglas conscientemente injustas para cambiarlas por la justicia de igualdad en la sociedad. Y con valentía, determinación y poder desafiaron las reglas hasta cambiar el juego, pasando de la desigualdad por el color de la piel a la dignidad.

La vida es una Olimpiada donde se gana o se pierde. Saber y conocer esto es aceptar las reglas del juego para saber en qué liga vamos a jugar. La de los ganadores o la de los perdedores. Con respecto al campo del «aprendizaje con uno mismo», existe una gran regla del juego por excelencia: cuanto más apuestas y más te pones en juego a favor de tus sueños, más vas a aprender para conquistarlos. Aunque ese aprendizaje sea durísimo aceptarlo y vivirlo. Y si no quieres aceptar esta regla soñadora, tu vida se quedará inmóvil como una seta y el precio será no solo el aburrimiento, sino que también, a nivel muy inconsciente, un reproche interno de no haberte metido en el juego por miedo a perder, a fracasar o a vivir. Necesitamos vivir para ganar.

Aprender para lograr un sueño es una regla del juego que consiste en aceptar que cuando se pierde se aprende, y también puede que haya que desaprender.

Y esto cuesta más de lo que podemos imaginar. La mente está programada con un hardware destinado al aprendizaje; o sea, que a la mente le encanta aprender. El desaprendizaje lo lleva peor. Y por eso hablo de mente poderosa cuando tú tomas el timón y decides el programa mental que vas a instalar y el programita obsoleto que debes desconfigurar, aunque a tu mente eso le cueste mucho más.

¡No te confundas! Tú no eres lo que piensas, eres la/el que piensa. Y ahí radica, también, el poder de la responsabilidad. Desaprender algo que no nos hace bien es importante. Y requiere dosis de esfuerzo porque el cerebro está programado para la supervivencia, no para ser feliz. Con esto quiero decir que, si llevas un programa desfasado, el arraigo a él puede ser muy fuerte, e incluso peligroso. Aunque te haga daño te puedes dar mil razones para que sobreviva en ti y creas, incluso, que no se pueda cambiar.

Y para conseguir desaprender es imprescindible «hacer el vacío» en nuestra vida, metafóricamente, aunque el miedo inicial se apodere de nosotros. Naturalmente, el miedo al cambio produce inmovilidad, pero atravesarlo es un regalo inmenso.

El universo ama el vacío para llenarlo de sorpresas, renovación y nuevos alimentos que necesita nuestra mente para generar el cambio y dar el salto. Si no nos desafiamos con esta ley y no estamos dispuestos a desprendernos, nunca podremos saborear lo nuevo que nos depara la vida en un estado de plenitud, serenidad y abundancia.

Si eres un soñador, o mejor dicho un *dreamer*, cuanto más aceptes las reglas del juego, más probabilidad tendrás de alcanzar tus sueños, aprender de ellas y beneficiarte de la abundancia del universo. Además de manejarte estupendamente en el misterio de la vida y navegar en la incertidumbre.

Para vivir en sociedad tienes que aceptar las leyes de dicha sociedad en el tiempo que vivas y en el lugar donde te encuentres. Y el transgredirlas te puede suponer multas, disgustos, sustos e incluso cárcel.

En el mundo de los sueños que se hacen realidad, cuanto más conozcas y apliques las leyes universales de los soñadores, más próximo estarás de vivir tus sueños con poder y circular por el «mundo soñador».

El precio de la transgresión es el impuesto que pagas por vivir la vida con infelicidad y mediocridad, y también, quizá, atentando contra tus propios intereses a nivel inconsciente, y esto puede ser una elección no consciente que te lleva al fracaso.

Personalmente, pienso que el descubrimiento de estas leyes me ha llevado a empoderarme desde el punto de vista soñador y a ayudar a los demás a hacer sus sueños realidad desde el acompañamiento.

El conocimiento de las leyes, personalmente, me ha aportado muchísimo valor, me ha enseñado a desafiarme y a saltar al vacío.

Buscar dentro es poner el foco correcto para luego disparar fuera con certeza. Una regla del juego tan simple y tan natural y que el ser humano se la salta a la torera.

Primero busca fuera y persiste en el desencuentro de seguir buscando fuera, encontrando siempre la misma realidad que le atormenta, además de idéntica respuesta.

No hay que ser Einstein para saber que, si sigues persistiendo en lo mismo, tendrás siempre el mismo resultado.

El juego consiste en empezar desde dentro, atesorando tu vida y abrazando los aprendizajes interiores que brotan del corazón y que te llevan al universo soñador.

Toda aventura soñadora que nazca del corazón será una victoria importante; toda empresa que empiece sin la aceptación de las reglas del juego acabará generando sufrimiento, frustración e insatisfacción.

La confianza de saber que todo lo que necesitas está dentro de tu vida y que tu resultado depende de ti y aceptar las reglas del juego es fundamental; al final, y sin ningún atisbo de duda, te llevarán a ganar.

Saber que aquel que siembra tormenta recoge tempestades y aquel que siembra virtud recoge bondades es algo casi matemático, ¿verdad?

Esta es una de las reglas del juego soñador más inmutable. Muy próxima a la ley de la causa.

Ana (nombre ficticio) es una buena política y mujer soñadora que me contrató para apoyar su liderazgo y diseñar una buena estrategia para el éxito de su carrera política.

Cuando me llamó era consejera de Asuntos Sociales de la Junta de Andalucía (también cambio los territorios para reservar su anonimato).

«Mayte —me decía con gran pasión—, ayúdame a subir mi perfil mediático y a alcanzar mi sueño de ser alcaldesa de mi ciudad, Sevilla».

Empezamos a trabajar su sueño a nivel global y su liderazgo se afianzó, y cuando llegó la hora de decidir si presentar su candidatura o no, el miedo se apoderó de ella. Con lágrimas en los ojos me dijo que el presidente de la Junta de Andalucía la quería mucho, pero que jamás iba a apoyar su candidatura. Le hice notar que ella era la primera que no apoyaba su sueño y que así era imposible alcanzarlo. «Lo primero que vas a hacer es apoyar tú misma tu sueño desde dentro creyéndote merecedora», le dije. Ardua labor, sin duda, pero se retó a sí misma, rompió sus límites con el miedo que tenía a enfrentarse a la autoridad y así se atrevió a desafiar la jerarquía de su partido, primero respetando las reglas del juego y luego haciendo que estas reglas se pusieran a su favor.

«Y aunque no te apoye el líder de tu región, te vas a atrever a pedir ayuda a los líderes de la nación, la cúpula de tu partido político».

Y así fue como, un día, el brazo derecho del presidente del Gobierno la llamó y la invitó a presentar su candidatura a la alcaldía de Sevilla contra todo pronóstico.

Ana se presentó, y el máximo representante político de España en aquel momento se desplazó a Sevilla para reforzar su mensaje.

Ana ganó las elecciones de la alcaldía de su ciudad natal. Y siguió escalando con su liderazgo inspirador. Recuerdo su cara de felicidad en el primer discurso que dio como candidata, donde le sugerí que se comportara en el escenario como si estuviera dando una conferencia en vez de un mitin político: «¡Cambia tu manera de comunicar, haz soñar a tu público contigo! No compres votos, genera voluntades. ¡Juega a ganar!».

El público se rindió a sus pies en un aplauso atronador. Ana alcanzó su sueño jugando a ganar y no a perder.

32

LEY DEL CAOS

El caos aparente del universo es directamente proporcional al orden coherente desde donde se manifiestan los sueños en la realidad permanente.

El caos es la absoluta ausencia de orden. Los científicos dicen que el caos aparentemente es lo que rige el universo. La vida es un cúmulo de eventos impredecibles; y, de hecho, el lugar donde ocurre la magia, el amor y los sueños es en la incertidumbre provocada por ese caos que está asociado a la mayor probabilidad de lo «impredecible».

La famosa teoría del efecto mariposa, que dice que el propio aleteo de este delicado animal en Brasil provocó un tornado en Texas, nos dice que «todo en la vida es un efecto mariposa de difícil predicción». Vivimos en el interior de un sistema dinámico y muy complejo, donde una minúscula variación inicial puede provocar resultados increíbles y grandiosos o desastrosos. Nada de lo que va a ocurrir se puede predecir con exactitud, aunque sí se pueden manejar probabilidades, como en el campo de la meteorología: la ciencia de la predicción del tiempo. Pero no es exacta, aunque sí se maneja una elevada cantidad de datos para el acierto.

Todo lo que nos pasa, por mínimo que sea, todas las decisiones que tomamos, aunque aparentemente sean banales, se pueden revelar de vital importancia en un futuro. Una secuencia de efectos de un pequeño error inicial provocará un desastre al final, y a la inversa: una decisión aparentemente insignificante, pero muy acertada, puede dar un giro monumental a tu vida.

Cada decisión genera una cadena de acontecimientos irreversibles y un impacto en el futuro. Todo lo que hacemos cobra una infinita importancia en el tiempo.

Voy a explicar esta ley con un ejemplo personal. Mi experiencia cuando vivía en el auténtico caos de mi vida, donde un cúmulo de equivocaciones me llevaron a truncar mi destino y vivir la vida que no quería vivir, condenada al lugar donde no quería estar.

Había apostado por vivir en el extranjero, concretamente en Milán, y después de asentarme allí con estabilidad, mi falta de perspectiva y mis emociones me traicionaron y me condujeron a cometer un error que me llevó a abandonarlo todo y a dejar esa ciudad para marcharme a un pueblo de pescadores cuyo nombre quiero olvidar. Cuando mi fracaso estratosférico y topográfico se hizo eco en mi existencia, volví a instalarme en Madrid y busqué un trabajo que me diera, inicialmente, lo mínimo para vivir. Estoy hablando de empezar de cero. Antes de mentora fui y soy periodista, y aunque sabía y sé que el periodismo daba poco dinero para subsistir (desgraciadamente), empecé a colaborar con algunas revistas de moda y actualidad.

Mi vida era un caos absoluto, había apostado por varias historias sentimentales sin éxito alguno. Para mí, el amor ha sido siempre la cosa más importante en mi vida. Y en ese periodo de mi existencia me encontraba sola y perdida. El hecho aparentemente insignificante y que me cambió la vida fue el siguiente: una o dos veces al año volvía a Milán a visitar a mis grandes amigos que estaban allí. Siempre recordaré cuando, alojada en casa de mi querida amiga Séfora, salíamos a pasear. Un día, rebuscando en el buzón, ella hizo una selección automática entre la correspondencia útil, la publicidad, lo que tenía que tirar y lo que debía conservar. Obviamente, no me suelo inmiscuir en el correo privado de mis amigos. Pero algo llamó mi atención cuando tiró al cubo de basura un *flyer* de discoteca. Ella, sorprendida, me dijo que eran invitaciones de una macrodiscoteca y como sabía perfectamente que a mí esos lugares con ruido y de enormes dimensiones me disgustaban, había decidido prescindir de las dos invitaciones de Magazzini Generali (nombre de la discoteca de tendencia en aquel momento). Llevada por mi intuición, me puse a rebuscar en la papelera urbana al rescate de aquellas invitaciones de cartoné que mi amiga había desechado. La cara de estupefacción de Séfora me decía que no me reconocía. Estaba como poseída, metiendo las manos en una papelera sucia y rebosante de residuos.

Lo impredecible de todo esto es que hacía unos meses que había escrito para una revista de Madrid, *Vanidades*, sobre esa discoteca, desconocida para mí. Lo confieso, sí, escribí sobre un lugar con mi imaginación, recabando información, pero nunca había asistido a ese sitio en cuestión sobre el que había redactado mi artículo y publicado en la revista. Por lo que pido perdón, porque la noticia que publiqué era fruto de mi invención, aunque reconozco que con bastante fidelidad y acierto. El caso es que se despertó en mí una enorme curiosidad por ir esa misma noche a aquel lugar donde se celebraba una fiesta gigantesca, y casi obligué a mi amiga a acompañarme. A partir de ese día, mi vida dio un vuelco espectacular. Un giro copernicano.

No recuerdo nada de ese lugar, lo que sí recuerdo es que, como en una congregación espontánea, me encontré con mi pasado. Todos mis viejos amigos de Milán, parece ser, se dieron cita allí ese día y eso me hizo muy feliz. Pero la sorpresa más grande esa noche, que apareció como una sorpresa en un huevo de Pascua, fue que me volví a cruzar con un ser muy especial. Un chico que había conocido hacía doce años, cuando todavía vivía en Milán, y que, según él, jamás se había olvidado de mí. Hoy en la actualidad es mi marido y el padre de mis dos hijos.

El caos y la incertidumbre de la vida pueden ser la antesala de una realidad soñada, todo lo que hacemos repercute en nuestros sueños, y si no se trata de tus sueños lo que se verifica, seguro que será la antesala del lugar donde al final quieres estar. Todo es imprevisible y aparentemente caótico, pero todo lo que es imprevisible puede ser mágico y soñador, y si le damos la importancia y la oportunidad atenta en este mundo caótico aparentemente, podemos tener una vida relevante y apasionante. Estar alerta, prevenidos y expectantes a sucumbir en el aparente caos que rige el universo con un ritmo perfecto hacia nuestros sueños.

33

LEY DE LA ACEPTACIÓN

La aceptación de un sueño es directamente proporcional al poder de mirar la realidad con absoluta objetividad, y asumir todas las dificultades que nos encontramos en el camino hacia el logro.

Unamuno decía: «Cuando quieres todo lo que sucede, sucede todo lo que quieres».

Aceptar no es conformarse ni resignarse. Lo que se resiste, persiste. El preámbulo para alcanzar un sueño es aceptar inicialmente la realidad con absoluta objetividad. Y esto es una ley de poder absoluto.

No existe transformación sin aceptación.

Solamente desde ahí podremos transformar esa realidad

en la que vivimos en una realidad en la que soñamos. Esto, aunque parece sencillo, debo confesarte que no lo es en absoluto. A la aceptación le precede un proceso de observación, y desde la observación pasamos a la autoobservación (hacia dentro), donde se eliminan los juicios y los prejuicios, por lo tanto, un ejercicio altamente cualificado y complejo. La tendencia del ser humano es «estar todo el día instalados en la crítica y en la culpa». Cuando uno observa, apela a la neutralidad mirando sin opiniones previas que le desvían hacia la meta para luego inyectar unas dosis de amor y respeto por lo que está observando, es decir, aceptando.

Aceptación es poner atención a lo que miramos con amor desapegado. Es desde dentro de donde emerge la posibilidad de hacer cambios y activar la energía de la transformación. No conformarse con esa realidad que no queremos vivir, sino establecer desde ahí el punto de partida para despegar. Y digo despegar porque esa realidad es precisamente donde no queremos seguir estando, y además para mí la pura realidad es el camino más transitado por la mediocridad.

La aceptación nos lleva a colapsar una realidad futura en el momento en el que profundamente la aceptamos en el presente y desde el corazón para cambiarla. El único lugar donde se inicia la transformación que, insisto, previamente ha habido aceptación. No se puede transformar nada que no sea aceptado anteriormente. Y, además, «todo lo que no se transforma tiene poder sobre ti». El corazón mueve y conmueve. Aceptar lo que estamos soñando. Aceptar que lo vamos a lograr. Aceptar nuestro talento para alcanzarlo, nuestro poder para lograrlo. Aceptar las dificultades que vamos a encontrar (tema heavy metal) y aceptar la realidad en la que nos encontramos. Aceptación es empezar a vivir en otra dimensión.

Desde el momento en que pongo amor incondicional a lo que está pasando, todo se transforma en una aceptación donde saltan las resistencias, y estas son las que nos llevan a lo que soñamos con el empuje de las tendencias, que antes eran resistencias.

Aceptación es fluir en el aprendizaje que necesitamos absorber para alcanzar aquello que tanto anhelamos. Como dice mi buen amigo y transformador internacional Ismael Cala: «Fluir para no sufrir».

Yo tengo la teoría de que siempre nos estamos peleando con la realidad, que no nos gusta lo que vivimos, no nos satisface lo que hacemos, no estamos de acuerdo con lo que muchas personas nos dicen con cariño para que nos demos cuenta. Ya sé que no es exactamente lo que queremos escuchar y nos damos «de bruces, tres cruces» (como decía la canción de Mecano), pero la aceptación es un acto de amor, se mire por donde se mire. Complicado, ¿verdad?

Un gran ejemplo de esta ley lo encuentro siempre en una de las personas que trabajó conmigo su gran sueño. Dejar de ser una empleada ejemplar y una esclava de una jefa tirana que no le valoraba sus méritos y sus aportaciones, para decidir emprender un sueño precioso, revolucionario y necesario. Introducir el yoga en la cultura de la empresa ofreciendo un servicio único en las multinacionales. Sus oasis mentales de calidad para conectar, desactivar el estrés laboral, al que inevitablemente estamos sumergidos, para ofrecer resultados eficientes en nuestra jornada laboral. Dedicado a las personas que trabajan y le echan muchas horas en espacios enmoquetados, delante de pantallas de ordenador y con un tiempo que casi siempre es a contrarreloj.

Mi querida Claudia tuvo la valentía de abandonar su seguridad y estabilidad económica, aceptando la rigidez de una empresa de publicidad que maltrataba a los empleados pagándoles poco y, además, sin negociación posible a la hora de abandonar el barco. Los despidos o son procedentes, o bien te vas porque quieres. O sea, que te quedas sin derecho al paro y, por supuesto, sin indemnización. Claudia aceptó estas duras condiciones, porque aceptaba tanto sus sueños repletos de amor y devoción que respetó la decisión de la compañía y saltó al vacío. Al principio fue muy duro introducirse en las empresas con una propuesta tan vanguardista. Aunque Google y muchas empresas en Silicon Valley invierten en el placer y la relajación de sus empleados (masajes, spas, ping-pong...) y en todo aquello que luego pueda repercutir en la mente creativa, en la calidad y el alto rendimiento de sus empleados. Astucia estratégica de alto nivel, ¿verdad? Se trata de un beneficio incalculable en los logros de los que trabajan para estas multinacionales; el sentimiento de sentirse recompensados es un beneficio o un superávit para la empresa de tamaño colosal, pagar ocio a cambio de amor incondicional. ¡Guauuuuuu!, es bestial, ¿verdad?

Y se refleja en la cuenta de resultados con muchos dígitos.

El caso es que Claudia empezó como una hormiga, monitora de yoga, a introducirse en multinacionales, y ahora es una potente emprendedora que tiene cincuenta empleados que se van turnando constantemente con programas antiestrés en el mundo empresarial, y, sin duda, ella no para de crecer con la altísima demanda que tiene.

Aceptó su realidad adversa, aceptó su sueño y todos los pasos que la llevaban a alcanzarlo con estrategia. Y de ser una empleada mediocre en una empresa donde era un soldado raso pasó a ser una empresaria excelente, donde tiene la libertad de crear y ofrecer a las marcas servicios para que las personas no vivan en filas robotizadas delante de un Mac, sino que activen una energía que ofrezca unos resultados muy eficientes en un ambiente distendido que genera un alto rendimiento de trabajo, y que, a su vez, va acompañado de grandes resultados.

Una persona en paz aporta tranquilidad a su entorno, creatividad y claridad mental. Y, al contrario, una persona estresada genera un estrés que contamina más de lo que nos podemos imaginar, y los resultados luego se pagan con bajas por depresión y bajo rendimiento por parte de personas agotadas y devastadas emocional y mentalmente.

Sin embargo, una persona que ha aceptado su sueño y la adversidad que entraña, como es el caso de Claudia, contagia entusiasmo y genera vitalidad que luego se traduce en alta productividad. Cuidar el bienestar de las personas tiene unos beneficios altamente rentables y genera una felicidad muy grande. Brutal, ¿verdad?

34
LEY DE LA VISIÓN

Un sueño nos hace tener una visión y, cuanto mayor visión desarrollemos gracias a nuestro sueño, más posibilidades tendremos de materializarlo implementando un enorme significado. La manera de mirar nuestro futuro soñador determina nuestro presente alcanzador.

Un sueño es un desafío en estado embrionario y, si lo queremos hacer realidad, nos hace desarrollar el poder visionario donde nos proyectamos a un futuro que anhelamos y que queremos alcanzar. Cuando soñamos en el presente, con determinación y compromiso, nos empezamos a capacitar para atraer ese futuro soñador al presente. Tener una imagen poderosa que nos sirva de ancla es muy importante para llegar a la materialización del sueño. La mente entiende en tridimensional. Una foto, dibujo o cartel impacta en la visión y el cerebro lo asimila rápidamente a nivel consciente y subconsciente.

La mente necesita y debe entender los parámetros que queremos alcanzar. Mira lo que pasa con la publicidad, ¿te has preguntado alguna vez por qué las marcas pagan millones para introducir sus logos y mensajes en los deportes, en la televisión, en el *prime time* de las parrillas audiovisuales? Porque venden su producto y compran la voluntad de los telespectadores con vertidos automáticamente y sin esfuerzo en los consumidores. Y no solo de manera evidente, donde un anuncio a continuación de un gol genera un deseo. También a nivel inconsciente una marca repetida en una película y en una escena, estratégicamente elegida, hace que la mente la absorba sin censura. Manipulación al poder. El neuromarketing funciona porque obedece y se adapta acoplándose al funcionamiento del cerebro sin resistencias. Por lo tanto, ¿por qué no hacemos neuromarketing con nuestros sueños en vez de consumir Coca-Cola? Por ejemplo, trabajar en la visión de esa imagen sobre el futuro ganador de nuestros deseos puede ser clave en nuestro éxito mental. Una imagen o secuencia de dónde vamos a estar dentro de un tiempo con el sueño hecho realidad. Los deportistas de élite practican el poder de la visión, y deslizan los pensamientos de cómo van a meter las manos en las argollas para saltar, se ven en el podio con la copa o la medalla de oro y cultivan el poder de la visión con el hábito cotidiano hasta normalizarlo en la mente.

Una visión también genera una misión. Una visión está

muy relacionada con el significado que le queremos dar a nuestra vida. Podemos decir que la visión de nuestro sueño nos facilita descubrir nuestra misión en la vida, y eso no es moco de pavo.

Pero me voy a centrar en el poder visionario que se activa con esta ley de la visión, para mí muy poderosa, y la ley de la misión, que la veremos más adelante.

En el trabajo soñador, la visión es algo fundamental. Y lo primero es generar esa capacidad de visualizar dentro, como decía Gauguin: «Para ver bien, cierra los ojos».

Nadie puede tener la visión tan clara del sueño como uno mismo. Por eso, al principio, la visión debe ser un acto interior, de pensar y de sentir ese sueño que está muy dentro hasta ser capaces de diseñar imágenes claras en nuestra pizarra mental.

En la visión soñadora, debemos plantearnos una nueva manera de pensar y de sentir, así podemos alimentar la posibilidad para que se pueda manifestar esa imagen con claridad y fuerza en la realidad. Y, ¡muy importante!, derribando los límites, abatiendo murallas, desafiando las críticas y superando los juicios del entorno y de nuestra charlatanería interior. *Out* a la escoria mental.

Sin ilusiones ópticas, configurar una realidad soñada que nace de una enorme creencia poderosa que brota desde dentro, desde lo profundo, desde nuestra esencia. Así de potente debe ser nuestra visión, alimentada con la creencia que se retroalimenta. Creencia que genera una visión, visión que fortalece una creencia.

A mí, a veces, en mis sesiones me ponen diferentes apelativos que no son ciertos ni reales, pero me ven así: «brujita, hada, pitonisa, campanita» (confieso que la que más me gusta es la de «puntero láser»), porque ayudo a poner foco y a cocrear el futuro soñador y luego, cuando se hacen realidad esos sueños con la metodología del trabajo de la Dream's Strategy, los soñadores o *dreamers* se llevan junto a mí una grata sorpresa.

A lo que yo respondo que ni bruja ni chamana ni tantas «mancias», lo que creo que tengo, desarrollo y cultivo es un poder visionario gracias a la capacidad de soñar, y si es a lo grande, el poder se hace mayor. Y así capacito a los soñadores, alimentado su poder visionario, algo que genera consecuencias estratosféricas.

Nietzsche decía que debemos entrenar «el ojo que mira». La manera en que miramos nuestro sueño es esencial. La manera con la que miramos la realidad produce cambios en la propia realidad. Una visión clara, producto de una mente cristalina y un corazón abierto, genera una visión ampliada con un efecto multiplicador.

En el amor quizá es donde nos cuesta más tener una visión esclarecedora. Una pareja que nos acompañe por la senda de la vida. Recuerdo siempre un alto directivo de una multinacional que tenía, y ahora aún más, una muy buena posición en su trabajo. Antonio me decía que sentía haber fracasado en el amor y su corazón estaba ingresado en la UVI.

Cuando subimos el corazón «a planta» y logramos poner más serenidad en su vida, empezamos a trabajar en su visión del amor en pareja. Para él, fundamental y vital.

Y aunque al principio la dificultad era muy grande, porque tenía una idea distorsionada y tóxica de la pareja, poco a poco fuimos conformando otra imagen.

Pero lo imprevisible y lo increíble que me dejó tan sorprendida como entusiasmada fue que no solo encontró una pareja estable, tal y como habíamos trabajado en la visión interior de su corazón, sino que en su empresa generaron un nuevo puesto de trabajo para él, un puesto innovador, poco común (y, personalmente, creo que, como consecuencia de su trabajo soñador, alimentando una visión específica) y hasta la fecha inexistente, donde su responsabilidad era única. Se iba a crear un nuevo departamento que él iba a liderar desde un cargo mucho más que directivo, pues ahora es consejero delegado, e iba a trabajar exclusivamente en «la visión del mundo» dentro de la compañía con respecto a las energías renovables para preparar a la empresa para la llegada del futuro, que ya es una realidad inminente. Su departamento hoy en día tiene la misión de desarrollar la visión de su empresa desde el presente hasta los cincuenta años venideros. Hoy, Antonio lidera un equipo de más de cien personas, donde todos están comprometidos con el futuro y desarrollan conjuntamente la capacidad del poder visionario, visualizando el futuro, con planes de acciones en el día a día, para vivir un presente reduciendo la contaminación del planeta.

No creo que esto haya sido una casualidad, sino una potente consecuencia exterior de trabajar con su visión interna, a corazón abierto, donde encontrar a su pareja ha tenido un efecto dominó en todas las áreas de su vida. Impresionante, ¿verdad?

35
LEY DEL CAMBIO

El cambio desde dentro que nos demanda nuestro sueño es directamente proporcional a la poderosa transformación interior que provoca una poderosa modificación en nuestro alrededor. Además, amar el cambio es aceptar la naturaleza transitoria del universo.

Todo aquello que no transformamos tiene poder sobre nosotros. Cuando se produce un cambio interior se proyecta y se consolida en una mutación exterior.

La capacidad de cambiar nuestro interior es directamente proporcional a la posibilidad de generar innovaciones sorprendentemente soñadoras en nuestra vida. Un sueño requiere del cambio para ser creado. Para soñar hay que cuestionar la realidad que nos limita, y para aprender cómo se puede ubicar una nueva realidad soñadora hay que asumir lo que requiere ser cambiado de verdad. Un comportamiento nuevo genera nuevas conexiones soñadoras imprescindibles para que se abran nuevos horizontes. Albert Einstein decía: «No podemos pretender resultados diferentes si continuamos haciendo siempre lo mismo». Es evidente, ¿verdad? La manera con la que somos capaces de cambiar nuestro presente será nuestro futuro más inminente.

Mi mentor, Ikeda, habla del *esho funi*, el cambio en el interior de una persona provoca un cambio en el exterior o se produce un cambio de ambiente. Cuando tú cambias, sucede que o cambia tu ambiente, o tú cambias de ambiente, pero el cambio se produce indiscutiblemente.

Cuando todo se repite y permanecemos en el mismo lugar donde nos encontramos a disgusto y no obtenemos nada nuevo, es cuando uno se tiene que cuestionar: «¿Qué cambio fundamental requiere mi vida para alcanzar mi sueño?».

Repetimos el mismo perfil en una nueva relación y que nos vuelve a hacer sufrir porque no hemos cambiado nuestro patrón interior. Y lo más fácil es no asumir la responsabilidad y echar las culpas a los demás de nuestra desgracia.

Recuerdo siempre que una bellísima persona, una mujer muy *dreamer* que trabajaba conmigo, cambiaba de pareja continuamente, incluso a veces solapaba. La incesante búsqueda de saciar el ansia de felicidad en el otro encontraba cada vez más un vacío existencial.

Todos los hombres que atraía eran de la misma pasta. Claro, nombres y físicos diferentes, pero, en esencia, el mismo problema que tanto ella rechazaba y que solo miraba en el otro. En definitiva, un sufrimiento infinito que le quitaba el sueño.

Hasta que un día aprendió a mirar dentro y se encontró con su propio egoísmo y arrogancia que tanto le molestaba. No se podía creer que eso que ella detestaba tanto, lo padecía en mayúsculas e inconscientemente en sus propias carnes. La acompañé a que entrara en shock para que se diera cuenta del egoísmo patológico que padecía, y que, si no hacía algo para cambiarlo, esa matriz la perseguiría en todas sus historias de amor como un sello de la casa y un patrón que nunca le iba a permitir disfrutar ni amar plenamente. Y menos ser correspondida tal y como ella quería.

Se pidió perdón y empezó a ser generosa con todas las personas que se acercaban a su vida. Al principio, los gestos eran forzados y artificiales, pero con el tiempo empezaron a cambiarse con naturalidad. El hombre más generoso del planeta aterrizó en su vida, y su aprendizaje culminó en un «máster del desprendimiento» tal que ella no daba crédito.

Se convirtió en una mujer tan generosa que ya no le importaba tanto lo material como lo que le aportaba estar con una persona generosa que aprendía a ser espléndida con el tener y extraordinaria en el dar.

Juntos viven una historia de amor en pareja instalados en África y se han construido una nueva vida allí, aportando valor a su entorno y riqueza con sus conocimientos, impartiendo clases y aprendiendo de mujeres de otras razas a tejer y modelar piezas de artesanía para luego venderlas en el mercado europeo. Son felices juntos; pero ella, desde luego, se ha transformado y ha cambiado tan profundamente que sus amigos no salen del asombro. Y, a veces, casi ni la reconocen si quiera.

36
LEY DEL FUTURO
El futuro soñador es inversamente proporcional a la lejanía de nuestro pasado perdedor.

Cuanto más nos alejamos de nuestro pasado perdedor, más nos acercamos a nuestro futuro ganador.

La manera en que miramos nuestro futuro determina nuestro presente. Te acuerdas, ¿verdad?

El futuro aparece siempre en nuestra vida como una de las mayores incógnitas con gran expectación para ser reveladas. Curiosidades acérrimas se despiertan con la insaciable manera de saber cómo será nuestro futuro. Y así se abarrotan las consultas de videntes, echadores de cartas, quiromantes, algunos muy profesionales y otros de pacotilla.

Personalmente, prefiero creer y crear el futuro que yo sueño sin dejarme condicionar de visiones y predicciones ajenas.

Esta ley está muy relacionada con la ley anterior porque la ley de la visión desarrolla el poder visionario, que consiste en crear un marco posible, poderoso y alcanzable desarrollando con coherencia y fuerza en el presente el futuro al que queremos llegar.

El presente es clave en el futuro, y esta ley lo que pretende explicar es que el pasado no se debe reproducir como una moviola o un mantra obsoleto que se proyecta al futuro como una historia que trasciende siempre los momentos pasados con repetición recurrente.

El presente con consciencia soñadora, con mirada al frente, ayuda a generar cambios hacia lo que está por llegar: un futuro de certeza que somos capaces de atraer en el momento en que vivimos, donde generamos presencia.

Si soñamos con un futuro de abundancia, debemos dejar atrás la precariedad del pasado y todo lo que nos recuerde a ello para no perpetuarlo, y esto requiere ajustarnos también a la ley del cambio. Un presente lleno de certezas abre un horizonte lleno de esperanzas. Diseñar el futuro que sueñas es abrirte y estar dispuesto a caminar hacia delante mirando atrás solo para sentir orgullo de todo lo que has sido capaz de avanzar, transitar y dejar atrás, sin pena ni arrepentimiento; caminar con la alegría de descubrir todo lo que tienes que aprender de nuevo para alcanzar ese sueño.

El futuro que sueñas es una novedad en tu vida, y lo miras con la belleza del estreno y no con el miedo a lo desconocido.

Es una realidad nefasta que el cambio y lo nuevo nos produce miedo, está como intrincado en nuestra mente desde la herencia troglodita, y eso hay que tenerlo en cuenta para trabajarlo y no sucumbir a ello, pues el miedo nos paraliza, nos impide avanzar y colapsa la realidad que soñamos.

Enfoquemos nuestra mente poderosa en mirar más allá. Un futuro que nace de un sueño que se transforma en una idea potente que se proyecta en la realidad con esa magia creativa, y que se construye con esperanza y una fe inquebrantable que nos hace creer para ver una realidad finalmente empoderada que brota de la esencia de un sueño y proyectada a un futuro que está por conquistar, donde todo es posible si se atrae con esa mirada entrenada hacia delante, dejando atrás todo lo que no nos aporte nada en el futuro que soñamos, atreviéndonos a dejar atrás el pasado y abrazar ese presente soñado que es un futuro que está por llegar.

El «oráculo», me llaman a veces, no por que vea el futuro, sino porque creo que tengo el don de ver y sentir hasta dónde puede llegar el talento de las personas.

Estoy casada con un italiano de Milán, Giorgio, a quien te he presentado unas páginas atrás. Es un hombre extraordinario que tuvo que tomar la decisión difícil de dejar su amado país, Italia, además de amigos, trabajo y familia, y empezar una nueva vida en Madrid, con la dificultad que todo ello implica. Tuvo que empezar de nuevo.

Él trabajaba en Milán de comercial para una multinacional y los fines de semana disfrutaba de su afición como operador de cámara, grabando partidos de béisbol. Para infundirle confianza le dije que si venía a vivir a Madrid podría llegar a convertirse en uno de los mejores operadores de cámara de este país (en mi línea de soñar). Él se reía; claro está que no creía ni una sola sílaba de lo que le decía. Su afición en aquel momento no era una profesión. Ese futuro que yo le mostraba con mis palabras era una ilusión que escondía, un sueño. Un futuro prometedor para mí con mi visión y algo imposible para él con su ilusión.

Apostó por mí y con valentía se vino a Madrid a vivir la experiencia. Claramente empezó a repetir su pasado como comercial, vendiendo café, máquinas de café, productos químicos, hasta que se abrió una brecha donde la labor de comercial entró en decadencia en su vida y empezó a explorar la posibilidad de ser operador de TV.

Como ya te he comentado, mi marido lleva ya casi diecisiete años de operador de cámara del Gran Wyoming, en el canal de La Sexta, en el programa *El intermedio*. Lo más mágico de todo esto ha sido, y fue, que cuando yo le invite a soñar su futuro de «convertirse en uno de los mejores operadores de cámara de España» fue, precisa y casualmente, en casa del Gran Wyoming, donde me encontraba en medio de una celebración con directores y artistas de cine. ¿Y quién le iba a decir a mi querido Giorgio que terminaría siendo el operador de televisión de su desconocido anfitrión, que además de ser uno de los mejores humoristas de este país presenta un programa récord en audiencias?

También me gustaría explicarte el caso de Carmen. La conocí en un momento en el que ella estaba viviendo un tremendo hastío que la llevaba a la desesperación. Su exmarido la torturaba siempre con el tema de las visitas de sus hijos, y con denuncias continuas en los juzgados. Estaba desesperaba y su vida laboral de directora de Innovación empezaba a quebrarse. Decía:

—Me siento en un laberinto donde mi pasado se reproduce constantemente en el presente y no me deja proyectarme en algo mejor.

Llevarla a un mundo soñador era la solución, aunque requería mucho trabajo de desbrozar su mente de toda esa precariedad que sufría, donde la ilusión no tenía lugar.

Empecé a trabajar con ella para que la narración de todas las tragedias pasadas sirviera de inspiración para el relato futuro, opuesto a la situación presente y lleno de entusiasmo. Tratamos de modificar frases como «Todos los hombres se han querido siempre aprovechar de mí» por otras como «Existe un hombre en el universo con el que voy a ser feliz».

Claramente, al principio no se creía nada de lo que escribía en sus cuadernos conmigo, ni de lo que la hacía narrar como si fuera eso verdad. La hice confiar y diseñar su futuro aunque solo fuera por una hora, pero cada hora que pasaba en sesión se convertía en días de ilusión. Poco a poco dejó de tomar ansiolíticos y su sueño empezó a hacer mella en su realidad, más contenta, más feliz. La ascendieron de puesto de trabajo y, cuando la empresa le pidió que formara a la persona que iba a ocupar su antiguo puesto, se llevó una agradable sorpresa, pues el chico que llegó se enamoró perdidamente de ella. Carmen abrió su corazón cuando descubrió que todo lo que la hacía feliz de él estaba escrito en su cuaderno en letras mayúsculas. Esas cualidades antagónicas de su marido que se había prometido dejar atrás para abrazar un nuevo futuro, se le aparecieron delante de los ojos de forma inesperada. Había alcanzado un futuro soñado gracias a la magia de ser consciente de querer dejar muy atrás el pasado para siempre.

37
LEY DE LA INTENCIÓN

La intención de un sueño
es directamente proporcional al sentido
de las acciones iniciales que activan
el poder de empezar a concretar.
Cuando ponemos intención a un sueño, se pone voluntad y
se despierta la acción necesaria que abre con interés el poder
que necesita ese sueño para ser materializado.
Qué importante es la intención soñadora, sin ella perdemos
el astrolabio, la guía y el para qué. Y entonces todo se
disuelve en un vaso de agua donde no queda nada, solo una
sustancia anodina, carente de materia y de significado.

La intención con la que hacemos lo que soñamos es muy importante. La calidad y la fluidez de nuestro sueño tienen en que ver con el poder de la intención.

La intensidad del sueño se verá manifestada con el poder de la intención.

¿Para qué existen los sueños en nuestra vida? ¿Para ayudar? ¿Para hacernos felices? ¿Para inspirar? ¿Para ganar dinero? No importa; cada uno tiene una intención diferente, lo importante es que la tenga.

Es importante saber qué intención soñadora tiene nuestro sueño. Investigar, descubrir, innovar para darle una intencionalidad a lo que soñamos es realmente poderoso. La intención es el inicio de la misión, sin llegar a ser ella misma. Es también la hija de un profundo deseo y necesita de su hermana, que es la acción, para activar la voluntad.

La intención es el inicio de todo, pero no es el todo ni es suficiente. Un común mortal se queda en que «yo querría haber hecho» o «yo tenía la intención de». Pero luego ¿qué?

Es importante hacernos las preguntas: «¿Qué intención soñadora tiene este sueño? ¿Y cuál es el motivo de mi decisión?».

Muchas veces la intención radica en demostrarnos a nosotros mismos que somos capaces o en demostrar a los demás esa capacidad. No importa cuál sea la intención, siempre que sea positiva y constructiva.

Recuerdo que uno de mis *dreamers*, Marco, tenía muy buenas intenciones para conseguir un trabajo, pero la realidad fue que su intención era estar cerca de una persona que amaba con locura, Pilar. Esa intención movilizó su vida como un ciclón, tanto que encontró el trabajo de sus sueños en la empresa donde trabajaba ella de directiva. Disfrutó muchísimo las pruebas que tuvo que hacer para conseguir ese puesto de ingeniero, valoró mucho el esfuerzo que hizo para alcanzarlo, aunque luego se dio cuenta de que la persona que amaba, o que creía que amaba, ya no merecía su tiempo y su dedicación, quizá porque él se transformó con su intención y descubrió un aspecto de la vida de esa persona, un lado oscuro, que no le gustó nada. Curiosamente, esa persona idealizada que ocupa un puesto alto en el organigrama empresarial fue despedida al poco tiempo, y Marco empezó a liderar en sus trabajos convirtiéndose en una persona que cosechaba mucha estima y respeto en el entorno laboral.

Su intención le llevó a alcanzar su sueño, aunque su intención inicial se quedó por el camino y se transformó en esa profunda motivación que le llevó a la transformación y a un nuevo descubrimiento soñador: ser un líder en su trabajo, motivando a los equipos y sacando lo mejor de cada persona para remar juntos en los proyectos ganadores.

Pedro Sánchez, por ejemplo, derrocó al gobierno de Rajoy cuando subió al estrado con la intención de acabar con un presidente que según él «estaba desgastado y en punto muerto», esa intención le llevó a su gran sueño: ser presidente del Gobierno de España y liderar el cambio de la política de su país.

LEY SECRETA

El secreto soñador es directamente proporcional a la pureza del corazón que lo protege con el silencio y la mirada con amor. La pureza requiere siempre de esa protección que se obtiene con el silencio, en el caso del sueño, para tener la mayor concentración posible, evitar la máxima distorsión del foco y el riesgo del envenenamiento que viene del exterior. La semilla de un sueño necesita el secreto para proteger el estado de incubación.

Un sueño en fase inicial es como un secreto que no debemos revelar a nadie hasta que empiece a hacerse realidad o hasta que ya es una realidad evidente, palpable, tangible y demostrable. Existen los «chafadores» del destino que no quieren que nuestro sueño se materialice. O los «robasueños», vampiros diurnos y nocturnos a los que les crecen los colmillos cuando ven un sueño en acción; los soñadores, con su alegría, están muy expuestos con el torrente de energía que desprenden.

Nos encanta compartir sueños porque somos seres de encuentro, pero la realidad también es que existe gente tóxica, y que además «no sabe que es tóxica» o nosotros no sabemos que es tóxica, que ponen en peligro los sueños, que succionan la energía y los pilares de esa probabilidad endeble soñadora y hacen que las raíces débiles se tambaleen sin tener el tronco arraigado a la tierra. Un sueño en su fase inicial tiene muchísima fragilidad. Además, el sueño genera una corriente de envidia muy grande y perjudicial, sobre todo cuando el sueño está en un estado embrionario. Y como toda semilla de probabilidad, hay que regarla y protegerla con fuerza; la mayor protección es tener el sueño en secreto y no al descubierto ni gritarlo a los cuatro vientos.

Hay chafadores internos y chafadores externos. Los internos somos nosotros y se trata de esas voces que también son muy peligrosas y que nos dicen que «no vamos a poder»; unos pensamientos corrosivos que se pasan el tiempo juzgándonos y lesionando la autoestima, minando el poder tan necesario al principio. Hacer una especie de reseteo mental se convierte en una prioridad para silenciar el ruido y eliminar los pensamientos negativos. Y los chafadores externos son las personas pesimistas y envidiosas a las que no les interesa que nadie, y menos tú, alcance su sueño, pues se sienten amenazados por el crecimiento y el brillo de los demás, porque entonces, en su mente pusilánime se preguntan: «¿En qué lugar me voy a quedar yo si esa persona alcanza su sueño?». La envidia corroe en su declaración de inferioridad y desprecio. Me gusta el símil que utiliza Mario Alonso Puig cuando los llama «agujeros negros».

El sueño tiene un periodo de incubación y necesita ese tiempo de cocción para su nacimiento y posterior florecimiento.

Cada vez que un *dreamer* diseña su sueño, la protección de este con el secreto es el mayor aliado para que evolucione.

Todos mis *dreamers* en fase inicial de creación soñadora, incubación y emisión de su OP respetan el secreto profesional de un sueño.

Y esto es una ley poderosa y muy útil, pues cuando uno no empieza a propagar su sueño cuando todavía no se ha hecho realidad, en estado semilla, la energía de ese sueño se dispersa, el sueño se distorsiona, las dudas externas lo aplastan y el sueño se convierte en algo improbable y que nunca pudo ser. Una especie de masa amorfa que no hay por dónde cogerla.

Sin embargo, cuando uno tutela el sueño con el secreto y lo comparte solo en mínimos círculos de protección y de motivación, que sirven únicamente para su propia potenciación, es cuando el sueño emerge y resurge brillante y resplandeciente como una estrella, y deja a todos en estado de admiración hasta que llegue el momento *flipanding* (me encanta llamarlo así).

Cuando era muy ingenua y creía que todo el mundo se iba a alegrar con mis sueños, ideas y proyectos, me di cuenta con gran estupor de que la mayoría de las personas me miraban con cara rara, pensando: «Está mujer está muy pirada», o con una negritud donde me decían con poco entusiasmo, por no decir ninguno: «¿De qué planeta vienes?». Hasta que aprendí a fuerza de castañazos que la mayoría de las personas no quieren ni desean salir de una cómoda zona de confort ni siquiera en su visión del mundo ni de la vida, y mucho menos que lo hagas tú. Cuando decido emprender un sueño transformado en un proyecto poderoso, procuro establecer unos códigos invisibles de secretismo para proteger ese sueño en fase inicial.

En mi etapa de empresaria en el mundo de la comunicación, donde tenía una agencia pequeñita, con clientes diminutos, presupuestos minimalistas, trabajando a destajo y ganando cantidades ínfimas, llegó un día que me planté y decidí emprender una nueva aventura de comunicación con multinacionales y presupuestos mucho más grandes.

Para mí estaba claro dar el salto, sobre todo porque tenía una idea brutal en la cabeza. Un sueño espectacular (obviamente, solo yo lo vislumbraba). Yo era un pececillo que quería competir en oportunidades con las grandes agencias de publicidad, y para ello tenía que ofrecerle algo nuevo a esos futuros clientes con los que soñaba. Y así puse en marcha mi plan: diseñar mensajes envueltos en un formato de alta prescripción. Consistía en dotar de noticias y contenidos a las marcas para que los informativos se hicieran eco de la información generada en mi laboratorio de ideas, y que yo fabricaba para vender el producto de la marca envuelto de prestigio y lanzado con impacto. Resumiendo, empecé a hacer lo que hoy se llama *branded content*; en ese momento ni siquiera existía ese nombre. Obviamente, lo peté. Mis clientes no solo me pagaban, mis clientes me querían y algunos me adoraban. Pero en el momento de ponerlo en marcha tuve la mala idea, por ignorancia, de transgredir esta ley y compartí la idea con mi socio. El resultado no pudo ser más desalentador. Mi socio, Ignacio, me dijo textualmente que si estaba «mal de la cabeza» y que las grandes multinacionales querían agencias de publicidad multinacionales. Lógico, ¿verdad? Si yo hubiese dudado de mí, que lo hice, si yo hubiese dado demasiada «bola» a sus palabras, hoy no habría publicado este libro y tú tampoco estarías leyéndolo.

Cuando me atreví a hacer realidad este sueño desafiando las leyes de la lógica mental y no las del universo, mi socio, obviamente, empezó a ver las cuentas de resultados. Callaba y no decía nada. Al menos, no se interponía en mi trabajo, que cada vez más era imparable. Pero si me hubiese protegido con el silencio, seguro que habría sido más ágil en mi puesta en marcha. Y sé que grandes ideas se quedan en el tintero por compartirlas inicialmente con personas pesimistas, racionales, negativas que no ven hasta dónde puede llegar el motor de los sueños en una persona cuando pone los sueños en acción. La ley del secreto es clave para que el sueño no se extinga antes de tiempo y quede en un mar de borrajas.

LEY DE LA AMBICIÓN

La ambición soñadora es directamente proporcional a la capacidad de generar un sueño más grande de lo que nos atrevemos a soñar.
Ambicionar sueños o soñar a lo grande. Cuanto más grande es un sueño, más generamos capacidades para alcanzarlo y más crecemos con él, porque su dimensión activa el botón de sacar grandeza y mayor habilidad de nuestra vida para concretizarlo.

La palabra «ambición» en nuestra cultura española tiene muy mala fama. Está relacionada con el pecado y la avaricia. ¡Pues no! ¿Dónde está escrito que uno no puede tener ambiciones soñadoras? Si sueñas en pequeño, sacarás pequeñez de tu vida; si sueñas a lo grande, sacarás grandeza. Es de una lógica aplastante, ¿verdad?

La cultura estadounidense no tiene prejuicios con esta palabra, y, si nos damos cuenta, Estados Unidos es una superpotencia. ¿Será porque ellos son ambiciosos como país, con una personalidad que provoca y es responsable de ese crecimiento tan descomunal?

Ambicionar no es pecado, ambicionar no es «algo negativo» y menos en materia soñadora; es todo lo contrario. Una ambición es extender más allá tu capacidad de lograr, es desafiarte en la vida para llegar a ser lo mejor que puedes ser. Un deseo bestial de superación donde esa motivación es capaz de romper la barrera de lo imposible y hacerlo posible. La ambición no perjudica y no se debe confundir con la palabra avaricia, porque esta sí es perjudicial para uno mismo y para los demás. La avaricia es el precio que se paga, sea cual sea, para conseguir un objetivo (los narcos, los jefes despiadados, etc., no mueven valores). Ambicionar sueños nos mueve a nosotros mismos con los valores que hemos aprendido o que debemos acoplar para alcanzar nuestros sueños.

Tengo una *big dreamer* que es una mujer joven muy poderosa y ambiciosa. Tiene siempre hambre de conocimiento, un hambre voraz, una postura impecable hacia su sueño. La conocí en una formación con el padre del coaching, Tim Gallwey (autor del best seller *El juego interior del tenis*), hablamos, intercambiamos tarjetas, y fue entonces cuando me contrató. Ella trabajaba para otros, donde le exprimían su talento como un limón con muy poco reconocimiento, y con el hándicap de que aportaba tanto valor que el ochenta por ciento del éxito de las jornadas que organizaba era por su inmenso poder de convocatoria. Ganaba dinero, mucho, pero hacia millonarios a otros. Aplicó mi metodología a pie juntillas. Y se quitó todos los prejuicios del mundo para darse ese gran permiso para sentir: «Si soy capaz de hacer millonarios a los demás, yo también puedo ser millonaria; es más, sueño con ser millonaria». Pero se sentía culpable por sentir esta ambición. «¿Y qué daño haces? —le preguntaba—. Ponme un ejemplo de herida con ese sueño». Nada, no encontró nada. Lo que sí encontró fue un potente ¿para qué? Para ayudar a los demás a lanzar un negocio sin límites de crecimiento. Y declaró su gran OP (pieza matriz de la metodología de la DS): «Yo soy una líder mundial». Ambiciosa, ¿verdad? Esa orden pura la catapultó al nuevo paradigma de los millonarios, donde ahora está disfrutando de su sueño alcanzado y ayudando a los demás a soñar con ambición. Soñar con ser millonaria es una ambición absolutamente legal y ecológica si respetas tus valores en el alcance. Mi querida Lola en realidad no tiene la ambición de ser millonaria, no; pero, con matices, tiene la ambición de alcanzar cualquier sueño que se proponga, donde soñar a lo grande no tiene límites y sus sueños son lanzaderas en su vida para culminar cada deseo con éxito disfrutando de los grandes desafíos y de los esfuerzos que hace. Son sus piedras filosofales en el camino que despegan con abundancia a un millonario universo lleno de innumerables beneficios.

LEY DE LA RESPONSABILIDAD

La responsabilidad soñadora es directamente proporcional a los poderes que activamos para desarrollar las habilidades que necesitamos en la consecución del sueño perseguido.

Toda responsabilidad genera un poder, y todo poder genera una responsabilidad para hacer los sueños realidad.

Me voy a permitir para explicar esta ley transgredir la gramática a favor de la semántica. *Responsahabilidad* en vez de responsabilidad. Me explico: responder con habilidad para avanzar en el camino soñador. Y la hache intercalada marca la diferencia en el significado. Normalmente, en nuestra cultura y educación religiosa hablamos de la culpabilidad confundida con responsabilidad. Sentirnos culpables por lo que sucede no es lo mismo que hacernos responsables por todo lo que acontece. La culpa victimiza y es un sentimiento muy impotente que genera parálisis y entorpece para tomar la acción adecuada hacia donde quieras llegar. La culpa genera un freno muy poderoso y en muchas ocasiones castrador, porque está subyugada al perdón de otra persona, quien te puede poner invisiblemente una mordaza eternamente y, lo que es más peligroso, a nivel inconsciente.

Sentirse culpable no es lo mismo que sentirse responsable. Ni muchísimo menos. Eliminar esta palabra del vocabulario, ya en sí, es liberador.

«Ser parte del problema es ser parte de la solución», y, en la medida que nos hacemos responsables, generamos poder en la cantidad directamente proporcional al que necesitamos para transformar el problema en una solución factible. Es cierto que a veces nos inhibimos de lo que nos pasa en nuestra realidad, y con mucha facilidad nos desempoderamos y perdemos mucha energía buscando culpables, en vez de hacernos responsables. Esta visión no es liberadora y hacernos víctimas de las circunstancias no ayuda en nada; todo lo contrario, nos desgata y nos resta el poder de actuación con maestría para llegar a alcanzar nuestros sueños.

¿Cuándo sabemos que lo que está sucediendo forma parte de nuestra responsabilidad o, cuando menos, nos sentimos implicados? Cuando nos afecta algo, ese hecho de sentirnos afectados implica responsabilidad (aunque a veces se disfrace de sufrimiento), y, si somos capaces de asumirlo para transformarlo, será un aprendizaje muy valioso y, sin duda, poderoso. Además, un problema aprendido con responsabilidad es un problema no repetido nunca más. Hasta un verso ha salido.

La repetición del mismo problema es, en esencia, un suspenso en tu aprendizaje, y de ti depende sacar un suspenso o un sobresaliente y saltar de pantalla. ¿No te ha pasado nunca sentir que vives en el día de la marmota?

El universo nos enseña que los ciclos repetitivos son nocivos. Son asignaturas pendientes que el universo nos devuelve con su infinita misericordia para pasar de grado.

La repetición es molesta y dolorosa, pero cuando los ciclos son virtuosos son maravillosos, porque disfrutas de una transformación poderosa que te eleva con una energía potente para seguir evolucionando. Y es ahí donde la responsabilidad se transforma en *responsahabilidad*.

Desarrollar habilidades que te convierten en un ser más virtuoso, más dueño de tu interior, cultivando aptitudes más acertadas en tu camino y en la dirección más adecuada. Nietzsche, que es un filósofo que personalmente me encanta, en su teoría del superhombre decía: «El hombre que practica las virtudes en sus distintas versiones, se encamina hacia la felicidad». Y te aseguro que el sueño o los sueños tienen que ver mucho con la felicidad.

Recuerdo que, en plena pandemia, todos empezamos a vivir una realidad más virtual que real. Me llamó una madre desesperada para que la ayudara a que su hijo aprobara el bachiller porque la profesora de Historia le había condenado en todos los exámenes con suspensos y, además, le había expulsado del chat que utilizaba ella para comunicarse con sus alumnos sustituyendo el aula virtual por un WhatsApp grupal. Un *bullying* virtual en toda regla. Marisa estaba muy preocupada porque su hijo Antonio se encontraba con este escollo para poder superar el bachiller, examinarse en la EvAU para luego poder acceder a la universidad.

A lo primero que invité a Antonio, y reconozco que me costó, fue a hacerse responsable de esa injusticia o ese *bullying* virtual, ya que el castigo de no estar conectado duró hasta el examen final. Algo que puede ser denunciable y poco ético. Pero independientemente de quién tuviese la razón, necesitaba que él se sintiera responsable de lo que le estaba afectando a su vida. Al final, reconoció que fue algunas veces maleducado. Lo cierto es que el castigo de la profesora, a mi manera de ver y observar la realidad con neutralidad, fue extremo.

Hacerse responsable con consciencia le infirió el poder de la protesta con elementos demostrables y razones para ir a la junta directiva y conseguir su aprobado, en el examen final sacó un 4.5, pero la media seguía siendo baja. La directora del instituto público (omito el nombre por consideración) se lavó las manos y permitió ese agravio, pues Antonio no tuvo la oportunidad ni de dialogar ni de recuperar ni de aprender como el resto de sus compañeros. Llegados a este punto, le invité a hacerse responsable también de transformar su suspenso en un aprobado por la vía administrativa que permite la ley. Así que, con poder de observación, y con la ayuda de un abogado, Antonio cursó una queja a la Consejería de Educación de la CAM. Un inspector de la Comunidad de Madrid se tomó la molestia con rigor y analizó el expediente, donde descubrió no solo que en el examen realizado la calificación era mucho mayor, sino que, además, nunca le dieron la oportunidad de recuperar un examen suspendido, tal y como marca el protocolo legal y establecido de bachiller. Y para más inri, resultaba que la actitud de la profesora fue inaceptable a la hora de gestionar la situación. La realidad fue que la directora del centro se llevó una «colleja» importante por haberse inhibido del problema (demostrado en los mails), y Antonio fue aprobado por un organismo superior, con la estupefacción de la profesora, que nunca asumió su responsabilidad; dejó este nicho de poder a Antonio, que lo hizo con totalidad y *responsahabilidad*. Él se hizo cien por cien parte del problema y cien por cien parte de la solución. Y lo que sucedió fue extraordinario. Antonio ahora estudia una carrera, y esta experiencia ha hecho que en su vida rompa con el tópico y la tendencia de «echarle siempre las culpas al sistema» y a relacionarse en su carrera universitaria con un propósito de *responsahabilidad*, independientemente y más allá de cómo sean sus profesores; él tiene el poder y lo asume para llegar a donde quiera. De momento, es un alumno que no baja del notable en sus calificaciones y, cuando algo siente que no funciona, piensa: «¿Qué responsabilidad puedo asumir para transformarlo a mi favor?». Pregunta muy poderosa que implica ya en sí mucha consciencia responsable. Reconozco que cada vez que le veo, le siento más poderoso y grandioso. Esta ley le ha posicionado en la vida como un ganador muy soñador.

41
LEY DEL COMPROMISO
El compromiso de un sueño es directamente proporcional a la postura que adoptamos para concretarlo con mucha excelencia y sin exigencia.

La postura comprometida con respecto a nuestros sueños está relacionada con la actitud de ser impecables con la promesa adquirida con nosotros para llegar al alcance.

«El compromiso es el comportamiento maestro que aparece cuando la ilusión desaparece». Es muy fácil estar ilusionados en la primera fase soñadora, fácil y necesario. Lo difícil y lo normal es perder la ilusión en el camino. Y es en ese momento de dificultad donde se ve y se pone a prueba nuestro compromiso.

La perseverancia es prima hermana del compromiso («compro mi propio permiso»), y la disciplina añadida es la cuñada. Ellas juntas generan la postura más idónea para el alcance y la conquista del nuevo espacio de esa realidad que anhelamos tanto.

Para cumplir con lo prometido necesitamos ese compromiso que forja el sólido carácter para hacer cambiar nuestra realidad adversa y transformarla en un beneficio.

Shearson Lehman es un bróker de bolsa que nos habla del triunfo de la integridad con nosotros mismos sobre el escepticismo. Desde ahí nace su compromiso.

El compromiso nos lleva a un estadio donde el sueño es una prioridad. Me hace mucha gracia cuando Mario Alonso Puig (amigo y conferenciante) se refiere al compromiso y lo denomina «huevos fritos con beicon», porque la gallina lo pone todo, pero el cerdo se deja la piel.

Cuando estamos comprometidos con nosotros mismos, el sueño se convierte en nuestra prioridad y de esa forma la postura y el resultado son bestiales.

Cuando alineamos nuestras acciones con nuestro sueño es la mayor prueba real de que estamos comprometidos.

Siempre establezco una diferencia entre el compromiso y la exigencia. Vivimos en un mundo muy exigente y muy poco comprometido. Para mí la exigencia genera esfuerzo desde lo emocional y el compromiso genera poder desde el valor y la fuerza de voluntad. Bueno, podría decir que la exigencia mueve emociones fuertes y el compromiso mueve valores sólidos. Y el resultado no es igual. La exigencia genera estrés, falta de disfrute y el tirar de la cuerda demasiado, lo que produce ruptura. El compromiso mueve los valores que cimientan nuestra vida y solidifican la base y el crecimiento de un sueño en el plano real.

El compromiso genera un coste, a veces elevado, pero la recompensa suele ser un sueño ganado. Pues el compromiso nos lleva hasta el final de todas las etapas que necesitamos vivir hasta llegar al alcance.

Cuando uno está comprometido con su visión y ese compromiso enlaza con una acción poderosa, se mueve una energía que nos lleva al cumplimiento.

Yo misma, en mi propio trabajo como mentora y coach, siento cuándo las personas vienen a las sesiones desde la exigencia, haciendo un esfuerzo porque se han autoimpuesto una obligación; y cuándo vienen comprometidas, disfrutando, con pasión y desde la libertad, pues están comprometidas con su sueño. Y esa energía es la que abre fronteras, surca caminos y descubre horizontes.

Recuerdo siempre el sueño de una de mis queridas *dreamers* de querer ser madre, pero tenía mucha dificultad fisiológica porque sus ovarios nunca podían retener el incipiente embrión al ser fecundado. Ella trabajaba conmigo desde la autoexigencia, tenía una pareja que también compartía el sueño de ser padre, pero la obsesión de María Eugenia se había convertido en una pesadilla, una especie de tormento cada vez que sus pruebas y sus intentos fracasaban, incluso con los mayores expertos. Claramente, lo que ella no veía era que el hecho de no quedarse embarazada en realidad fue una de las mayores protecciones que le regaló la vida en ese momento, pues la verdad fue que su pareja era un maltratador camuflado en forma de novio encantador.

Un psicópata que la espiaba hasta lo indecible. Gracias al trabajo de descubrimiento soñador y a restaurar la calma en su vida, se le cayeron las vendas que le tapaban los ojos y con terror descubrió el «elemento» que tenía de cómplice y supuesto futuro padre y marido ejemplar. Pero lo que le hizo entrar en shock todavía más fue descubrir la energía de exigencia que se movía y se revolvía en su entorno, a veces como un espejo hacia ella.

La exigencia de trabajar su sueño de pareja unido al compromiso de ser madre hizo que sus neuronas colisionaran. Porque lo primero que aprendió fue a ser capaz de estar sola, de disfrutar de la vida con tranquilidad, sin perder la esperanza de ser madre y sin pagar un precio tan alto ni un chantaje emocional. Ser valiente fue su consigna. Y enfrentarse a su sueño con libertad, sin exigencia, le atrajo a un ser maravilloso que tenía los mismos deseos que ella: el de tener una familia, aunque rondaran casi los cuarenta años. Quedarse embarazada fue una odisea y al final tuvo que someterse, con respeto, a la donación de óvulos. Transformación de creencias, el compromiso la llevó a un nuevo horizonte con una nueva pareja y una nueva manera de quedarse embarazada sin forzar ni poner en riesgo su salud mental. Hoy en día tiene un marido impresionante que la cuida y un hijo bellísimo que le alegra el corazón cada despertar y la acompaña en vivir una vida familiar como ella soñaba, comprometida con su corazón y su sueño en acción.

42
LEY DE LA PRIORIDAD

La prioridad de un sueño es directamente proporcional al respeto que se merece nuestro sueño en cuanto importancia y dedicación temporal para llevarlo a la acción de cada día.

Cuando ponemos el sueño en el centro de nuestra vida y le dedicamos el tiempo y el espacio requerido, entonces el sueño se convierte en una prioridad.

Cuando establecemos una prioridad soñadora, nuestra vida se posiciona en un lugar especial con respecto al sueño que se desea alcanzar y, de esta manera, todo lo demás se recoloca en el lugar que debe estar para apoyar ese sueño en sí, como satélites que giran alrededor del Sol. Todo está en el lugar que debe estar cumpliendo su función. Una vez establecida la prioridad, el sueño empieza a dinamizarse con la importancia que se merece, y el trato privilegiado que ocupa en nuestra vida se ve honrado por las circunstancias favorables que abren las puertas donde antes estaban blindadas por las circunstancias adversas.

¡¡Soñar no es importante, soñar es urgente!! Y de verdad, que lo digo y repito siempre.

En la vida, en el trabajo, a veces nos olvidamos de lo importante porque vivimos asaltados por lo urgente. Y, desgraciadamente, dejamos el sueño atrás, sin darle el carácter prioritario que tiene, con el peligro de procrastinar y que vaya perdiendo la fuerza necesaria para alcanzarlo.

Lo reconozco, qué tristeza siento con mezcla de rabia cuando las personas te arrojan con tanta banalidad ese tópico: «Perdona, no tengo tiempo». Justificando, inconscientemente, lo poco importante que eres para ellas. Qué eufemismo más grande es esa frase tan común que encierra tanta pobreza de corazón y tanta falta de respeto.

Un día me encontré con esta definición extraordinaria de respeto: «Respeto es hacer sentir a los demás como si fueran importantes». Se puede decir más alto, pero no más claro. ¿Cómo nos sentimos cuando alguien nos dice que no tiene tiempo para tomar un café con nosotros? Atención, que subliminalmente nos está dando a entender lo poco que le importamos.

Y con respecto al quid de la cuestión, ¿qué pasa con nuestro sueño? ¿Le estamos dando la prioridad que se merece? ¿O lo ponemos en el cajón de la importancia ficticia para que la urgencia devore sin piedad su lugar de absoluta prioridad?

Como sabes, el sueño tiene mucho que ver con la felicidad, y cuando ponemos nuestra felicidad en el centro de nuestra existencia, todo lo demás se va alineando como satélites que giran en torno a lo más importante. El sueño nos ayuda a ser felices, por lo tanto, es algo sagrado y prioritario. El cariz de la prioridad no es fácil.

Para alcanzar un sueño necesitamos liderazgo, posicionamiento, arquitectura emocional y estrategia.

Y la prioridad forma parte de ese posicionamiento soñador, de ese lugar preferente, de ese espacio vip donde todo gravita hacia la construcción de lo realmente importante y que nos hace muy felices. El sueño tiene que ver con nuestra autorrealización, con nuestro talento, con nuestros valores y con nuestra forma de ser y estar en el mundo. Nada más y nada menos. Y todo eso es de una importancia brutal y, si no le damos la prioridad que se merece, los sueños no suceden, las circunstancias no se dan, las ocasiones no se brindan y el sueño se debilita y desaparece, porque no tiene la energía para despegar y hacernos volar hacia ese lugar donde vamos a descubrir lo que somos y lo que podemos llegar a ser.

Siempre que pongo mi felicidad en el centro de mi vida, algo que puede parecer egoísta, y que para mí es sabiduría, coherencia y amor propio, se manifiestan sorpresas en mi vida, hechos inesperados que me llevan a lugares extraordinarios jamás soñados.

¿Desde dónde podemos ayudar a ser felices a los demás, si no hemos conquistado ese territorio del «ser» con nosotros mismos y ser felices de verdad? ¿Desde qué púlpito vamos a hablar?

Cuando uno tiene la valentía de poner su felicidad en el centro de su vida, empiezan a suceder cosas a veces inexplicables. Muchos, y me incluyo, en un momento de la vida, y sobre todo en cuestión de amores, hemos querido más al otro, y los deseos de satisfacción de los demás, en muchas ocasiones, han aplastado los nuestros, hasta hacernos diminutos e invisibles perdiendo el foco y la identidad.

Me he encontrado con muchas mujeres que han donado y entregado su vida por llenar el ansia de egolatría del hombre que supuestamente amaban y que, en su deseo narcisista, nada era suficiente. Mujeres bellísimas, ensombrecidas por la falta de amor hacia sí mismas y desvitalizadas por el egoísmo de una pareja implacable que demanda foco y atención de manera obsesiva. Cuando una persona antepone todo por amor y da hasta la última gota por saciar el ego de su pareja, obviamente no cumple la ley de la prioridad y no está alineada con ella ni posicionada con respecto a su sueño. Y ¿sabes lo peor? Que nos convertimos en «chollos» en vez de en privilegios.

Mi querida Helen, una mujer brillante, presentadora de la NBC de Nueva York, una periodista con una carrera meteorítica que abandonó su sueño para apostar por el sueño de quien creía que era el hombre de su vida, durante doce años se olvidó de sí misma, sufría ansiedad y no sabía lo que le pasaba; era un alma peregrina y toda su luz era un foco que proyectaba para que su pareja, que solo se quería a sí mismo, pudiese presumir. Luego supo con espanto que se había casado con un misógino,ególatra y sociópata, un lobo con un disfraz de corderito. Cuando la ayudé a conquistar el epicentro de su ser y poner sus sueños en primera persona, se desató Hiroshima, porque su marido ya no tenía los halógenos que ella le ponía ni la alfombra roja para pisotearla cuando le apetecía. Un divorcio complicadísimo reflejo de la ardua tarea de reconquistarse a sí misma: autoestima, poder, hijos, un trabajo digno, nuevas creencias y volver a ponerse como prioridad en su vida. Ahora, Helen disfruta de una auténtica libertad, no se vende por un plato de lentejas y valora el aprendizaje que lleva grabado a fuego en su ser. «Nadie más me va a eclipsar y nunca más voy a volver a entregar mi poder».

Esta ley nos recuerda que debemos posicionarnos en la vida para ser felices y ganar nuestra propia batalla para conquistar nuestros sueños. Hay muchas Helen por el mundo que entregan su ser y pagan un precio muy alto para perderse. Tú eres tu prioridad y los sueños que tienes que alcanzar te ayudan a posicionarte en ese lugar privilegiado, donde viajar por el universo de los sueños lo voy a llamar volar en *business class*.

43
LEY DE LA EFECTIVIDAD

La efectividad de un sueño es directamente proporcional a la capacidad de ser productivos y eficientes para dar el salto de paradigma necesario que requiere nuestra nueva dimensión soñadora.

Un soñador, cuanto mejor se ajuste al cambio, más productivo será en su nuevo salto cuántico. Para que el sueño pueda ser logrado es necesario optimizar los recursos disponibles o buscarlos. La eficiencia o gestión del tiempo es un factor fundamental para la efectividad y la motivación interior, y trabajar con claridad ayuda a cumplir esta ley generando rentabilidad.

Un sueño para ser alcanzando necesita un paradigma nuevo, y esa nueva dimensión requiere los «autos» para dar efectividad:

- El autoconocimiento.
- La autoconsciencia.
- El autodescubrimiento.

El autoconocimiento genera la seguridad imprescindible para tener la certeza del nuevo camino por recorrer y el alcance que generamos.

La autoconsciencia provoca un saber estar en el presente abriendo un nuevo sendero basado en valores, guía imprescindible para tener más luz y coherencia.

El autodescubrimiento se revela desde la imaginación, la innovación y la creatividad, combustibles imprescindibles para la motivación y ser efectivo marcando la diferencia.

Todo esto sumado provoca algo tan poderoso como ser responsable de nuestra efectividad soñadora, lo que provoca grandes resultados. Hacer que un sueño sea efectivo depende absolutamente de nosotros mismos.

Navegar en esta ley es fundamental, pues un sueño realizado tiene una enorme utilidad para ti y, como consecuencia, para los demás.

Saltar a un paradigma nuevo es atravesar un umbral donde tu vida se va transformando con respecto al sueño perseguido.

Si una mariposa vuela es porque el gusano que habitaba en ella y se arrastraba por el suelo ha dado un salto de paradigma. Lo que eran diminutas patitas que reptaban, ahora son alas de colores que vuelan con efectividad, llamada ligereza, en este caso. Un gusano despertado en mariposa ha saltado de paradigma, ha descubierto la posibilidad que tenía de transformarse y experimentar otras dimensiones de su existencia. Por ejemplo, una persona cuando pasa de ser empleado a empresario ha saltado de paradigma y también ha activado una nueva consciencia, que genera el autoconocimiento de sentirse seguro abordando su independencia profesional con más libertad y responsabilidad. Los saltos de paradigmas nos hacen ser efectivos, y cada sueño, sin duda, te lleva a un paradigma nuevo donde ya nada vuelve a ser lo mismo.

La pandemia que ha asolado el planeta nos ha llevado a otro plano de la realidad, un salto cuántico donde una nueva consciencia requiere una nueva forma de ser y estar en el mundo. Un virus letal nos ha obligado a pensar desde otro lugar, tener nuevos valores, nuevos comportamientos para acoplarnos a un planeta que necesita respeto y unas relaciones humanas que requieren valores acoplados a un nuevo tejido social, donde la dignidad, la diversidad, la búsqueda de lo esencial se hacen más urgentes que nunca. Un virus mortal nos posiciona globalmente para coronar una nueva era que regenta unas nuevas creencias basadas en la espiritualidad, en el autoconocimiento y en lo profundo, donde la frivolidad y el consumo innecesario se quedan obsoletos ante la solidaridad, la paz y la coherencia global. Y con respecto a ello, hemos tenido que dar una respuesta global y efectiva a esta pandemia para seguir viviendo en este mundo donde ya nada vuelve a ser igual. Sin duda, los más efectivos son los que han vivido mejor y se han responsabilizado de lo que sucede, ajustando nuevos comportamientos requeridos en el mundo covid. La adaptación al cambio ha sido vital, no solo a la hora de sobrevivir, sino a la hora de continuar trabajando y, por supuesto, soñando.

Un sueño necesita de ese comportamiento efectivo para ser productivo.

Cuando me traen tantos problemas a las sesiones, abro una brecha de cuestiones sin centrarme en la solución y aplicando la efectividad que requiere ese sueño para provocar el cambio a través del aprendizaje que demanda esa dimensión para dar el salto que pide la realidad soñada.

Cuando salté de paradigma desde el mundo de la comunicación al universo del *mentoring*, mi efectividad consistió en aprovechar todos los recursos de comunicación y estrategia para, en vez de aplicarlos en las marcas, implementarlos en las personas. Para ser efectiva, obviamente con creatividad e innovación, empecé a explorar los elementos más intangibles y espirituales que no son tan racionales, pero que al final daban resultados impresionantes. De una empresa de comunicación trabajando con las marcas a un método para construir sueños (DS). Y aquí sigo, fortaleciendo el músculo soñador para que muchas personas que vienen a mi vida sean efectivas con sus sueños y obtengan resultados.

LEY DE LAS PROBABILIDADES
La probabilidad de materializar un sueño es directamente proporcional a la capacidad de alinearse con el mayor número de leyes

soñadoras del universo. Cuantas más leyes tengamos en nuestro sueño más aumenta la capacidad de alcance.

Cuando empezamos a soñar nace ya esa probabilidad de que nuestro sueño se haga realidad. Esa probabilidad ya tiene una existencia en el universo de probabilidades

La probabilidad para que se alcance tu sueño no es cuestión de suerte; la cuota de probabilidad aumenta cuando aumenta la creencia, el nivel de confianza, y alimentas una fe inquebrantable donde tus pensamientos y tu energía colaboran en el diseño de una estrategia con las máximas probabilidades para que se cumpla. Desde luego, las probabilidades aumentan si pones en marcha un plan de acción enfocado al resultado soñador y activas todos los elementos necesarios para conquistar tu sueño. Y aunque parezca que al principio no pasa nada y todo está en calma, los movimientos interiores suceden al principio, aunque sean invisibles.

Los inicios soñadores siempre son interiores, los pensamientos y las emociones son partes imperceptibles y a la vez indispensables; pero todo suma muchísimo. Antes de que pase fuera, necesita un lugar de creación interna.

Y es ahí donde la energía se mueve, donde el deseo brota y las probabilidades emergen. Nada ocurre por casualidad, los sueños que se trabajan de manera interna, obviamente aumentan las probabilidades para que se hagan tangibles en un plano real.

Siempre he soñado con vivir en el extranjero: Italia, Alemania, América.

Diseñar un mapa de ruta y un *dreaming plan*, para mí siempre ha sido esencial.

Empezar una nueva vida, lejos de mis fronteras. Me enamoré de la cultura italiana, la gastronomía, la moda, el neorrealismo cinematográfico, confieso que los hombres italianos también me atraían, y lo que más me llamaba la atención era el idioma cantarín del italiano.

Italia fue la probabilidad que más barajé y, cuando me enamoré de un italiano, vino con un archivo adjunto inesperado e improbable, el hecho de que gané una beca de estudios en la misma ciudad donde estaba él; ese amor de verano convertido en una de mis historias sentimentales más importantes de mi vida.

Ocho años después, regresé a mi ciudad natal, Madrid, y cada vez que viajaba a Milán me sentía como en casa, hasta que en uno de esos viajes relámpagos me reencontré por arte de magia con un gran amigo milanés que se convirtió en mi actual marido y en el padre de mis hijos.

Mis probabilidades físicas y reales fueron pocas, pero mi universo soñador maniobró para que las pocas probabilidades fueran las más increíbles, mágicas e impensables para que Italia se volviera a instalar otra vez en mi corazón. Tenía muchas leyes incorporadas para que el encuentro con mi futura pareja fuera posible (ley de la determinación, ley de la causa, ley de la claridad, ley de la consciencia, ley de la manifestación, ley del crecimiento, ley de la proyección, etc.). En mi determinación de encontrar la pareja de mis sueños, me pasé un periodo largo de mi vida poniendo causas para generar efecto soñador, la claridad del perfil que estaba buscando, la consciencia del para qué, soñaba con una vida en pareja, la manifestación para que se hiciera realidad mi sueño, aceptar el crecimiento que mi sueño demandaba, proyectarme en él sin prejuicios, etc.

Cuantas más leyes soñadoras tengamos incorporadas con estrategia, insisto, más probabilidades tendremos de alcanzar ese sueño que estamos cultivando en nuestro interior. Lógico, ¿verdad?

Y es importante que quede claro: cuando soñamos con algo, automáticamente se genera la probabilidad en el universo. Todo es cuestión de alimentarla para que deje de ser una probabilidad y se convierta en una realidad.

45

LEY DE LA ADVERSIDAD

La adversidad que aparece en el camino soñador es directamente proporcional al aprendizaje poderoso que debemos extraer de nuestra vida y aplicarlo para que el sueño se haga realidad. Además, esa adversidad será también un motivo de gran felicidad.
Esta ley es maravillosa y absolutamente retadora porque sobre la base de la dificultad se construye la fortaleza interior.

Puede que sea difícil de aprender o comprender esta visión. Puede parecer masoquismo puro en el planteamiento expuesto, pero nada más lejos de la realidad.

Siempre que me hacen partícipe de un gran sueño, suelo preguntar: «¿Qué obstáculo estás dispuesto a vivir y desafiarte con él?». Porque el obstáculo en cuestión va a marcar la magnitud de tu crecimiento, de tu valor, de tu fortaleza y de tu compromiso.

La adversidad es la dinamita para que explote dentro de nuestro ser ese poder para dar el salto olímpico que se necesita y salir de la situación en que nos encontramos con una fuerza desorbitada, porque así lo requiere el reto soñador con las circunstancias ante el abismo, al filo del precipicio. A veces, nos sentimos muy agobiados, agotados y puede que incluso perdidos, y es precisamente ahí donde el aprendizaje para llegar a la cumbre se hace indispensable. «Cuando el juego se pone difícil, los sueños demandan de tu fortaleza para hacer proezas». Los grandes escollos de la vida son los que nos hacen crecer. La dificultad extrema a veces te transforma en Goliath. Y un sueño gigante que se hace realidad entraña la dimensión de «la dificultad transformada en un beneficio». Menudo reto. Es curioso cómo funciona el poder del universo cuando damos la bienvenida al sufrimiento, nos abrimos a su hiel y así su dolor pierde fuelle, su veneno desaparece y nos conectamos con la esencia de nuestro ser infinito, que hace desvanecer el dolor que perturba la claridad y así damos paso a la poderosa solución desde nuestra espiritualidad.

Afrontar y no huir, dejarse «atravesar», quita parte de la naturaleza que genera el sufrimiento y el miedo inconsciente ante la adversidad. Las dificultades fortalecen el músculo soñador. Se llama adversidad envuelta en oportunidad.

Existe un rasgo muy importante en esa adversidad, y es su magnitud, que es proporcional a lo que se puede extraer de tu vida, relacionada a tu fuerza, a tu capacidad.

Y directamente a tu grandeza. No digo que sea fácil, porque la comodidad, la ignorancia, la negatividad son inercias que hay que vencer.

Intento explicar lo que es asumible desde tu lugar y desde tu ser. Tu adversidad es tuya y de nadie más, no valen culpas, ni echar balones fuera. El obstáculo te lo manda el universo para la Olimpiada de tu vida que envuelve tu sueño, una carrera de fondo donde, si te atreves a desafiarte con esa barrera, vas a vencer. Tirar la toalla no es una opción; entrenarse con las herramientas soñadoras y las leyes que necesites aplicar es abrir el tarro de las esencias e ingerir la pócima más adecuada en el momento más propicio.

Vivir la adversidad con sabiduría es fortalecerse con la mentalidad ganadora de que voy a vencer para descubrir la manera donde la simple lógica no es la única solución, el remedio es un descubrimiento, la vacuna del «ser con poder» que florece en medio del barro como un loto que aparece porque es la misma naturaleza del problema la que invoca su poder.

Me suelo enfrentar a dramas, fracasos, crisis y problemas de índoles diversas. Una de las más conmovedoras fue cuando a una querida amiga y *dreamer* le detectaron un tumor en el pecho y otro en el útero. Era muy joven, veintiséis años, y siempre estaba llena de energía y vitalidad. Ella, con lágrimas en los ojos, me confesó que tenía cáncer y que le quedaban pocos meses de vida. La única medicina que podía ofrecerle en medio del shock era la meditación y la estrategia de mirar con amor su tumor en el pecho y en el útero, y extraer un aprendizaje poderoso para vivir el tiempo que le quedaba con felicidad. Nada sencillo, que quede claro.

Recuerdo que estaba en Ibiza, descansando, y recibí una llamada a mi móvil. Era de ella, Eva. Me decía, gritando, que el tumor en el útero había desaparecido, los médicos no tenían explicación, y el del pecho lo iban a extraer. Lo cierto y la pura verdad, que yo no sabía, era que tenía metástasis y que su vida iba a ser corta. Eva se convirtió en una maestra de la transformación de la adversidad en tiempo de calidad, su vida condenada a pocos meses se extendió veinte años. Todo lo que hizo fue fabuloso: presentó en Madrid la moda para el desarrollo de Bangladés, organizó unos conciertos impresionantes para el Xacobeo en Galicia con los Rolling Stone y Elton John; era incombustible (y soy testigo, estaba con ella ayudándola), adrenalina pura. Eva murió con felicidad en un hospital de Sevilla. Su cáncer fue la medicina que le alargó la vida transformado en tanta vitalidad que creo que sus células cancerígenas se quedaron en pausa para que su dopamina y adrenalina a raudales le regalasen más tiempo de vida.

Sus padres, todos sus amigos y familiares aprendimos mucho de su postura, todos la despedimos con una gratitud infinita. Antes de morir pidió que se hiciera una paella para todas las enfermeras y médicos que la habían cuidado. Eva se fue llena de amor y nos dejó, por lo menos a mí, un ejemplo de espíritu combativo y de inspiración. A ti te dedico esta ley, mi querida Eva. Donde tu enfermedad fue el motor de una vida llena de retos y una poderosa transformación. Donde tu adversidad rompió los límites de la lógica científica, con tu esperanza vital y el poder de tus sueños se extendieron y se transformaron en longevidad, viviendo la vida con tal intensidad y plenitud que te convertiste en una maestra de vida, sacando maestría de cualquier dificultad, y cada reto era un motivo de alegría. Una actitud impresionante para recibir la vida de frente con el regalo de poder vivir cada instante de más con esa dificultad de la enfermedad como motor de vitalidad y longevidad.

46
LEY DE LA COMPENSACIÓN

La compensación soñadora es inversamente proporcional a la dificultad que indiscutiblemente hemos tenido que vivir para hacer el sueño realidad.

Esta ley es pariente de la ley de la adversidad; son muy parecidas y van de la mano. Las dificultades vividas siempre están acompañadas de los beneficios que recibimos. Y son proporcionales: a mayor dificultad, más beneficio; es una manera de equilibrio universal.

El beneficio que vamos a recibir compensa la dificultad que hemos vivido.

Cuanto más grande es el sufrimiento o la dificultad que debemos transitar, mayor será el beneficio soñador.

A mayor sufrimiento, mayor será el premio, siempre que estés en ese camino, el de los sueños, donde la víctima no es el rol, donde la frustración tampoco es el lugar y ni mucho menos «echar la culpa» a los demás. Mucha atención, porque esto es importante: no se trata de buscar sacrificios gratuitos ni tampoco de pensar con superficialidad que con la dificultad nos va a venir obligatoriamente algo bueno. Para recibir esa compensación hay que fluir sin esperar nada a cambio. El universo, al restablecer un equilibro conectado contigo, compensa de la manera más sutil o menos evidente, a veces ni siquiera es inminente, pero llega y se manifiesta de manera sorprendente.

Hay sueños que se resisten y que cuesta mucho alcanzarlos, desafíos que se hacen impresionantes, retos gigantes; pero el crecimiento, mi querido *dreamer* lector, es alucinante.

El esfuerzo soñador siempre viene recompensado. No conozco a nadie que no haya luchado por sus sueños realmente y que no haya tenido su recompensa. El universo siempre busca ese equilibrio que nos dinamiza hacia el lugar donde se aproxima la balanza. El famoso refrán de «Dios aprieta, pero no ahoga». En ese momento de aprieto, cuando todo es más difícil y se cierran todas las puertas, se abre el portón inesperadamente, esa compuerta que te estaba esperando hacia el sendero merecido por haber apostado con perseverancia, sin jamás tirar la toalla.

La acción de la dificultad enfrentada se asocia a una recompensa sin pretensión y, si lo automatizamos con naturalidad, tiende a repetirse.

El exceso de alimento necesita ser compensado con ejercicio, el exceso de hablar todo el tiempo necesita ser compensado con el silencio o con la escucha; el exceso de amor, con el desapego; el exceso de conocimiento, con desaprendizaje; el exceso de ego, con la humildad; la postura de siempre recibir, con la de empezar a dar. Así hasta encontrar esa compensación que nos haga estar en un lugar más equilibrado, más agradable. La felicidad y el sueño están relacionadas con esto. La felicidad por haber alcanzado un sueño puede estar provocada por la recompensa del esfuerzo, y si no ha sido así, será superflua, efímera, y con la facilidad que ha llegado se irá, como una estrella fugaz.

En esta ley se pone en valor la perseverancia y la resiliencia, esa capacidad de superación ante tanta adversidad que te hace más fuerte, más flexible, más comprensivo y humano desde un sistema de tranquilidad y no reactivo, utilizando todos los recursos adversos como fuentes de riqueza, compensando la respuesta a un problema con la solución más poderosa.

Desde muy pequeña, ante la adversidad de la vida he intentado huir, pues el dolor ante la muerte de mi padre y la soledad siempre me perseguían. Hasta que un día decidí afrontarlo, necesitaba compensar tanto sufrimiento que amargaba mi existencia continuamente, con una pizca de felicidad en mi realidad. Recuerdo que recorría las calles de Copenhague llorando, literalmente; en medio de un trabajo que estaba realizando, en las rutas románticas de esta ciudad llena de encanto, mi tristeza era inmensa. Imagínate unos paseos idílicos, unos lugares bellísimos, unos cafés superacogedores, unos restaurantes que tenían una irresistible oferta gastronómica...; pero mi estado de depresión era tal que no disfrutaba con nada que me ofrecía esta increíble ciudad.

Ante tanta soledad interior y tanta belleza exterior, intenté compensar soñando que esa «ruta romántica» —de la que por cierto y paradójicamente, estaba escribiendo en ese momento cumpliendo un encargo de la oficina de turismo danés—, la haría un día enamorada y acompañada de mi marido, un ser que estuviese dispuesto a estar conmigo el resto de mi vida. Publiqué una guía romántica llena de amor y esperanza. Mi postura ante ese trabajo cambió de la melancolía a la tranquilidad serena, con ese sueño en el corazón. Me costó mucho porque al principio mi tristeza no me dejaba fluir con lo que tenía que escribir sobre esa ciudad idónea para las parejitas de enamorados. Se me atragantaban las palabras hasta que hice el clic y puse el sueño en mi corazón con determinación.

Lo cierto es que mi vida se abrió al amor desde otro lugar, a los dos años conocí a quien es, hoy en día, mi marido. Y lo cierto es que después de quince años de publicar ese pequeño libro volví con mi familia a ver a la Little Mermaid (La Sirenita), emblema romántico de ese país, recorriendo senderos que se habían quedado grabados en mi mente y clavados en mi corazón, sensaciones que ya no eran producto de mi imaginación. Compensé mi tristeza soñando con el amor. Y la verdad es que sucedió. Pero el beneficio no fue el sueño de haber encontrado la pareja que llevaba toda mi vida buscando, sino mis hijos, fruto de mi relación. Eso sí fue y ha sido un gran beneficio más que compensado.

Lo comprendes, ¿verdad? El sueño con su dificultad puede traer consigo mucho más que el sueño hecho realidad. Y la compensación puede ser mucho más que el sueño en sí. En mi caso, que nunca me había planteado ser madre, fue algo apasionante, y lo sigue siendo. Se trata de una ley muy interesante.

47

LEY DEL TALENTO

El talento soñador es directamente proporcional a las aptitudes innatas que desarrollas con especial intensidad y habilidad para alcanzar tus sueños que están todavía en el desván.

Tener un sueño que se merezca alcanzar genera la habilidad que tienes dentro para lograrlo.

El talento soñador se exprime cuando tienes un sueño y eres consciente de lo que has venido a aportar al mundo. Cuando pones tu talento al servicio de un gran sueño, se mueve una energía poderosísima. El don o los dones que tenemos y con los que hemos nacido son privilegios que nos ha donado la vida para que seamos capaces de activarlos a favor de nuestros sueños.

Muy importante y a tener en cuenta es que el talento solo no garantiza el éxito. La energía que lo envuelve es fundamental. El talento solo es aburrido. El alimento del talento soñador en acción es la energía y el aprendizaje para desarrollarlo. Estas habilidades son fundamentales para que se acoplen a nuestros sueños y se conviertan en una paleta de cualidades.

Entrenar el talento es importantísimo. ¿Cuánta gente se muere con la música dentro? Saber mirarlo, descubrirlo, apreciarlo y potenciarlo desde varios ángulos, modelarlo, adaptarlo con sensibilidad, creatividad y entusiasmo acoplado a nuestro proceso soñador es realmente lo que nos hace brillar.

Los semilleros de talento producen talentos en estado de ignición; los sueños son oportunidades para desarrollar el talento y descubrirlo, en muchas ocasiones, con gran acierto.

Por lo tanto, practicar la habilidad de soñar con talento consigue resultados monumentales.

Un sueño es la oportunidad de exprimir los talentos y ponerlos a prueba; con la práctica asidua se produce mucha energía, y la energía hace brillar aún más el talento. Entrenar el talento genera excelencia en nuestros sueños.

De la misma manera que un sueño es equivalente a un generador de talento, el talento en acción genera sueños en ebullición.

Y esto produce florecimiento, la convergencia de estos tres elementos: práctica constante (entrenamiento), energía poderosa y habilidad para la extracción de la maestría (si es con un guía, un mentor, un coach, mucho mejor) es la clave del éxito soñador.

Resumo en una frase: el talento con energía genera capacitación.

Hay un descubrimiento científico muy curioso donde se determina la capacidad de producir más talento al entrar en contacto con otros talentos, un efecto contagioso gracias a una sustancia cerebral, la mielina, que es propensa a desarrollar en nuestro magnífico cerebro-motor pistas ultrarrápidas. Me explico: una persona que pone en marcha su sueño descubre su talento y lo alimenta con la práctica se vuelve más habilidosa. Esto se debe a que la sinapsis neuronal (conexión) que ha sucedido en su cerebro combinada con la repetición (hábitos) ha producido una sustancia (mielina) que hace que los impulsos eléctricos viajen a mucha velocidad, como un doble ancho de banda que genera una pista ultrarrápida hacia la maestría y la especialidad. Y si, además, se contagia con otro talento o grupos de talentos como en un combo de jazz, los resultados pueden ser fascinantes y llenos de creatividad.

Nuestro cerebro es un infinito manojo de cables conectados eléctricamente con una sustancia prodigiosa, que es un acelerador del talento porque envuelve todos los circuitos. Y la sustancia fluye en una conexión donde las pistas están mejor pavimentadas para que tus dones, convertidos en hábitos gracias a la práctica y que a fuerza de repetirlos se vuelven virtudes, generen un talento excelente. Y con la proximidad de otros talentos se produce el contagio, un fenómeno prodigioso donde fluyen y confluyen muchos universos. Es como cuando explota una estrella y se convierte en una galaxia. Así de mágico puede ser el contagio del talento soñador.

Cada sueño requiere de habilidades a desarrollar. Estamos de acuerdo, ¿verdad?

Un actor deberá desarrollar la habilidad de recitar en público; un cirujano, la habilidad de ser preciso en el quirófano; un profesor, la de tener un alumnado sobresaliente; un deportista, la del entrenamiento sacando el máximo rendimiento. El sueño llama a la puerta de ese talento en cuestión para ponerlo en acción.

Una de mis *dreamers*, especialista en comunicación (omito su nombre y lo dejo en el anonimato, pues ahora es famosa), tenía un sueño y lo sigue teniendo: el de convertirse en una gran presentadora de televisión para los telediarios. Trabajando como jefa de prensa en agencias no estaba satisfecha, hasta que empezamos a trabajar en su sueño. Y decidió apostar por su entrenamiento de hablar delante de una cámara. Su sueño la llevó a desarrollar la habilidad de memorizar textos con fluidez y ser capaz de hacer noticias cortas, sintetizando grandes relatos. Ensayábamos por la calle, como si fuera una reportera. Con su sueño desarrolló su gran talento de oradora con una gran telegenia, y hoy en día, en los telediarios de TVE, podemos disfrutar de su soltura porque ella ha decidido poner su talento al servicio de los demás y de su gran sueño.

Sus habilidades desarrolladas ahora son maestrías que cada vez cultiva y cautiva más. Además, recientemente ha sido premiada por RTVE. Sus pistas de conexión cerebral cumplen con precisión esta ley de manera espectacular. Un ejemplo de talento al servicio de los sueños.

Tu sueño saca el talento que llevas dentro, y el talento en acción te lleva a ser ese soñador que inspira a tu alrededor y genera la transformación de tu mundo con visión, habilidad y pasión.

ACLARACIÓN

La siguiente ley que verás corresponde o es biunívoca a la ley espiritual, n.º 54 (ley del merecimiento), que está muy unida a la ley del permiso; pero la diferencia es que el merecimiento es más espiritual y el permiso es más mental. Por ello se produce esta disrupción, no consecutiva en la lectura, donde pasamos de la ley mental 47 (ley del talento) a la ley mental del permiso, 54 bis, que vendría a continuación de la ley espiritual del merecimiento y, al estar clasificadas en dos niveles diferentes, no las debo poner sucesivamente.

54 bis
LEY DEL PERMISO

El permiso soñador es directamente proporcional a la autoridad mental que nos consiente alcanzar ese sueño y traspasar el umbral.

Sin autoridad no hay permiso. Sin permiso no hay autoridad. ¿Qué fue antes, el huevo o la gallina?

Cuando accedemos a los permisos es porque tenemos autoridad, y cuando tenemos autoridad, como consecuencia, se abren los permisos.

Me gusta remontarme a la etimología de la palabra «permiso» para entender su significado. El latín, como origen de casi todas las lenguas occidentales, nos lleva al *permissum*: licencia para hacer algo; morfológicamente, el *per* de «por completo», «de perseguir», y *missum*, «misión de ir hacia delante».

¿Quién concede los permisos en la sociedad? El Ayuntamiento, el Gobierno, el Estado, organismos de poder para entrar, circular, conceder privilegios o derechos.

Cuando trasladamos esto a nuestra vida personal y lo traducimos en este contexto soñador, debemos trabajar el permiso o no permiso que nos otorga nuestra mente poderosa y abundante para generar la licencia de soñar a lo grande, y poder activar esa información que nos concede autoridad para acceder al espacio de la realidad concreta.

Si no hay permiso, no hay contraseña para que el programa de ese sueño en cuestión se dé en la realidad.

¡Me voy a dar el permiso para ganar mucho dinero! Ese sería un gran permiso, ¿verdad? El permiso está muy vinculado también al merecimiento. Si no hay permiso, tenemos frenos subconscientes en la mente que impiden la descarga de un programa de abundancia soñadora. Sin permiso no hay sueño. Sin permiso no se abre la puerta. Sin permiso no se rompe el techo de cristal que nos limita la realidad.

Cuando tenemos prohibiciones mentales que nos impiden atravesar el umbral para acceder a una información clave para la transformación y atracción, no sucede, por mucho que lo intentes. Sin permiso no hay «tío, pásame el río», por mucho que te empeñes. Por eso, esta ley es tan brutal, porque está para dar salida a todo lo que implica alcanzar tu sueño, botón de *exit* en el laberinto mental.

Recuerdo el descubrimiento que hice una vez en una sesión con una persona que vivía en un bucle de economía muy precaria.

Nunca tenía dinero, pero trabajaba como una jabata. El hecho es que cuando le tocaba cobrar, siempre pasaba algo adverso: el contable se había puesto enfermo, la factura no llegaba, el cliente desaparecía, se acababa el talonario de los cheques, el ordenador dejaba de funcionar, etc. ¡Un desastre! Y aunque me daba la risa, la situación era siempre la misma y el chiste dejaba de tener gracia.

Empecé a trabajar con Marisol la ley del permiso. Y la expresión de su cara era un poema, porque cada vez más se daba cuenta de que ella se creía que no tenía permiso para ganar dinero, y mucho menos para ser pagada por el gran trabajo que hacía como coordinadora de formación en el sector del espectáculo en una gran escuela. Además, para ella, que le pagasen significaba que le estaban regalando algo que no se merecía. Aunque cuesta entenderlo en este mundo material, a nivel profundo y emocional su mente tenía un candado por el que no podía entrar el dinero, literalmente hablando.

No había permiso ninguno; entonces, me fui a la autoridad. ¿Quién le había quitado el permiso a Marisol? Y de repente se hizo la luz como un flash. Su madre de pequeña le había taladrado la mente con una frase que llegó sin filtro a su subconsciente: «Tú no tienes mi permiso para tener dinero». Era jovencita, pero cuando perdió a su padre, para que ella no pudiera reclamar la herencia, la madre le había metido esa creencia, que ella se llevó a todas las áreas de su vida. Y la fulminó.

Cuando buceamos en su mente y descodificamos este pensamiento tan absurdo y limitante trabajando el «gran permiso de ganar mucho dinero», Marisol salió del bucle en el que estaba enredada, limpió su maleza mental, abrió su compuerta a la abundancia económica y empezó a ganar realmente mucho dinero, pero no porque le lloviera del cielo, sino porque como trabaja mucho empezaron a pagarle mucho. De una lógica aplastante, ¿cierto? En el mundo soñador es importantísimo alinearse con esta ley del permiso para tener licencia con pista libre en los sueños que queramos alcanzar. Sin permiso no hay acceso al campo energético que mueve y conmueve el universo en paralelo con la realidad.

Nos tenemos siempre que plantear si en el sueño que soñamos para que se haga realidad existe claridad u oscuridad en la pista libre de acceso al permiso. La normalidad es que no tenemos estos permisos descodificados en nuestra mente, y necesitamos restablecer un sistema mental donde ahondar esa ausencia de permiso y así acceder con libertad y autonomía al libre albedrío de realizar aquello que queremos alcanzar. Nuestra abundancia, para empezar. Vamos a por ello, vamos a alinearnos con esta ley que permite alcanzar tus sueños con autoridad, licencia para ganar. Me chifla esta ley porque es tan poderosa como básicamente clave.

LEYES ESPIRITUALES

Las leyes espirituales están directamente vinculadas al alma, donde habita el espíritu. Los sueños sin espiritualidad están vacíos. El espíritu mueve la energía. Por eso estas leyes son más intangibles y etéreas. Realmente, son leyes místicas que no se entienden tanto con la capacidad cognitiva ni con la razón ni con la mente lógica. «La razón no entiende lo que el corazón comprende». El espíritu, el poder de la percepción, la energía con que nos movemos son poderosísimos. La mística de la vida es incomprensible con los pensamientos y la mente racional. La intuición desempeña un papel fundamental porque está conectada con nuestra esencia. Lo que mueve nuestro espíritu es donde habita el ser eterno, y los sueños son longevos porque crecen con el pasar del tiempo con ese carácter de eternidad cuando dejan huella en el universo.

La energía soñadora es invisible, pero no por estar dotada de invisibilidad significa que no exista, porque su manifestación es real aunque incomprensible en la esfera de la lógica racional. Esta energía soñadora es el alimento del alma. Los sueños, para que tengan alma y se manifiesten, necesitan de las leyes espirituales.

Por lo tanto, las leyes espirituales existen y son muy poderosas. Muchísimo. ¿Quieres descubrirlas para que te acompañen en tu camino soñador con energía soñadora y un espíritu esclarecedor?

LEY DE LA CALIDAD

La calidad de un sueño es directamente proporcional a la felicidad que produce en nuestra vida.

Esta ley es tan simple como poderosa, y la verdad es que tiene muchos fans por el poder de su sencillez, la magia de lo imperceptible y la belleza de lo invisible.

Cuanta más felicidad genera un sueño, más calidad tiene. Así funciona esta ley.

Es muy importante soñar con calidad. Y para soñar con calidad tu sueño debe cumplir el requisito de las tres B: beneficio, belleza y bondad.

Lo primero: beneficio. Beneficio porque un sueño debe ser rentable; como lo oyes, tal cual. Un sueño para que sea rentable debe ser retribuido con un beneficio tangible o intangible, pero altamente compensatorio. Cuando vemos que nos están pagando por nuestro trabajo, nos sentimos valiosos, nuestra autoestima sube y sentimos felicidad porque la retribución que recibimos está correspondida con la aportación o donación que hemos entregado. Los sueños, aunque no tienen precio, a la hora de ejecutarlos y exponerlos debemos tasarlos para respetar el juego de nuestra productividad y su puesta en valor. En el momento en que exista un intercambio material o de prestigio, el factor de la rentabilidad está cumplido.

Lo segundo: belleza. El canon de la belleza ya no es como

el de los griegos o lo que marca la publicidad. En la era de la consciencia, el canon de la belleza lo establecemos nosotros mismos. La belleza de un sueño es hacer lo que nos gusta, aquello con lo que disfrutamos y gozamos, aquello que nos apetece. La belleza de un sueño despierta la pasión soñadora y esa pasión nos mueve y nos conmueve despertando la creatividad, que es consustancial al sueño y nos llena de emoción y genera belleza. En el momento en que un sueño nos genere pasión, produce belleza.

Lo tercero: bondad. Un sueño con bondad produce también felicidad si lo ponemos al servicio de los demás, generando valores en nuestro entorno o en la sociedad, desde la ayuda o la contribución. Generamos bondad cuando el sueño tiene ese aspecto de propósito humanístico y de compromiso con el entorno. En el momento en que un sueño contribuya a mejorar el entorno o al ser humano, tiene bondad.

El equilibrio de estas tres B genera una inmensa felicidad que hace que nuestro sueño sea de máxima calidad.

El sueño no es un plan B, el sueño de calidad debe cumplir las tres B, que es algo muy distinto a que sea un plan B en la vida; es más, y como he tratado de explicar con otras leyes, un sueño es una prioridad.

Es un clásico soñador con el que me suelo tropezar, personas que trabajan porque aman lo que hacen, su vocación les infunde dedicación infinita y mucho tesón. Y si encima su trabajo tiene la molécula de ayudar a los demás y aportar valor, mucho mejor; pero el tema económico, los artistas lo llevan fatal. Serían capaces hasta de pagar por trabajar en su pasión. Pero es necesario invertir las reglas del juego, o sea, lo natural sería que uno cobrase un salario independientemente de que el trabajo sea valioso o no y de que uno disfrute ejecutándolo. Por eso, hay que dejar atrás el paradigma de «yo me dejo la piel trabajando y ya usted me paga cuando le venga bien». Conozco a actores que pagarían por trabajar en teatro o en cine, en vez de cobrar por su actuación. Es muy grave esta inversión de las reglas del juego, porque luego para los que trabajan y sí quieren ganar dinero es imposible, ya que hay unos precedentes sentados de personas dispuestas a hacerlo gratis y regalar su talento.

De esta manera, la grandiosa ley de la calidad no se cumple, pues al no existir un canje por tu trabajo, y convertirse en algo gratuito, no sucede el reconocimiento y, sin duda, no se sostiene en el tiempo. Como consecuencia, esta ley se está boicoteando y por mucha bondad y belleza que tenga este sueño, si no hay ese intercambio económico o de especie, el equilibrio desaparece. El sueño entra en un naufragio. Y lo que se dice popularmente: «¡Se va a tomar viento!».

Actores y artistas de todos los colores suelen tener el mismo problema básico con el dinero. Les cuesta hacerse valorar y que les paguen por su trabajo, les molesta hablar de cobros, les fastidia el tema económico. No desean afrontarlo; en la mayoría de los casos, la ineludible necesidad de ser pagados también se traduce en ser reconocidos. Les resulta incómodo o les da miedo saber que puede existir una transacción económica cuando se monta un espectáculo que, además de esfuerzo, cuesta muchísimo dinero.

El público paga por ir a verlos, por comprar un diseño, por adquirir un cuadro o una pieza que lleva una inspiración y un trabajo de horas incontables en términos reales.

En contadas ocasiones, me encuentro con artistas con frustración y precariedad, cojeando con sus sueños al caminar porque les cuesta afrontar esa área de su vida y, sin embrago, es vital para su permanencia en el mercado. Y cuando el primer requisito no se cumple, acaban renunciando a su sueño y se disponen a trabajar de camareros, dependientes en tiendas u otros quehaceres más rentables. Y su talento se esconde debajo de la alfombra hasta el próximo despertar o la siguiente oportunidad, aunque, si no han aprendido o integrado la B del beneficio, volverán a sucumbir de nuevo, sin salir de un ciclo que, obviamente, produce mucho sufrimiento porque el talento necesita del oxígeno del reconocimiento material para respirar su ángulo de expresión con libertad.

He trabajado con muchos artistas, uno en concreto sentía mareos y desmayos cada vez que le pedían un cuadro por encargo. «Álvaro, ¿cuánto me va a costar?», le decían los supuestos clientes interesados. Y él siempre decía: «Ya hablaremos del precio». Con pánico, me llamaba para tasar sus obras. ¿Y qué se esconde detrás de todo esto? El fantasma del miedo, que como una hidra de infinitos tentáculos se manifiesta en todo su esplendor. Miedo al rechazo, miedo a la falta de reconocimiento, miedo al fracaso e incluso miedo al éxito, inseguridad ante el aprecio del talento, inseguridad ante lo que somos de verdad, inseguridad ante nuestro talento que solo desea brillar. La solución con Álvaro, como todo en el universo soñador, estaba dentro. Atreverse a poner un precio fue equivalente a atreverse a salir del cascarón y demostrarse así que podía comer, disfrutar, vivir y soñar con su arte. Y desde la profunda timidez de vender su obra pasó a la gran satisfacción y orgullo interior cuando fue capaz de demostrarse a sí mismo cuánto vale su arte y lo lejos que él mismo es capaz de llegar.

Su tendencia es ahora la belleza de su obra, que desencadena una admiración genuina en sus clientes, emociones a quienes la observan, y admirado se queda. Y, ¡cómo no!, cuando observa los dígitos numerosos reflejados en su cuenta corriente con carácter internacional, pues sus obras son universales y sus compradores globales, le invade una sensación de felicidad.

La calidad, la rentabilidad, la felicidad, la belleza y la bondad están relacionadas en su justa medida para cumplir esta ley.

⑭⑨ LEY DE LA PUREZA

La pureza de un sueño es directamente proporcional a la capacidad de expulsar lo que nos impide ser y retener todo lo que nos potencia hacer para el alcance soñador.

La pureza soñadora es una visión clara y profunda de nuestro futuro, que eleva nuestra consciencia y mueve la energía que activa la limpieza de nuestra vida de «sustancias tóxicas», que filtra nuestros pensamientos y transforma nuestras emociones aflictivas en valores que determinen comportamientos poderosos que nos permiten convertirnos en ese sueño que soñamos y que llevamos dentro con nuestro ser extraordinario.

Cuando algo es puro, lo asimilamos mejor, lo bebemos sin problema y lo incorporamos con naturalidad a nuestro sistema. Un sueño en estado embrionario es algo lleno de pureza, como un diamante que brilla con su dureza. Pero es cierto que las piedras preciosas y los tesoros están en la mina, llenas de carbón y polvo. Esta metáfora es poderosa para mi explicación. Cuando vas a por tus sueños, tu vida empieza a hacer una especie de depuración. Debemos eliminar esas sustancias tóxicas de fuera y de dentro. El entorno se transforma, hay personas que desaparecen de nuestra vida, se alejan, tu sueño mueve otra energía y hay que vislumbrar quién nos acompaña y quién siente esa envidia de lo que soñamos y nos va a poner un bastón entre las ruedas. Una serpiente venenosa dispuesta a inocular el veneno para que tu luciérnaga interior deje de brillar. Cuando purificas tu sueño con la famosa OP, estableces con claridad en quién te convertirás cuando tu sueño sea alcanzado. Ejemplo: «Yo soy un escritor de éxito», esta es una OP que tú lanzas al universo. Y en ese momento empieza la fase de la purificación de un sueño pasando por la etapa de la «purgación», donde expulsamos todo lo que nos impide alcanzar ese sueño. Emociones disfuncionales y pensamientos demoledores son sustancias nocivas para el mundo soñador. Desprendernos de ellos nos ayuda a purificar nuestro sueño para abrazarlo como si fuera algo valioso y cuidarlo como una joya que se valora y se custodia, sin dejar que se manche ni contamine de polución interna ni esmog del exterior. Esta purgación se puede materializar también en la desaparición de personas de tu entorno que, al ser tóxicas, no aportan valor.

Tengo una historia de esas que conmueven y que me ayuda a que entiendas el poder de esta ley. Cuando Teresa llegó a mi vida tenía una mente torturada, llevaba diez años masacrando su vida por todo lo que pensaba, decía y sentía. Aunque laboral y económicamente vivía en una situación holgada, personalmente estaba devastada. Una relación con su exmarido que era un tormento, donde recibía una media de tres burofaxes al día con demandas, y con tres hijos a su cargo.

Toda su vida estaba ennegrecida por la sombra de su exmarido, y su sueño casi no lo vislumbraba. El problema real es que el marido ya no estaba con ella físicamente, pero se había quedado como una especie de espíritu condenándola siempre.

Teresa es una mujer muy inteligente y en su trabajo de alta dirección no conseguía dar resultados excelentes. Le había comprado el mensaje a su ex para perder todas las batallas legales, custodia incluida, y como consecuencia su vida profesional iba en declive poco a poco.

Su ex la tenía hipnotizada y ella, sin darse cuenta, le había comprado el mensaje del fracaso. Una persona afectada en el ámbito emocional, con el tiempo se va anulando intelectualmente.

Empezamos a trabajar para instalar un programa de ganadora. Su OP: «Yo soy una ganadora de todos mis temas legales». Cuando su energía de ganadora empezó a fluir dentro de ella, los pensamientos limitantes empezaron a salir. Ella pudo observar lo que tenía dentro de su mente, «chatarra y escoria mental», y las emociones de miedo, tristeza y rabia también empezaron a hacerle malas pasadas; la diferencia era que ahora se daba cuenta de la responsabilidad de sentir lo que sentía. Y al igual que tomó consciencia de ello, también tomó consciencia con su orden pura, y empezó a purgarse por dentro, expulsando la toxicidad de su vida y extrayendo la «ganadora» que estaba muy adentro.

Cuando su exmarido aparecía con sus amenazas, ella, con su trabajo interior, convertía el chantaje en una complicidad desde la información que le ofrecía a su abogada para poner las demandas con un espíritu ganador. Y, poco a poco, se fue creyendo sus pensamientos poderosos focalizados con la matriz que la llevaba a su ser con el recuerdo grabado: «Yo soy una ganadora».

Las cuestiones empezaron a cambiar y pasó de perderlo todo a vencer cada uno de los juicios con asiduidad. Los resultados eran mágicos, decía; pero la magia estaba en ella, en la toma de consciencia de la purificación de su vida a través de mover esa energía soñadora de transformación ganadora.

Todavía se acuerda de tomar la decisión de pedir una baja por depresión en lugar de afrontar sus sueños con estrategia y determinación. El resultado fue diferente y poderoso.

50
LEY DE LA UNICIDAD

La unicidad soñadora es directamente proporcional a la capacidad creadora, donde marcamos la diferencia siendo únicos en ese momento de nuestra existencia creadora.

Soñar nos salva de la mediocridad. Soñar marca la diferencia. Soñar nos hace únicos, nadie puede soñar como nosotros. Soñar nos hace líderes de nuestra vida y pioneros de nuestra existencia.

Siempre existen personas que pueden hacer las cosas mejor que tú, y peor también; pero nadie, absolutamente nadie, podrá soñar como tú o soñar en tu lugar.

Soñar nos hace únicos en el universo y, como consecuencia, pioneros de nuestra vida. Cuando soñamos con estrategia, vamos a la conquista de una existencia con pilares indestructibles de valores incalculables, además de originales en la esencia y la innovación plagada con tu personalidad y tu carácter soñador. Nos inventamos y nos reinventamos a nosotros mismos, soñando con aquello que queremos ser y que solo nosotros podemos hacer realidad, creando, además, de la forma que deseamos que se manifieste.

Tenemos que aceptar nuestra propia y única singularidad. La pista más poderosa para observar lo diferente que somos unos de otros está en el modo en que tiene cada uno de soñar.

El único y auténtico estilo soñador es el que subyace con tu personalidad. Los sueños nos hacen únicos. Los sueños tutelan nuestro propio «*copyright* de la vida».

¿Te atreves a manifestar todo lo que hay dentro de ti? ¿A dejar huella? ¿A propagar tu mensaje a la humanidad a través de hacer tus sueños realidad?

Hoy en día, y a nivel laboral, lo que te genera un éxito sin precedentes es ser tú mismo, alinearte con el valor que aportas al mercado, y es desde ahí donde nace el éxito de tu «personal *dreaming branding*». Tu sueño personal va más allá de la marca personal. Pues tiene mucho que ver con tu huella desde el autoconocimiento y tu proyección soñadora. Conocerse a uno mismo es una herramienta de felicidad y de éxito. Tu viaje genera transformación y se vuelve entusiasmante, original y divertido. Cuando uno descubre quién es, «la gran pregunta» que lanzamos a la vida, el mayor enigma del universo para dejar de viajar como un extraño y vivir se vuelve apasionante.

Las personas únicas, originales, diferentes, con valores se convierten en focos de atracción. Tienen chispa, desprenden magia, brillan y poseen *charming*.

No caen en la banalidad de la imitación, desprenden misterio y admiración. Se convierten en un reflejo fiel de sí mismas y eso es muy poderoso. Y, por supuesto, también despiertan fobias y filias. Envidias y admiración, como en el péndulo de Foucault.

Pienso con absoluta certeza que el momento único que estamos viviendo es de un cambio de ciento ochenta grados, donde el salto de paradigma es inevitable para vivir el futuro con evolución en la era de la consciencia.

Por lo tanto, los créditos, carreras y «titulitis» del pasado están totalmente obsoletos. Vale cada vez menos «tengo dos carreras y cuatros másteres». Ahora, lo que cuenta es con qué valor empleas tu tiempo, y los conocimientos que aportas, ¿cuánto valen para generar crecimiento y rentabilidad a una empresa o un proyecto?

Descubrir quién eres, el talento que tienes y cómo lo pones al servicio de un *target* es fundamental. Conectar con tu esencia, forjar tu personalidad y hacerte único será imprescindible para la supervivencia en la nueva era.

Voy a ponerme como ejemplo, porque si estás leyendo este libro es porque eres un *dreamer* o un soñador que deseas, de corazón, alcanzar tus sueños, ¿verdad?

Y por ello serás también único e irrepetible, porque en el momento en que alcances tu sueño, ya nada será igual. El molde se habrá roto y aparecerá una «edición limitada».

Con todos mis respetos a los universitarios, y como licenciada en la facultad de Ciencias de la Información de la Universidad Complutense de Madrid, en su especialidad de Comunicación Audiovisual, y los tres másteres que tengo y las becas que gané, solo puedo sentir gratitud por las personas maravillosas que conocí (hoy grandes amigos míos), la cultura general que aprendí, los momentos divertidos que gocé y el título guardado en un cajón firmado por el rey emérito, Juan Carlos I.

La rentabilidad de mi trabajo, donde estoy enfocada en el mercado, hace que tú, querido *dreamer* lector, leas en este libro el valor que te ofrezco a través de mi profesión soñadora y mi marca personal, que es en realidad reflejo fiel de lo que soy, de lo que hago y de lo que he venido a aportar al mundo. Una estratega soñadora, una soñadora profesional que ha aprendido a ponerse en juego en la vida, a vibrar con el universo para que el enorme deseo de alcanzar los sueños se haga una realidad. Enseño desde mi experiencia, aprendizaje y conocimiento, una metodología de trabajo llamada la estrategia de los sueños (Dream's Strategy).

Y te aseguro que la formación que imparto y con lo que me gano la vida no la aprendí en ningún colegio, instituto ni universidad.

Tengo una profesión rara, especial, significativa, y comprendo que cuando a mis hijos les preguntan en los ámbitos académicos: «¿En qué trabaja tu madre?», los ponen en un brete. E incluso, a veces, también a mí me pasa, pues comprendo que según quiénes, o no me van a entender o se pueden «partir de la risa».

Siempre he sido una soñadora y mi vida ha estado regida por los sueños que he deseado y deseo alcanzar: vivir en Italia; montar una agencia de comunicación para diseñar campañas para multinacionales donde las estrategias de alto impacto estaban basadas en los valores de cada marca que me contrataba para luego vender y expandir un mensaje valioso y creíble a un potente altavoz, como pueden ser unos telediarios o un periódico de gran tirada; construirme la casa de mis sueños, siendo pionera en sostenibilidad para seguir descubriendo que los sueños se hacen realidad si cumples con una estrategia y respetas unas leyes, la de los soñadores, obviamente.

Humildemente aporto mi granito de arena y mi manera de alcanzarlo es mi profesión en la vida. Eso es lo que trato de transmitir con mi legado soñador.

Dicho esto, hasta que diseñé y desmenucé mi metodología basada en hechos reales y me lancé al mercado, los obstáculos, la soledad, la marginación, el aislamiento, el silencio y la fe inquebrantable me acompañaron con constancia y perseverancia a salir adelante. Ellos han sido, fueron y son los cómplices imprescindibles de mi camino.

Las palabras loca, irracional, rarita se fueron transmutando por mística, profesional de resultados con éxitos, original, y lo último que oí decir sobre mí fue: «Como dice la ilustre Mayte Ariza...».

¡Ahora resulta que soy ilustre! «Ilustre pirada», me autodenomino yo. Nunca hay que perder el sentido del humor. Siempre he creído tener los pies en la tierra y las manos en el cielo.

Lo que estoy tratando de compartir, querido lector soñador, es que mi verdadera y auténtica profesión está basada en mis sueños y en lo que soy en este momento. Mi talento innato, la estrategia útil para todo en la vida y mi valor adquirido con la experiencia: el arte de soñar. Mi puesta en acción: haberme encontrado con un gran mentor que me inspiró para apostar (Daisaku Ikeda) y me dio las herramientas para desafiarme con tantos sueños increíbles que mi mente veía imposibles. Y ese pistoletazo lo dinamitó todo.

Tengo *dreamers* que han descubierto quiénes son y cómo rentabilizar su talento a través de un *dreaming process*, y ese despertar es lo que les aporta felicidad, rentabilidad y unicidad.

Por lo tanto, tu sueño puede generar y descubrir tu marca personal, tu estilo de vida, tu forma única de ser y estar en el mundo, liderando un proyecto jamás visto, contra todo pronóstico, surfeando las dificultades de desafiar lo establecido para proponer la innovación que suele molestar y despertar mucha suspicacia e incomodidad.

Y sabiendo, por favor, y sin olvidar jamás que:

Quien te lastima, te hace fuerte.

Quien te critica, te hace importante.

Quien te envidia, te hace valioso.

Quien te desea lo peor, tiene que soportar que te ocurra lo mejor.

Este es el precio que pagamos por ser únicos y estar alineados con esta ley de la unicidad. Cuando nadie ve nada, tú lo ves todo claramente. Cuando nadie sabe nada, tú apuesta por el camino a recorrer profundamente; y cuando nadie te cree, es el momento donde tu creencia adquiere poder.

A mí esta ley me encanta y me parece en su profundidad única y extraordinaria.

51

LEY DE LA MISIÓN

La misión de un sueño es directamente proporcional al foco esclarecedor desde la raíz profunda de nuestra vida hasta el descubrimiento del significado de nuestra existencia. Cuando vamos a la conquista de nuestro sueño descubrimos nuestra misión en la vida. ¡Descubrir nuestra misión es un planazo soñador!

Cuando realizamos nuestro sueño, sentimos que nos deslizamos con felicidad hacia algo invisible y profundo, pero que no deja de ser real. No se trata de que sea fácil, no se tiene mucha claridad al inicio, pero consiste en que seamos capaces de persistir, a pesar de la dificultad. Fieles a nuestra esencia, identificamos la misión que se esconde en nuestro sueño. Soñar con misión nos eleva, nos transformas y nos lleva a descubrir el sentido de la vida y el para qué de las cosas que nos pasan. Además, vislumbramos cuál es el legado soñador que vamos a dejar. Vivir nuestro sueño con espíritu soñador es contribuir a algo más poderoso que el sueño en sí mismo. Algo que revela la verdadera razón de existir, el para qué estamos vivos y la contribución que hacemos al mundo con nuestro sueño dotándole de un profundo significado.

Los seres humanos, cuando nos alineamos con nuestra esencia, estamos programados para cumplir nuestra misión en la vida. El problema es la desprogramación que tenemos en este aspecto, y la amnesia con la que llega. Por eso, despertar es muy importante; yo diría que es vital. Solo conectando con nuestro corazón y desde el corazón, abrazando nuestro sueño, buceando en el subconsciente, logramos una mente cristalina con la que alcanzar esa información y elevar nuestra consciencia. Cuando lo logramos, accedemos a una información poderosa donde averiguamos, a pesar de que esté escondido, nuestro propósito en la vida y el legado que vamos a dejar, y la huella en el camino y el rastro para los demás.

Cuando uno descubre su misión en la vida, ya no le importa el precio que tenga que pagar para alcanzarlo. Esto le da una fuerza imparable, una determinación innegociable y una actitud orientada completamente a la acción con dirección soñadora.

El discurso más inspirador de la humanidad y más soñador fue el de este *top dreamer* que invitaba a las masas a no dejar que pisoteasen sus derechos por ser hombres y mujeres de color. «Last night I had a dream», gritaba a los de su raza para dignificar y luchar por el respeto y la igualdad. A Martin Luther King nunca le importó el precio que tenía que pagar y, aunque lo pagó con su propia muerte, vivía arrojado a ese sueño con carácter de misión, agitando masas, elevando consciencias y expandiendo su propio mensaje. Su pérdida, desgraciadamente, intensificó su misión, y su batalla desde el respeto y la igualdad de todos los seres humanos, con independencia del color de la dermis, tuvo un efecto rebote contra todos sus detractores porque, a partir de ahí, los negros se empoderaron todavía más en el mundo entero, e incluso abrió una brecha en la sociedad estadounidense para que en un futuro no muy lejano una persona de color recogiera el testigo. Y así, Mr. Barack Obama desató una campaña sin precedentes para convertirse en el primer presidente de color de Estados Unidos. Uno de los hombres que también ha hecho historia por lo que es y por todo aquello que representa, que va más allá de él mismo. Un macrosueño hecho realidad.

Sin duda, la misión de M. L. King tuvo consecuencias estratosféricas. Para la paz, la igualdad y la fraternidad de toda la humanidad. Sin él no hubiese sido posible. Y, desde luego, allanó el camino hacia el sueño de Obama.

Par mí, él representa el mayor ejemplo de esta ley de vivir un sueño con carácter de misión. Las personas extraordinarias que viven la vida con espíritu de misión son valientes y altamente soñadoras. Martin Luther King, Gandhi, Mandela son ejemplos increíbles de esta maravillosa ley, que te arroja a la vida con el máximo sentido de aportación, contribución y valor.

Mi misión en la vida la descubrí alcanzando sueños, y cuando me di cuenta en mi faceta empresarial de que a los clientes que llegaban a mi empresa, o que yo buscaba, les vendía mis sueños disfrazados de proyectos, fui consciente de que soñar funcionaba y empecé a diseñar una estrategia soñadora con la que ayudo a las personas a alcanzar sus sueños, lograr sus propósitos y descubrir su misión en la vida.

Y aunque, hoy en día, nadie te mata por soñar, yo tengo la teoría de que si no sueñas, estás muerto.

52

LEY DE LA PROYECCIÓN

La proyección soñadora es directamente proporcional a la postura eficaz de reflejar nuestro anhelo de una forma eficiente y ampliada, haciendo visible lo invisible que yace dentro de nosotros mismos.

Proyectamos un sueño cuando pensamos, sentimos y planificamos la forma de llevarlo a cabo, desafiando la realidad y aceptándola, pero sin dejarnos condicionar. Se trata del sutil equilibrio entre desafiar la realidad y aceptarla para transformarla. La falta de proyección correcta impide la excelencia de lo que deseamos. Y, seguramente, el quid de la cuestión está en nuestro interior. Lo que no nos guste en nuestra vida y en nosotros mismos es una proyección de lo que no se ha resuelto en nuestro interior todavía. Si algo nos afecta como una cualidad negativa de una persona cercana, se trata de una expresión espontánea de nuestro malestar de corazón proyectada al exterior.

Las molestias externas son puntos clave para descubrir nuestro camino hacia la transformación y el descubrimiento de lo que somos en realidad y en lo que no nos gustaría convertirnos. Para proyectar un sueño de una manera eficaz y excelente debemos atender a nuestras propias distorsiones dentro de nuestra vida y evitar proyectar emociones disfuncionales, como pena, rencor, culpa (emoción que busca siempre una víctima para paliar un daño del que uno no se quiere hacer ni consciente ni responsable). Increíble, ¿verdad?

Vivimos en una sociedad donde la culpa es el «tulipán corporativo». Todo el mundo busca siempre un culpable y jamás se hace responsable.

Para diseñar claramente una proyección limpia basada en el valor de la responsabilidad de nuestro sueño y hacer un trabajo potente externamente debemos haberlo realizado ya internamente. Todo lo que soñamos que pase fuera tiene que pasar dentro.

Luchar por un sueño no tiene nada que ver con la guerra, sino con la proyección. Un sueño que no se proyecta, jamás se cumplirá. Y lanzo la pregunta: ¿somos conscientes de lo que estamos proyectando en cada momento? No solamente de la proyección práctica y tangible de un proyecto, sino también de la energía concentrada o dispersa que envuelve ese proyecto, factor clave e importante. Una proyección soñadora tiene un nivel de repercusión dependiendo del trabajo interior. Una persona elaborada interiormente, trabajada espiritualmente, que se ha cuestionado muchas veces, que se ha rendido a su ego, que ha sabido reciclar su basura mental y ha encontrado el diamante del ser tiene una capacidad de introyección excelente, por lo tanto, encuentra la habilidad para hacer proyecciones extraordinarias envueltas de una energía limpia y luminosa.

Me gusta exponer un ejemplo sencillo: si quieres obsequiar a una persona con un regalo valioso, por ejemplo una joya, y se lo envuelves en una bolsa de basura, seguro que no tendrá la misma proyección y, como consecuencia, el mismo efecto que si lo entregas en una caja de terciopelo con un papel dorado y un lazo anudado con esmero. Al final, es cierto que el pedrusco con oro de veinte quilates puede ser el mismo, pero en un envase u otro (cajita o bolsa de plástico) cambia el impacto y la proyección no es la misma. La caja o la bolsa es la metáfora, el ejemplo corresponde a nuestra proyección, es el envoltorio energético con el que proyectamos nuestros sueños. Y, según una lección u otra, el resultado cambia. Por lo tanto, siempre invito a mis soñadores a envolver y proyectarse con energía sus sueños porque de ello dependerá el ochenta por ciento del éxito.

Una de mis películas favoritas que he visto millones de veces y no me canso nunca de ver porque cada vez me conmueve más es *En busca de la felicidad*, protagonizada por Will Smith. Está inspirada en una historia real que narra la vida de Chris Gardner, soñador incansable con una convicción innegociable, fanático de la planificación y obsesionado con ella desde su visión, a pesar de fracasar como vendedor ambulante de equipos médicos y dormir en las calles, baños públicos y acudiendo a comedores sociales con su hijo para pedir cobijo. Una de las grandes secuencias de la película para mí y una lección de vida magistral es cuando le recuerda al pequeño: «Nunca dejes que nadie te diga que no puedes lograr tus sueños. Ni siquiera yo. Si tienes un sueño, ve a por ello y no escuches las voces que te dicen que no lo puedes alcanzar». Le está avisando de que la gente fracasada se proyecta en los demás, y él se está proyectando en la mente de su hijo para ayudarle a creer en sus sueños y que jamás permita que los perdedores se proyecten en él, dándole consejos para derrumbarle y así reafirmarse ellos en su propia incapacidad.

La proyección de su esperanza triunfadora en su vida mientras atravesaba la dificultad nunca se desvaneció. Siempre afilaba su visión, transformaba todos sus fracasos en oportunidades, la búsqueda de información formaba parte de su entrenamiento antes de proyectarse, la oportunidad de aplicar un nuevo enfoque en su vida cada vez que se topaba con un bache. Ese socavón era realmente su desafío para aprender quién era y con humildad empezó a darse cuenta de que todo lo que le sucedía eran lecciones valiosas para proyectarse en su vida; una increíble proyección soñadora que emanaba una fuente infinita de amor.

Querer dar a su hijo un ejemplo soñador, despertar todas las mañanas y sentirse un gran padre con mucho que ofrecer a la vida y al ser que más amaba. Chris Gardner actualmente es multimillonario, dueño de su propia firma en bolsa y con grandes proyectos soñadores alrededor del mundo que tiene una gran repercusión desde su potente proyección.

53
LEY DE LA GRATITUD

La gratitud soñadora es directamente proporcional a la conexión con la abundancia del universo. Dar prueba real de que estás conectado a tu sueño a través de la gratitud, es recibir abundancia del universo.

¿Y cómo recibimos esa abundancia del universo? Activando el poder de la gratitud por todo lo que nos acontece en el camino hacia el logro. La actitud hacia el aprendizaje de todo el conocimiento que recibimos hasta hacer realidad nuestros sueños es abundancia del universo. A veces, un aprendizaje puede ser muy severo, pero no deja de ser valioso. Saber aprender de las dificultades de la vida no es fácil. Para ello se hace imprescindible mover la energía de la gratitud y es así como el universo, en su infinita misericordia, nos complace hasta alcanzar una gran victoria inimaginable en nuestro trayecto. Lo que recibes está relacionado con la gratitud que das; así funciona esta ley del universo. Como afirma William J. Cameron, «tener un corazón agradecido es disfrutar de un festín constante».

Cuando agradecemos por todo lo que nos pasa en el camino hacia alcanzar nuestros sueños, nos conectamos con la abundancia del universo. Así funciona esta ley. Es muy fácil agradecer por todo lo bueno que recibimos, pero cuando nos «dan de hostias», ¿sabemos agradecer? Ahí es de donde nace el poder, la valentía y la buena fortuna de esta ley. Lao Tse decía: «Si te alegras por cómo son las cosas, el mundo entero te pertenecerá».

La gratitud enriquece y la queja empobrece. La queja te aleja.

La gratitud de un sueño está conectada con la abundancia del universo. Aprender a tener gratitud hacia la vida que te ha facilitado el sueño, hacia los cómplices que te han ayudado a conseguirlo y hacia los enemigos que nos han intentado sabotear y nos lo han puesto muy difícil. Nunca se debe olvidar la gratitud de todo lo que ha contribuido en nuestra andadura hasta llegar a la realidad soñada. Durante nuestra búsqueda se activan también las protecciones universales y obtenemos grandes beneficios.

Ensalzar el valor del agradecimiento, del esfuerzo y disfrutar de todo lo que hacemos nos ayuda a soñar con maestría. Cuando soñamos con gratitud y excelencia, damos la mejor versión de nuestros sueños y de nosotros mismo. Soñamos con excelencia cuando el sueño se convierte realmente en un hábito ganador. Desarrollar hábitos soñadores nos ayuda a crear una fuerte personalidad porque nos ayuda a imaginar y a convertirnos en la mejor persona que requiere nuestro sueño para el alcance en la realidad.

La verdadera gratitud se demuestra con la dificultad. Pues agradecer sinceramente y de corazón la adversidad, ni es fácil ni es natural. Pero lo que es real con esta ley es que cuanta más gratitud en la dificultad, más beneficios llegan, de verdad.

Siempre intento mostrar en mis clases que la postura de agradecimiento delante de la dificultad es la más noble y poderosa, y requiere de muchísima humildad.

La gratitud que hace brotar los beneficios no es mental, nace de lo profundo de nuestro corazón porque es sincera y es desde donde emerge la verdad soñadora con coherencia y los grandes beneficios de nuestra existencia.

No tengo noción ni siquiera de la dimensión de mi querida Pepa cuando con lágrimas en los ojos se había dado cuenta de que lo había perdido todo. Apostó a caballo perdedor, un desastre de relación y un lugar pedregoso, arisco como el entorno que la rodeaba. Una mujer cosmopolita que vivía en París se marchó por amor a un pueblecito de Extremadura, donde su vida empezó a ser un infierno, pues su pareja la maltrataba y ella cada vez con más miedo sufría ataques de ansiedad. Logró salir de ese entorno tóxico, con una mano delante y otra detrás, y empezó desde cero en Madrid. Cuando me llamó, había conseguido una precaria estabilidad económica, pero su mente tirana la estaba atormentando con su pasado.

En mi intento de sacarla de ahí, cuando le preguntaba si había aprendido algo, su respuesta era: «A sobrevivir».

Le propuse mirar su pasado, su presente y su futuro con gratitud. Sentirse agradecida por lo que había vivido. «Misión imposible», me decía; y con más razón que un bendito, me disparaba: «¿Cómo voy a agradecer el drama, el tormento y la relación que he tenido con un maltratador?». Al inicio no es algo racional, sino espiritual. La auténtica gratitud es hacia ti, al poder de tu vida que te ha llevado ahí, para tu evolución y crecimiento transformador. La gratitud eleva una consciencia donde se ve y se siente con claridad que la dureza de la herida ha sido necesaria para una transformación excepcional. Pepa empezó a agradecer sin entender, y con una profunda confianza hacia mí se dejó llevar. Al inicio como una autómata para luego entrar en la verdad, sin postureo y mostrando lo que se esconde en el *backstage*. La careta del maltratador tapaba su verdadero autoboicot de maltrato psicológico con ella misma también. En lo más profundo, ella sabía que fue abusada de pequeña y que para huir de ese recuerdo lo que hacía era atraerlo todo el tiempo, claro está, a nivel subconsciente. La energía de la gratitud la llevó a su recuerdo, donde se dio cuenta, en estado de shock, de que, si no se perdonaba y agradecía desde la experiencia del perdón, nunca iba a haber reconciliación con su vida y su futuro volvería a repetir su pasado.

La gratitud la condujo a transformar su experiencia en un aprendizaje valioso. Y la parte aprendida que hay que ver se esclarece con la gratitud. Y así fue. Pepa hoy es una mujer millonaria, casada con un millonario, feliz y eternamente agradecida porque la experiencia que vivió la ha llevado al lugar de abundancia donde siempre soñó y vive ahora. No deja de agradecer su tragedia con todo su corazón, dando gracias y sabiendo en lo profundo de su ser que, sin haber agradecido todo ese aprendizaje debido al maltrato, nunca hubiese podido saborear todo lo que es, siente y tiene en su vida en este momento; una vida que ahora la trata muy bien.

Gratitud en vena. Se entiende, ¿verdad? No es fácil, pase lo que pase. Cuando se practica, la abundancia sucede.

Y me gustaría dejar claro que ser agradecido para ser bendecido por la abundancia no es dar las gracias cuando la vida nos ofrece un regalo. La gratitud mística de la que habla esta ley es ser agradecido por todo lo que nos pasa diaria y constantemente. Practicar el músculo de la gratitud, no dar nada por descontado. En esencia, la vida es un regalo. El sueño que tienes que todavía no has alcanzado es un regalo y prosperará si empezamos a agradecerlo desde ya. La gratitud no es un sentimiento; es una decisión consciente que te hace vibrar con la magia y la abundancia del universo.

LEY DEL MERECIMIENTO

El merecimiento soñador es directamente proporcional al aprendizaje del reconocimiento del éxito que se merecen nuestros sueños.

Con el merecimiento se abre una enorme capacidad de atracción de la necesidad exacta del aprendizaje que debemos implementar para culminar el proceso soñador con excelencia.

Cuando determinamos lo que se merecen nuestros sueños, el universo nos da lo que necesitamos.

Cuando me creo y determino ser merecedor de respeto, me llega el reconocimiento. Cuando me creo y determino ser merecedor de felicidad, me llega la plenitud. Cuando me creo y determino ser merecedor de ganar dinero, me llega la riqueza. Cuando me creo y determino ser merecedor de mi sueño, me llega el aprendizaje que se requiere incorporar.

Pero hay un «pero», porque no es directamente proporcional el merecimiento con el beneficio, sino con la necesidad de aprender lo nuevo que debemos incorporar para manifestar el deseo y que el sueño se haga realidad.

Si no tenemos claro lo que nos merecemos y hay oscuridad en este aspecto, estamos en peligro de ser vulnerados. Debemos ser valientes para abrir esa nueva puerta al merecimiento donde los regalos aparecen en nuestra vida en el momento indicado. Somos merecedores de lo que soñamos. Solo así podremos proyectar y extendernos en nuestra vida en un ciclo renovado de sueños que se van haciendo realidad a través de unos aprendizajes continuos que nos llegan con esta ley del merecimiento para acoplarla en nuestros sueños.

«Yo merezco ganar mucho dinero». Esa fue una de mis máximas en mi vida en uno de los momentos de más inestabilidad económica que viví, rozando a veces la hambruna.

Una de las etapas más revolucionarias y de crecimiento interior fue cuando me choqué con mis propios límites de precariedad. Trabajaba muchísimo, pero nunca, o pocas veces, me pagaban, y cuando lo hacían era mal y tarde. Así que, gracias a la ayuda de mi mentor, descubrí el gran poder de esta ley. Yo merecía ganar mucho dinero y empecé a ser consciente de que era verdad, y de este modo un día me di cuenta de aquello que me estaba impidiendo mi merecimiento para proyectarlo a la realidad. Y mi sorpresa fue que tenía que desaprender una creencia que me habían inculcado de pequeña: para anularme el derecho de pedir una herencia que supuestamente merecía, me trepanaron las neuronas y me metieron en la cabeza un mensaje demoledor que me llevé a todas las áreas de mi vida. El mensaje era que «no merecía nada», y así fui creciendo, con este pensamiento tan arraigado en mí. Una creencia es una orden mental que se valida en automático. Por lo tanto, no va cuestionada, sino que ejecuta una orden desde el origen, y así vamos cegados por la vida. Pero mis pensamientos limitantes sí se manifestaban con crudeza. En el momento en que puse luz a este automatismo demoledor, incorporé la potencia del merecimiento con un espíritu combativo, y con disciplina en la transformación de mi manera de pensar, de sentir y de mover la energía mi vida se llenó de ganancias. Seguía trabajando mucho, con la diferencia de que empezaron a pagarme mucho. Rompí mi techo de cristal vibrando con una energía poderosa, alineada con la ley del merecimiento y así alcancé el reconocimiento económico que me llevó a un reconocimiento interno y a un estado de paz. Pero te recuerdo que antes del reconocimiento tuve que desaprender un aprendizaje nocivo, y que antes de aprender empecé a vibrar con la energía del merecimiento. Esta ley desata una energía muy poderosa, donde afloran parásitos mentales y aprendizajes brutales.

LEY DEL PERDÓN

El perdón es una clave soñadora directamente proporcional a la capacidad sanadora y regeneradora para eliminar el dolor que nos impide manifestar y volver a empezar con mayor profundidad ese sueño en la realidad.
El perdón nos libra de la culpa, del victimismo y nos hace soñadores viviendo un espíritu de absoluta libertad.

«El perdón es un bálsamo que crea las condiciones para que se produzca un acercamiento positivo en nuestra vida», dice Daniel Lumera (maestro del perdón).

El perdón nos lleva a eliminar el rencor, el enfado y la rabia en toda nuestra esfera vital para limpiar la senda del anhelo donde hay susurros de felicidad.

La alta capacidad de perdonarnos depende de la regeneración y revitalización de nuestra vida, donde esta ley desempeña un papel fundamental a la hora de renovarnos para alcanzar nuestro sueño, con una nueva versión de nosotros mismos, dejando rencores y lastres rancios del pasado.

La potencia del perdón no es olvidar ni se trata de justificar. Cuando perdonamos de corazón, extraemos aquel sufrimiento arraigado en nosotros mismos que nos impide avanzar. Cuando comprendemos no justificamos, sino que generamos una empatía para ver con claridad un hecho profundo y sanarlo en nuestra vida. La aceptación del perdón produce habilidad emocional. El corazón se abre y el sueño se expande.

Las personas que no saben saborear las mieles del perdón se quedan atrapadas en las telarañas de la mente y se vuelven retorcidas, se desconectan del verdadero sabor de la vida y es muy difícil que muevan una energía limpia para alcanzar un sueño.

El perdón tiene la función vital de abrir nuestro horizonte para encontrarnos en un nuevo plano de nuestra vida más elevado, más brillante y vigoroso.

El perdón tiene un poder impresionante. El poder del perdón radica en la sinceridad. No valen el postureo, la falta de determinación, ni los peros. Una persona que perdona es capaz de disolver un trozo de hielo en su interior; el perdón ejerce de rayo de luz que lo disuelve todo, como un iceberg expuesto a los rayos del sol. Si no somos capaces de mover la energía del perdón, nos quedamos encerrados en ese dolor que nos impide evolucionar lastrando un sufrimiento que se proyecta en nuestra esfera vital y soñadora impidiendo un futuro más límpido.

Con respecto al mundo soñador, cuando me acerco a hablar de perdón, lo que más me interesa es el perdón hacia nosotros mismos. Creo que es el más difícil de afrontar. El verdadero valor radica en perdonarnos a nosotros mismos.

Desde luego, el reto de perdonarnos a nosotros mismos

y aniquilar la rabia en diferido y la amargura en nuestra vida generan un torrente de vitalidad y es el trampolín soñador a una vida inesperada y llena de descubrimientos, donde, gracias al lastre que te has quitado, puedes encontrarte con sorpresas muy agradables en el camino.

Perdonarnos a nosotros mismos es recuperar nuestro propio brillo y respeto; además, con ello conseguimos autoestima y confianza. La confianza es un valor presidencial para alcanzar un sueño. ¿Adónde vamos sin confianza? No se puede establecer una relación de valor sin respeto, y sin respeto no se restaura la confianza. El perdón es una pieza clave en el sueño y por eso tiene carácter de ley.

Monica Lewinsky para mí es un ejemplo mayúsculo de esta ley y me atrevo a decir que de muchas más. Pero voy a poner el foco en la ley del perdón para explicarla con el ejemplo de su vida, que le ha marcado para siempre y que a mí me ha conmovido mucho.

Una mujer silenciada públicamente durante una década. Una mujer que a la edad de veintidós años cometió un gravísimo error: enamorarse de su jefe, lo que le ocasionó unas consecuencias devastadoras. Claro que puede estar dentro de lo «normal» que una becaria o una secretaria caiga en los brazos de su jefe; pero cuando el *boss* es el presidente de Estados Unidos, la historia cambia radicalmente, ¿verdad?

A Lewinsky la conocemos públicamente por haber sido la autora de la felación más famosa de la historia. Y por ello, en mi libro, me gustaría aportar humildemente la dignidad que ella ya se ha sabido ganar, gracias a perdonarse y a su valentía por salir a un escenario a aportar valor y lanzar un mensaje al mundo. Todos los que nos mofamos de ella en un pasado, comprando un titular a la prensa sensacionalista, hemos sido perdonados porque ella ha sido la primera que se ha perdonado de corazón, y ha salido al estrado a contar su versión desde el perdón, y eso es altamente poderoso, misericordioso y digno de admiración.

No hay un solo día que no recuerde ni lamente su equivocación, dice sinceramente. El precio de la vergüenza que tuvo que pagar por su error lo ha transformado en su interior con belleza y en su misión en la vida. El escándalo que desató fue algo sin precedentes. Pero más allá de la vorágine mediática y política había una «personita» humillada públicamente que perdió su reputación en un instante, como bien dice ella, en todos los clics que provocaba conocer el morbo de su historia. Todo el mundo opinaba digitalmente, la condenaba y reía a carcajadas con chistes crueles. Los insultos que recibía eran verdaderamente monstruosos, sin tener en cuenta que una adolescente con alma, sensibilidad y sentimientos estaba condenada socialmente y, posiblemente, para el resto de su vida. Monica se ha convertido en un icono de lo que significa la humillación pública y las consecuencias demoledoras en la juventud.

El acoso cibernético tiene unas cifras alarmantes y las personas que lo padecen, o bien se suicidan o bien tienen ideas de quitarse la vida, como también se le pasó a ella por su mente. Hoy en día, Monica Lewinsky se ha convertido en una defensora y una activista a favor de las víctimas que sufren acoso en la red. Ha decidido que mirarse con compasión la ha ayudado a perdonarse y recobrar su dignidad, como ella dice: «He recuperado la narrativa de mi vida». Ahora se cuenta la película sin rencor, sin rabia, con ternura y determinación, y dice: «No solo se trata de salvarme a mí misma, cualquier persona puede sobrevivir a esta experiencia y sentir compasión». Esa forma elevada del perdón, para mí es todo un ejemplo de inspiración.

En mi opinión, ella representa perfectamente esta ley, porque su experiencia ha sido muy fuerte y desgarradora, y, cuando ha llegado el momento interior de estar en paz consigo misma, ha salido al escenario a contar su verdad, sin vergüenza, sin odio, sin dramas. El resultado de su perdón ha afectado a su vida radicalmente, y con un discurso lleno de autenticidad ha cambiado la humillación que le han propiciado por la admiración que despierta ahora. Un respeto impresionante de un ser increíble que ha sabido salir del paso con valentía, y donde el perdón hacia sí misma y hacia el entorno han sido claves en el liderazgo que tiene ahora.

Ha perdonado sin olvidar, ha perdonado sin justificar nada ni a nadie, y se ha perdonado para ser libre y ayudar a los demás. Impresionante, ¿verdad?

56

LEY DE LA PROFUNDIDAD

La profundidad de un sueño es directamente proporcional a la altura que alcanzamos en nuestra vida. Cuanto más seamos capaces de profundizar en nuestra existencia, más alto llegaremos con nuestro sueño.

La relación entre profundidad y altura existe y me gusta explicarla con la metáfora de un árbol: cuantas más profundas sean las raíces de un árbol, más alto crecerá, más sano vivirá, más inclemencias soportará y más frutos dará. Nuestra supervivencia física, mental y espiritual depende de nuestra fortaleza interior, y esto repercute indiscutiblemente en el arte de soñar.

Un soñador que no se rinde jamás desarrolla esta enorme capacidad de ganar «pase lo que pase». La perseverancia es clave para la victoria. Y el destino acabará mostrando en bandeja los sueños hechos realidad. La interiorización de nuestros sueños nos invita a la profundidad, a echar raíces. Encontrar nuestro lugar en el mundo y descubrir que todo en nuestra vida tiene un profundo significado. Todo aquello que proyectamos con inteligencia y creatividad requiere un proceso y esfuerzo de interiorización, sumergirnos en nuestro dolor, bucear por el mar del sufrimiento para aprender de nosotros mismos con respecto a nuestro sueño.

Los sueños con sentido son inmersivos. Todo lo que pasa fuera, debe pasar primero dentro. La mirada introspectiva es esencial en esta ley.

La profundidad nos permite abrirnos a lo que tengamos que ver para alcanzar ese sueño y ser felices con él. A veces, la apertura que requiere ese sueño no es fácil y existe mucha resistencia, probablemente es lo que nos causa sufrimiento. Cada sueño es una oportunidad de autoconocimiento, de elevación de entregarnos a esa experiencia, aunque sea dolorosa siempre va a ser infinitamente mejor a una postura de cierre. Los aprendizajes dolorosos a veces son inevitables, y como esto es así de real, si nos resistimos serán todavía más hirientes. Sin embargo, la apertura produce lucidez, creatividad y genialidad, aunque venga envuelta de miedos y dolor.

Eckhart Tolle dice que «la suerte no llega cuando tú la provocas, fluye en lo que está en tu mundo desde lo más profundo de ti». Todo lo que emerge de la profundidad de tu vida es sabiduría.

Hace cuatro meses me diagnosticaron un cáncer, decidí que iba a vivir mi enfermedad con profundidad y seriedad. Me decía a mí misma que mi sueño era, obviamente, sanarme y vivir más tiempo para no morirme en mitad de mi ciclo vital con todos los sueños que me quedan por cumplir. Al principio el miedo se apoderó de mí, lo reconozco, y me dejé atravesar por él. Sentir que la vida se podía escapar de mis manos rápidamente fue un shock. Mi postura nunca fue la queja, aunque sí la tristeza; a veces, esta emoción me tumbaba. Decidí profundizar más allá de mi síntoma (que delegué en manos de los médicos, patólogos, oncólogos y cirujanos) para así profundizar en la causa de mi enfermedad. Esto me ha producido uno de los mayores regalos que me ha ofrecido el universo. Activar los códigos de mi consciencia para restablecer mi equilibrio interior y averiguar lo que se proyectaban en el cuerpo con absoluta franqueza en forma de enfermedad. Entrenarme con destreza en el movimiento de mi propia energía para sanarme. Descubrir un potencial infinito dentro de mí para seguir siendo lo que soy, una estratega soñadora, y darme la validez con mi experiencia de que todos somos soberanos de una energía que nos puede sanar, cuidar y mostrarnos el camino hacia la felicidad. La interiorización de un sueño es uno de los descubrimientos más sorprendentes que existen en el universo.

Esta ley ha sido un gran regalo. Gracias a la profundidad he asumido cómo vivir mi enfermedad con mi sueño en el corazón para descubrir el origen de un cáncer y sanarme espiritual y mentalmente, es decir, más allá de la parte física. Descubrir profundamente lo que me estaba pasando no ha sido ni es moco de pavo, aunque yo sea una persona que da clases de habilidades emocionales y que tengo una metodología que se llama arquitectura emocional, y que consiste en tener la habilidad de transformar una emoción en un valor para vivir una vida más libre sin secuestros emocionales. Todos somos adictos a las emociones a nivel subconsciente, y yo reconozco que he sido una «yonqui emocional». Para rescatarme a mí misma investigué y descubrí esta herramienta poderosa. Podemos tener hasta treinta y seis disfunciones emocionales, esto significa hacer unos intercambios emocionales devastadores, con importantes pérdidas de foco y con repercusiones en un estado de ansiedad y baja autoestima. Cuando descubrí que soy víctima de una disfunción gigante que llevo arrastrando toda mi vida y que como dejé de atenderla se somatizó en una enfermedad grave, me llevé las manos a la cabeza. ¡Qué paradoja la vida!, con mi propio jarabe y vaya estado de ceguera mental y emocional. ¿No querías profundidad, Mayte? Pues ahí tienes la causa de tus males. Y el descubrimiento fue un clic gigante, la pieza se colocó en un instante. A nivel teórico, lo que vi con absoluta claridad fue mi secuestro emocional de la rabia, en vez de sentir amor lo intercambio por rabia (esto te hace vivir en una cárcel mental). Y así voy por la vida. Mostrándome falsamente feliz cuando en realidad siento rabia; en esos casos la escondo y no la expreso. Escondiendo la rabia y mostrando la pena. Y en los momentos de amor, expresando rabia y dolor porque estoy incapacitada para expresar amor ya que la rabia siempre está generando interferencias. Las disfunciones emocionales se quedan ancladas en el cuerpo y, si no se atienden, se somatizan en síntomas leves o graves. El cáncer es una disfunción emocional de la rabia. Profundizar en el origen de mi enfermedad no solamente me llevó a curarme, a sanarme emocionalmente y a liberarme. Ya no tengo miedo de expresar amor cuando siento amor. Aunque la expresión del amor está amputada por una madre estricta y a veces tirana, y lo digo con neutralidad y sin rencor, porque ella aprendió ese patrón para sobrevivir y lo inculcó en mí. Otra cuestión es que profundamente yo sea capaz de descubrir la maleza de mis raíces y haga limpieza.

Ahora decido libremente expresar el amor y desde el amor pilotar. Además, me siento muy afortunada porque el universo me ha hecho un gran regalo: un hijo que me persigue por los pasillos para que le regale un par de besos, y yo me quedo estupefacta por esa expresión libre del amor puro materializado en besos, y me cuestiono y pongo más atención en la calidad de los besos que le doy. Y cuando con osadía él me dice: «Los besos hay que darlos con más amor». ¡Toma ya!, aprendizaje en la yugular. Un maestro en toda regla. Antes huía de su efusividad, ahora me entrego al regalo de dejarme querer y sentir amor incondicional, porque ahora sé qué es la medicina de mi enfermedad. Además, después de salir del quirófano, agradecí todas las muestras de cariño que recibía, y como mi madre no me llamaba marqué su número y le dije que no se olvidara de que tenía dos hijas, y que me habían operado de cáncer y no había recibido ninguna llamada suya. Mi madre espontáneamente me dijo: «Hija mía, te quiero», después de medio siglo y por primera vez en su vida. Sus palabras me llegaron profundamente al corazón, y eso forma parte del poder de mi sanación.

Tener una postura profunda con mi enfermedad me ha hecho sanar las raíces de la felicidad. Además, he borrado mi disfunción emocional y ahora confieso que tengo una vida más amorosa con mi entorno y expreso sin pudor lo que siento. Y todo este descubrimiento ha sido gracias a la ley de la profundidad.

respeto

57
LEY DEL RESPETO

El respeto hacia nuestros sueños es directamente proporcional a la prioridad que le damos a hacerlos realidad. Cuanta más prioridad, más respeto.

Respetar nuestros sueños equivale a respetar esencialmente el poder del alcance soñador en nuestra vida. Así de claro, así de diametral. Aumentar la capacidad de comprometernos con nosotros mismos significa un grado de respeto hacia nuestros sueños. Por una parte, respeto es el nivel en el que hemos desarrollado nuestra voluntad independiente de nuestra integridad personal y profesional. Y por otra parte es la importancia y el valor que le damos a un sueño en nuestra vida cotidiana.

El respeto hacia nuestros sueños es saber posicionarlos en nuestra vida en un lugar privilegiado, en zona vip, para que reciba el trato, la dedicación y el tiempo que se merecen. La disciplina puesta en práctica que proviene de saber ponernos en valor y reconocernos con autenticidad en la importancia de soñar. Los puntos que tienen en común muchos líderes de éxito son la puesta en valor y la propia voluntad interior de respetar sus sueños y, por supuesto, los de los demás. Cuanto más desarrollamos la capacidad de respetar nuestros sueños, nuestra propia realización aumenta, más allá de nuestras expectativas. Una persona que respeta su sueño con determinación y compostura logra un sueño gigante que trasciende más allá de uno mismo volcándose en la aportación de valor en la sociedad y proyectándose en su entorno.

Conozco a muchos soñadores a los que la mente les juega una mala pasada. El sueño lo tienen, pero no lo respetan porque no confían en su capacidad para alcanzarlo. O porque no se comprometen con el esfuerzo adecuado. Entonces es cuando se produce la falta de respeto con el sabotaje interno. Quiero remarcar que tener miedo no es una falta de respeto, es humano y comprensible, pero dejarse llevar por él no ayuda. La auténtica seguridad no viene de no tener miedo, sino del hecho de afrontarlo, de haberlo sentido, aceptado, experimentado y, finalmente, transformarlo. Perder la confianza en que nuestro sueño se va a hacer realidad, a nivel profundo, es una falta de respeto.

Por mucho que nos duela, por mucho que nos cueste mantener el respeto soñador con nosotros mismos, este punto es muy importante.

Como verdaderos soñadores, cuando deseamos alcanzar un sueño diseñamos el plan de acción; como sabes, a mí me gusta llamarlo estrategia soñadora. Empezamos a comportamos como requiere el diseño adecuado que está basado en todo lo que tenemos que poner en marcha para lograrlo, de ahí nace la confianza y, si me apuras, esa fe inquebrantable. Todas estas acciones hacia el logro significan respetar nuestros sueños. Como consecuencia, la relación de respeto con nuestros sueños se muestra como algo que tiene un profundo valor. ¿Y sabes algo misterioso que sucede? Que la energía se mueve como si todo se pusiera a nuestro favor.

El respeto soñador también tiene un efecto espejo y más adelante empezarán a respetarnos personas más allá de nuestro entorno. Y, sin duda, el respeto facilitará el camino soñador. Además, el respeto conlleva en sí mismo una poderosa responsabilidad que hará que suceda en el camino lo que tenga que suceder para la manifestación de ese sueño. Por lo tanto, el respeto es un arma facilitadora y muy poderosa, yo diría que invencible.

Respetar las reglas del juego en un sueño es fundamental, incluyendo el fracaso para vivirlo como un gran aprendizaje necesario para alcanzar el éxito. El respeto más absoluto se demuestra así. Respetar los momentos de tristeza tanto como los momentos de alegría te ayuda en el camino y aprendizaje soñador. Respetar las caídas, las embestidas, los bofetones, los castañazos y las crisis es vital para extraer el zumo de sabiduría que tu vida necesita licuar. No somos seres perfectos, ni lo vamos a lograr todo al momento. Un sueño lleva su tiempo y requiere de muchos cultivos internos.

Recuerdo algo que cada vez que lo hago el corazón se me llena de emoción. Un querido amigo mío, actor de cine y televisión, llamémosle Quique, se debatía entre su sueño, llevar a cabo su primera película como director y defender su guion cinematográfico o aceptar un ofertón suculento, económicamente hablando, de una serie de televisión comercial, pero sin ninguna trascendencia más allá del enlatado en una principal cadena audiovisual. Respetando su talento, su sentir, su guion, su sueño y enfrentándose a duras situaciones económicas donde la opción B era tan comestible como tentadora, decidió al final perseguir su pasión, apostar por su primera película como director y realizar su sueño. Su vida se transformó con esta grandiosa ley del respeto. Hoy es un famoso director de series y películas de éxito. Queda poco de su trabajo como actor, donde, a veces, a modo de guiño hace un coqueteo con la cámara, poniéndose, otra vez y enseguida, a la retaguardia de la grabación, donde es feliz gritando: «¡Acción!». Sueños con emoción.

LEY DE LA CONEXIÓN

La conexión de un sueño es directamente proporcional al flujo de información revelada que necesitamos para prosperar en nuestro proceso soñador hacia el alcance.

El fenómeno de estar profundamente conectado a nuestro sueño produce fluidez y transparencia. La conexión más soñadora produce la realidad soñada de la manera más increíble, mágica e inimaginable. A mayor conexión, mayor información; a mayor información, mayor poder de realizar el sueño en cuestión.

La conexión de un sueño provoca un grado de fluidez para navegar en la incertidumbre donde lo imposible se hace posible. Y además produce una transparencia global en nuestra visión sobre los asuntos que nos rodean, a través de ciertas revelaciones a las que previamente no teníamos acceso. Y que ahora con el espíritu de absoluta conexión se vuelven informaciones indispensables para el camino.

La conexión es un estado que genera también abundancia. Estar conectado con nuestro sueño nos facilita estar conectado con el universo, que es el mayor proveedor de abundancia. Con este estado de conexión alcanzamos un conocimiento y una toma de consciencia elevada que nos ayuda a explorar y a encontrar esos caminos que nos llevan hacia el logro de nuestros sueños. La conexión también genera sincronía. Pensamos en algo y aparece. Pensamos en alguien y de repente nos llama o nos envía un mensaje. Todo esto es producto de la conexión. La conexión es una fuente inagotable de información. Un acceso a un conocimiento que se recibe por el simple hecho de estar conectados a una fuente. Y esto, sinceramente, es algo extraordinario, ¿verdad?

A veces, no somos conscientes o no sabemos todo lo que sabemos o que en un momento adecuado accedemos a esa información, que es altamente relevante y esencial, para lo que queremos alcanzar en ese momento. ¿Magia o conexión?

Yo le llamo «mágico espíritu de conexión».

¿Qué pasa cuando perdemos la conexión? La verdad es que la pérdida en sí de la conexión es una lástima porque el sueño se olvida, desaparece o no se alcanza. Aunque la buena noticia es que nos podemos volver a reconectar; siempre hay oportunidades para volver a empezar.

¿Cómo mantenemos el estado de absoluta conexión? Pues jamás hay que perder de vista ese sueño, siempre orientados a ello, canalizando la energía hacia el alcance soñador, emitiendo la OP, generando espacios de consciencia y estando atentos a las señales del universo.

Esta es una historia muy simple en su intención, pero grandiosa en su manifestación. En el depósito de mi casa tengo un tanque de gas propano que me suministra una gran empresa de energía, BP. Y cada mes me pasa una cuota fija importante y carísima. Esta tasa que pago y que sube cada año me parece demasiado abusiva por hacer un suministro anual. He intentado miles de veces hablar con diferentes departamentos para conseguir la reducción de mi cuota. El departamento de asistencia a los clientes, el departamento de marketing, comercial, mecenazgo, tecnológico, etc. Y todos los intentos jamás han sido escuchados. Hasta que un día determiné en mis diálogos universales, soñadores y conmigo misma lo siguiente: «Soy capaz de conectar con un directivo de la compañía para tener una conversación poderosa con él». Lo grabé en mi mente durante un mes y me olvidé. Y cuando me llegaba la factura mensual, primero me dolía en el bolsillo y luego me conectaba a mi orden grabada. Es cierto que pasaron varios años. Un día, en una fiesta de inauguración de las Cuatro Torres de Madrid, la mujer de uno de los promotores (yo era su mentora) me presentó a un hombre muy simpático como su coach, y la verdad es que se deshizo en halagos hacia mí (me siento muy agradecida por sus palabras), decía que le había ayudado mucho a resolver problemas en la vida y que estaba muy feliz. Rafael me miraba y escuchaba atentamente y con mucha educación me pidió el teléfono y me dijo que me iba a llamar inmediatamente. Y al día siguiente, a las ocho de la mañana, recibí su llamada, lo cual me sorprendió. Empezamos a trabajar, conectamos muy bien, le ayudé en sus nudos emocionales y un día me dijo: «Mayte, estoy tan agradecido del trabajo que has hecho conmigo que me gustaría compensarte». Muy satisfecha, le dije que no hacía falta, pero él insistió; la verdad es que no sabía qué decirle y de repente me vino un flash a la mente. Un día, de pasada me habló de su trabajo como directivo en BP, pero no profundizamos nada en ese aspecto y ahí se quedó. Cuando le dije que yo era cliente de gas a granel por el depósito que tenía en mi casa, le comenté que pagaba mucho de una tasa fija impuesta. Él sonrió y me pidió, por favor, que para la próxima sesión le llevara una factura de la cuota mensual. Yo en ese momento empecé a no dar crédito, mi intuición iba como un ave rapaz, deseando volver a casa para verificar lo que me estaba temiendo. Y cuando me di cuenta de que Rafael González Medina era quien firmaba mis facturas, me quedé de una pieza. Es cierto que hizo una gestión impresionante y pasé de pagar una cuota de ochenta y tres euros a seis, pero lo increíble fue la grabación que me había hecho en mi mente alineada con la ley de la conexión. Después de tener conversaciones tan poderosas que le cambiaron la vida, cuando intentó agradecerme los resultados encontramos una manera que para él era sencilla y para mí, muy impresionante.

Él y yo nos conectamos, nos encontramos y nos beneficiamos mutuamente gracias a nuestros sueños unidos por la ley de la conexión.

Conectar nuestro ser con lo que soñamos y entregarnos al universo al que siempre estamos conectados, pero no siempre con la consciencia de tener el espíritu de absoluta conexión para que suceda lo que soñamos, con una información más allá de lo que pueda imaginar nuestra mente y con todo lo que puede ahondar nuestro espíritu.

D+*h*

LEY DE LA HUMILDAD

La postura de humildad ante la conquista soñadora es directamente proporcional a la grandeza que emerge de nuestro ser cuando llegamos a la victoria. Desde la humildad nace la grandeza soñadora. La grandeza de un sueño está relacionada con la postura de humildad ante ese sueño que requiere esta extraordinaria cualidad para estar abierto a un aprendizaje desconocido, y que lo absorbemos e integramos mejor cuando esa postura es humilde.

Confundimos a veces la humildad con la modestia, sin saber que la modestia genera pequeñez y la humildad, grandeza. Ambicionar sueños no está reñido con la humildad. Lo importante es la postura que tenemos ante el tamaño de nuestros sueños. Podemos ser tan ambiciosos como soñadores y a la vez ser humildes en su aprendizaje de reconocer que no sabemos nada.

Los grandes sabios tienen esta cualidad maravillosa, abiertos a la curiosidad del que tú, seas quien seas, me puedes enseñar, aunque en realidad son ellos, los maestros, los que nos muestran el gran camino de un aprendizaje valioso con carácter de eternidad. «Solo sé que no sé nada», le decía el filósofo griego Sócrates a Platón. Este gran filósofo, condenado a muerte por su sabiduría, declaró al tribunal en su defensa que era ignorante y que sus conocimientos derivaban de no saber nada. El padre de la filosofía de Occidente declaró, a diferencia de muchos, «no saber nada». La humildad ante sus conocimientos no puede ser más extraordinaria, y eso ennoblece y engrandece su filosofía todavía más.

Y esta postura de no «saberlo todo», de no tener todas las respuestas, de estar abiertos a la búsqueda de nuevos aprendizajes es una labor encomiable y produce un efecto Goliat.

Las personas que se creen en posesión de la verdad absoluta, desde el punto de vista soñador son «anti-*dreamers*» llenos de un ego que los desconecta del aprendizaje esencial. La soberbia es enemiga del crecimiento y nos genera superioridad ficticia ante la percepción de la realidad. El alarde es el enemigo de la humildad.

Pero, por favor, no nos confundamos. Podemos querer alcanzar sueños a lo grande y tener grandes sueños, y la humildad no está reñida con ello. Ahora, si una vez alcanzado nos pavoneamos y presumimos, no habremos entendido nada en el camino ni de esta ley.

El sueño se manifiesta sin necesidad de adornos cuando los hechos son más claros que las palabras. Y solo es eso, la humildad, lo que la grandeza y la credibilidad ennoblecen todavía más la conquista.

Teresa de Calcuta era una mujer austera, humilde y ambiciosa. Se fue a la India para ayudar a los indigentes y fundó la Orden de los Misioneros de la Caridad, en Calcuta. Se entregó en cuerpo y alma a dar cobijo, educación, un hogar a leprosos, moribundos, enfermos. Era ambiciosa en pedir al mundo ayuda, dinero; invitando a todos a la caridad para escolarizar también a los niños. Ella daba mucho, ofrecía todo, ayudaba muchísimo y por ello le concedieron el Premio Nobel de la Paz y pidió, por favor, que toda la cena y el ágape en su honor fuera destinado a su causa. Fue un gran ejemplo de humildad, de grandeza de espíritu y de austeridad, que no son peyorativas ni están reñidas con la ambición que tenía de pedir, en mayúsculas, para darlo todo y entregarse siempre a su misión en la vida por la paz y la educación de los más desfavorecidos y «de los pobres entre los más pobres», como decía ella.

Además, este gran ser humano demostraba la humildad en el trato con cualquier persona, pues las ayudaba a recobrar la dignidad por el hecho de ser personas, más allá de su condición social y económica. Ella, en su dedicación hacia los demás, rezumaba amor infinito y ayudaba también a personas con riquezas a entregarse con seguridad para desprenderse del velo del egoísmo y hacer introspección, buscando los tesoros del corazón.

Esta gran mujer, recibida por jefes de Estado y princesas, nunca alardeó de nada, sino todo lo contrario. Ella definía esta virtud así: «La humildad es verdad, no se trata de esconder los dones que nos ha regalado Dios, sino de ponerlos al servicio».

Su camino era desde el corazón y su entrega era grandiosa, tan grande como su misión.

Un ejemplo máximo de la ley de la humildad.

60 LEY DE LA REVELACIÓN

La revelación de un sueño es directamente proporcional al nivel de percepción para la captación de señales, el poder para descifrarlas y la iluminación para comprender esa información sagrada, descartando lo superficial y revelando lo verdadero.

Estamos conectados con el universo, con la fuente que nos revela caminos, incógnitas, destinos, informaciones cuánticas de altísimo nivel. Estamos conectados con la información que necesitamos para alcanzar ese sueño. Por eso, abrirnos para dejar que nos atraviesen los mensajes que necesitamos para avanzar es un acto de gran coraje.

La mayoría decide vivir en un «no saber», una especie de vida anestesiada, porque la verdad que se revela cuando uno sueña puede que sea difícil de afrontar y, a veces, quizá tampoco sea muy agradable descifrarla.

¡Si yo no sé, no sufro! «Ojos que no ven, corazón que no siente». ¿Y el aprendizaje que nos perdemos? Cuánta cobardía en nuestra vida. ¡Asintomáticos, porque ni sienten ni padecen!

Los sueños son pistas abiertas a la información de altísimo nivel sobre nuestras vidas profundas que se sumergen a través de la realización de los sueños. Gracias a los sueños podemos revelar nuestra verdadera entidad. Podemos disfrutar de lo que significa estar alineados con nuestra esencia. A veces, esta esencia está oscurecida por la toxicidad del ambiente, por la polución de nuestra mente, por la distorsión de nuestras emociones, por la pobreza de nuestro lenguaje y por el comportamiento deficiente que no permite revelar en realidad quiénes somos y el gran para qué de estar en este mundo.

Un sueño es una semilla de probabilidad implantada en nuestra alama y que nos induce a alcanzar nuestra misión en la vida.

Sin duda alguna, las revelaciones son siempre desde la capacidad de sumergirse en las profundidades de nuestro océano con la lujosa compañía del silencio. La normalidad del ruido en la que estamos sumergidos impide la captación de los mensajes profundos porque estamos habituados a estar inmersos en decibelios de todo tipo, y necesitamos *tips* explícitos y automáticos, respuestas inmediatas que, obviamente, no revelan nada, excepto la absoluta normalidad de siempre, a mi entender, aburrida y plana. Pensamientos en secuencia lineal de seres tridimensionales que no saben acceder a la información de la quinta dimensión, propia del universo.

En el momento histórico y sin precedentes en el que me encuentro escribiendo este libro, el mundo ha sobrevivido a la amenaza de una pandemia bestial, donde las cifras de mortalidad han sido alarmantes. El planeta vivía en estado de confinamiento; no me gusta esta palabra, porque lleva en sus entrañas la mentira del sistema y el disfraz del arresto domiciliario. Mis momentos de «quedarme en casa» para protegerme decidí vivirlos como una gran oportunidad de «incubación». Así he llamado a esta etapa, incubar mis sueños, donde la atención, la observación y la contemplación me ayudan a este estado de revelación. Y para mí el mensaje que me ha atravesado es que en esta nueva era pospandémica nadie nos va a ayudar, ni la política (que no sabe enfrentarse a un virus desconocido), ni la ciencia a la búsqueda a contrarreloj de una vacuna, ni ninguna fuerza exterior. Lo que siento todavía más en mi interior y que palpita con fuerza es que estamos en el paradigma de la consciencia, que apela a un despertar interior y a conectar con nuestra sabiduría innata para descubrir quiénes somos. Descubrir qué hacemos aquí nos va a salvar de todo un mundo basado en la banalidad de los acontecimientos a los que estamos acostumbrados y en la superficialidad del transcurrir los sucesos sin comprender que un virus, que es una enfermedad, llega para sanar un planeta, saltar a un nuevo ciclo donde volverse más sabios para liderar el cambio y ser protagonista del futuro. Los que descubran sus mensajes desde esa incubación, serán los constructores de esta nueva era. Un auténtico renacimiento espiritual donde el valor de ser prevalece eternamente como la manifestación de ese sueño en esta nueva dimensión. El momento requiere revelación, información descifrada y comprensión desde la consciencia.

Soñar en este momento es más urgente que nunca porque el descubrimiento, a la vez que te induce un sueño, es un canal de apertura nueva, infinita y extraordinaria. El sueño alineado con esta ley nos revela información de alto nivel para desplegar quiénes somos de una vez para siempre y vivir realmente lo que deseamos vivir soñando.

61

LEY DEL SILENCIO

El silencio ante un sueño es directamente proporcional al grado de protección que se envuelve mientras crece en estado de incubación. El sueño en estado de incubación se protege con el silencio. El silencio soñador envuelve al sueño en un espacio de protección. La protección más soñadora es aquella capaz de envolver nuestro sueño en un silencio sereno lleno de vitalidad creadora.

El silencio soñador genera un vacío creador, acallando la mente y despertando los sueños al descubrimiento interior. El maestro del silencio Thich Nhat Hanh afirma que el silencio es lo mejor que hay para observarlo todo con profundidad. Y en una fase de gestación, creo que es lo mejor para la creación soñadora, además de ofrecer su protección sin distorsión.

A un soñador que respeta la ley del silencio el universo le protege; de la misma manera, si se violan las leyes, se pierde su protección. Cuando los sueños son semillas, anhelos incipientes, hay que protegerlos en su estado de semilla y gestación. Son diminutos, pero contienen en sí toda la grandiosidad de la probabilidad. El silencio es la consigna de la máxima protección. La tendencia de compartir sueños en estado de incubación es muy peligrosa porque puede desatar envidias y contaminar tu ilusión inicial y genuina.

El silencio genera también espacios de creación desde la pausa; el alma está en calma. Los pensamientos bombardean y aturden, lo que altera nuestro estado emocional. El frenesí de los acontecimientos molesta al ser en paz. Dice Pablo d'Ors que la llamada del silencio es «saltar, y saltar es soltar». La llamada de un sueño genera un espacio de encuentro entre nuestro ser en silencio y nuestros deseos auténticos. Por eso es tan importante el silencio, desde ahí se genera un vacío para reconocer la autenticidad, la revelación sin distracción. Desde ahí, la conexión con el universo es llamado para el repostaje desde el ser.

Un llenado soñador es selecto, ligero y produce paz. El silencio también ayuda a generar y ampliar un estado de consciencia donde la visión de un sueño se vuelve perceptible desde otro lugar.

¿Y cómo se vacía la mente y se activa el silencio interior? La clave es la meditación.

¡Qué difícil en el mundo occidental y qué incorporado lo tienen en las culturas orientales! La meditación es esa conexión con nuestra luz interior donde vemos con verdad y maestría, sin espejismo, nuestro ser interior. El ver meditativo es un sentir poderoso donde la intuición capta la evidencia del estar en el ser en calma. La meditación es una entrega desde el alma. Una liberación consciente del apego en silencio. La meditación te conecta con un poder de capacitación sobrenatural. No hay que hablar, desde el riguroso silencio se potencia la escucha. El arte de la entrega, el modelaje desde la escucha. Una escucha interna muy deshabituada, pero que, si seguimos, la voz nos devuelve a casa.

Dice Pablo d'Ors, con quien comparto absolutamente su sabiduría: «Seguimos aquí, en esta tierra, pero es como si ya ni perteneciéramos a ella. Habitamos en otro país poco frecuentado y atravesamos los campos de batalla sin ser heridos. No es que las flechas no se nos claven o las balas no se hundan en nuestras carnes, pero ni nos derrumban esas balas ni esas flechas hacen que brote la sangre. Salimos de esos campos de batalla acribillados pero vivos, caminando y sonriendo porque no hemos sucumbido y nos hemos demostrado nuestra eternidad. Meditamos para ser más fuertes que la muerte».

Meditar genera algo dentro de ti que casi no se puede expresar y que te invito a experimentar.

El poder del silencio y la meditación generan una fe inquebrantable para alcanzar tus sueños.

Llevo treinta años con el hábito de meditar diariamente y, aunque cuando medito pocas veces sucede algo paranormal, la experiencia en mi vida cotidiana cambia. Es como si se llenase la vida de una energía universal y especial que es interiorizada. Donde descubres el encuentro de tu ser desde un lugar de mirada nuevo y suave que hace que te deslices sin forzar nada y ames todo lo que encuentras. Los beneficios de meditar no se encuentran durante el silencio de la meditación, sino en el *after*, en la vivencia de experimentar la vida con ese silencio incorporado y esa calma meditada. El silencio ayuda a escuchar información desde otro lugar y a vaciar la mente de basura para despejar y preparar un espacio donde se descargue una nueva información de alto valor para encontrarnos con el despertar de ese sueño.

La experiencia de muchos soñadores de estar en silencio casi siempre es la misma: al principio resistencia y luego paz y felicidad. Y todo ello produce el poder alcanzar los sueños. Nos vamos divorciando del ego para vivir desde el ser. Y la vivencia es diferente, y el sueño que te acompaña también. El silencio es la elocuencia del universo.

Recuerdo que hace unos años se organizó un macroevento en Madrid de crecimiento personal y consciencia llamado Being One al que acudieron los mejores conferenciantes del mundo sobre estos temas. El organizador, un empresario valenciano reunió a los dieciséis autores best sellers más importantes del momento, para lo que se gastó la escalofriante cifra de cincuenta millones de euros, al menos así lo declaró en los medios de comunicación. Robin Sharma, autor de *El monje que vendió su Ferrari*; Neale Donald Walsch, *Conversaciones con Dios*; Álex Rovira, *La buena suerte*, y más conferenciantes de altísimo nivel. Las entradas se vendían a mil euros y el evento movió a personas del mundo entero. Yo tuve la suerte de ser invitada. Los conferenciantes tenían, obviamente, un caché muy alto, viajaban en primera clase y se alojaban en hoteles de lujo.

Pero algo sucedió en la producción que truncó los planes del evento para alinearse con el orden del universo. Cuando todo iba viento en popa (el universo tenía otra estrategia mucho más impactante), de repente anunciaron que cambiaban de escenario y de la Casa de Campo de Madrid, donde se iba a celebrar, se trasladaron a la ¡plaza de toros de Mósteles! Todavía recuerdo a algún conferenciante que decía que no se había visto en su vida en un auditorio así, cuando él era antitaurino y defensor a ultranza de los derechos de los animales. La verdad es que la elección del cambio no pudo ser peor (luego comprendí el porqué), pero no solo por el significado del espacio, que ya de por si era poco coherente con las jornadas, sino por las condiciones logísticas, la acústica dejaba mucho que desear y claramente los que pagaron una entrada vip de más de mil euros esperaban tener derecho a todas las comodidades.

Las cosas fueron de mal en peor. El encuentro debía durar tres días, pero el segundo día no abrieron las puertas, los técnicos de sonido se sentían estafados, había rumores de que el empresario y el autor del tinglado había desaparecido y de repente vi a Robin Sharma fuera de la plaza de toros dando una charla en inglés en lo alto de una montañita de arena. Era de chiste, este conferenciante, que había cobrado ciento veinte mil euros por acudir al Being One, quizá no quería coger el dinero y salir corriendo, así que improvisó unas palabras de diez minutos en inglés, y como me imagino que no quería devolver el dinero cobrado ni vender otra vez el Ferrari, hizo el paripé y se marchó. Tal cual. Otros no abandonaron el barco. La situación empezó a volverse tensa, pues el público, lógicamente, quería el show o su dinero de vuelta. Estuvo a punto de intervenir la Policía Nacional, pero lo increíble fue que los policías vieron a personas pacíficamente manifestándose y se quedaron al margen.

De repente, el empresario apareció en las alturas de la plaza de toros y, como tenía miedo por su vida, mandó a un mensajero a las bajuras para negociar con la audiencia.

Decidieron abrir las puertas y explicaron que los técnicos de sonido pedían dinero por adelantado, los únicos que habían cobrado eran los actores, conferenciantes del evento y unas sumas bastantes elevadas.

Pusieron cajas de cartón en la puerta a modo de contribuir con la voluntad y salir del paso. Todo era un auténtico descontrol. Algo estaba pasando.

Entramos y ya no había sala vip ni catering para los privilegiados, todos estábamos al mismo nivel. Si queríamos que siguiera el espectáculo, parecía como si el universo estuviese poniendo cartas en el asunto para generar una participación sin distinciones de palco, gradas ni nada. Sillas o el suelo, parecía la voluntad impersonal de lo que estaba sucediendo.

En el *backstage* estaba el equipo amotinado y algunos gurús haciendo *mindfulness* y dando consejos de tranquilidad al empresario. Era un caos importante, todo se deshacía para preparar un nuevo orden que luego entendí y que era aquel que se necesitaba generar para este evento con su magia y su espiritualidad. Creo que todos estábamos en el mismo barco para hacer algo a favor de todos.

Algunos abandonaron el crucero y se lo perdieron, porque lo que sucedió fue increíble, imposible de prever y mucho menos de planificar.

Recuerdo que me senté en una silla mirando al escenario, con mi marido al lado diciéndome: «Vámonos, vámonos, ¿qué hacemos aquí? Esto es absurdo». Me aparté y le dije a él con rotundidad: «Yo me quedo y ahora necesito silencio».

La verdad es que deseaba con todo mi corazón, como muchos de los que estábamos allí, que todo lo que había movido esa persona no se tirara en saco roto. Mr. Molls, que así se llamaba el empresario, estaba en medio de una encrucijada. Y decidí apoyarle de corazón. Estuve en silencio en medio de un trasiego en plena plaza de toros donde nadie sabía lo que iba a pasar, y mucho menos yo.

Transcurrió el tiempo y mi silencio me llevó a un lugar de consciencia donde determiné lo siguiente: «Voy a ayudar a esta persona». ¿Cómo? No sé, pero vamos a seguir con el espectáculo, seguramente cambiando lo que haya que cambiar.

Con mi osadía, crucé el escenario, busqué en los camerinos al protagonista de todo el montaje y me dejé guiar por unos gritos. Estaban en una habitación enfrentados todo su equipo contra él, en plena batalla campal. Sin que nadie me diera permiso, me puse en medio y les pregunté: «¿Qué tiene que pasar aquí para que esta maravilla que habéis montado merezca la pena y no se vaya al traste?». Silencio administrativo, nadie decía nada, y Mr. Molls, al cabo de diez minutos, en el incómodo silencio, ante la falta de respuesta, se fue. Yo, calladita al principio, todos me miraban, seguramente pensando: «¿De dónde ha salido esta?». Entonces me atreví y les dije a todos si los podía ayudar en algo, pero nadie me respondía, estaban tristes, enfadados y decepcionados. La jefa del equipo me dijo finalmente que los técnicos de sonido ya habían cobrado, pero que ellos necesitaban ver otra postura en su líder; se sentían engañados también.

Salí de la habitación y, sin que nadie me diera vela en el entierro, me fui al despacho de Mr. Moll y le dije a bocajarro: «Tienes que salir a pedir perdón». Silencio. Alcé la voz y lo volví a repetir. «Sal y pide disculpas». Yo no sé ni de dónde me salieron esas palabras, seguramente, destiladas de mi silencio y conectadas humildemente al universo.

Él, con su orgullo herido, dijo que no era el culpable de lo que estaba sucediendo.

«No busco culpables —le solté—. Tú eres el responsable de sacar esto para delante, Mr. Molls. ¿No has querido hacer el mayor evento del mundo espiritual con los mejores? Pues da la talla». Reconozco que no sé ni de dónde me salían ese lenguaje ni la fuerza para emitirlo. Nos quedamos mirándonos más de diez minutos, otra vez en silencio, puede que quince minutos o más. Lo que sé es que ese silencio generó consciencia, y amplió la conciencia de lo que estaba sucediendo.

Después me pidió, por favor, si le acompañaba hasta detrás del telón. Mr. Molls salió, aguantó el chaparrón, las críticas, las rabias, se defendió, intentó justificarse, pidió perdón, lloró, agradeció y mágicamente todo se reanudó. Un reality show, pero sin guion y sin cámaras, con la extraordinaria intervención del universo primero, y, después, mía a través del silencio.

La energía cambió, el ambiente se distendió, el equipo vio a su líder de otra manera y le apoyó. Los invitados nos convertimos en guardianes para proteger que todo fluyera, algunos de los clientes que habían pagado sustanciosas cantidades se volvieron intérpretes del inglés al español. Recuerdo que uno de mis *dreamers* que compró una entrada por 800 € acabó en el escenario traduciendo a Neale Donald Walsch, la persona que más admiraba, y fue absolutamente revelador para él tenerlo cerca y hacer una labor con carácter universal. «Impagable —decía—. Para recordar el resto de mi vida».

Es cierto que esta experiencia que te narro está alineada con muchas leyes: la ley del perdón, ley de la responsabilidad, ley del permiso... Pero para mí esta transformación de salvar un evento espiritual de una dimensión colosal lleva como motor la ley del silencio. Humildemente, a través del silencio se manifestó en mí y en todo el equipo, incluido en el empresario, un mensaje para transmitir un poder, para intervenir, y una transformación escuchada para ejecutar donde todo cambió, nada fue igual y el evento resultó una auténtica experiencia de *being one* que cada uno nos llevábamos a casa y dentro del corazón para no olvidar jamás.

LEY DEL APRENDIZAJE

El aprendizaje soñador es directamente proporcional a la postura de apertura para que podamos integrar una enseñanza fundamental para hacer el sueño realidad. Cuando aplicamos todo lo que aprendemos para alcanzar nuestro sueño, atraemos todo lo que queremos.

Soñamos con algo que todavía no tenemos. Estamos de acuerdo, ¿verdad? Y para alcanzarlo el mejor camino es el del aprendizaje. Un aprendizaje que no se estudia en la escuela ni en el instituto. Yo lo llamaría matricularse en la universidad de la vida. Hacernos coleccionistas de información de alto valor que tiene que ver con nuestros sueños en cuestión y la manera de abordarlos. Recoger datos del pasado basados en la experiencia, ya sea positiva o negativa, puede ayudar, pero no nos determina. De los errores siempre se aprende si fijamos la atención consciente.

Sacar provecho de lo bueno para no llevar el pasado como una carga, sino como un máster, y, si queremos excelencia en nuestro futuro soñador, que ese máster se convierta en un Harvard.

Un enorme problema es una gran oportunidad de aprendizaje siempre que nos posicionemos desde ahí para implementar conocimiento y abrirnos a lo nuevo.

La frustración ante la dificultad no funciona; ser capaces de transformarla en aprendizaje desde la aceptación sí es clave, genera oportunidad de crecimiento, así el apetito de aprendizaje se transforma en hambre, y el deseo de realización, en adicción para construir todo lo que necesitamos para alcanzar ese sueño con las lecciones que nos manda el universo.

«Todo lo bueno que construimos acaba construyéndonos», dice Jim Rhon. Si nos ponemos a trabajar por nuestro sueño, el sueño acaba trabajando por nosotros. Se pone alas y, a veces, incluso emprende el vuelo solo.

El mayor enemigo del aprendizaje es la ignorancia y el raquitismo mental. La ignorancia con arrogancia es letal. Si aprendemos humildemente a ser felices con lo que tenemos, sin conformarnos y aprendiendo, llegará lo que soñamos.

Ganarnos la vida no es lo mismo que ganar en la vida.

La felicidad tiene que ver mucho con el aprendizaje y la autorrealización.

El aprendizaje soñador que te transforma siempre será superior al propio sueño. Así es la abundancia del universo.

El aprendizaje puede costarnos y a veces incluso puede que no lo deseemos e instintivamente nos produzca rechazo. Ahí es donde debemos asimilarlo, acogerlo y respetarlo.

Recuerdo que a mi consulta soñadora me trajeron un sueño muy divertido y ambicioso. Se trataba de venderle un prototipo de mascota al Real Madrid. El soñador se entrenó conmigo como un jugador para tener una reunión importante y ganadora con los directivos del equipo. Me decía que llevaba siete años intentando sentarse con la cúpula de la federación madrileña, pero no había manera. Descubrí que su miedo lo rechazaba constantemente, lo escondía, se disfrazaba con una máscara de falsa seguridad. Y esto le generaba muchísima ansiedad en todas las áreas de su vida. Y luego las otras emociones estaban como consecuencia muy tocadas, padecía de mucha irascibilidad y de repente le daban brotes de tristeza. Pusimos foco a que aprendiera de sus emociones, pero a él, al principio, solo le importaba su cita con Florentino Pérez o el director general del Real Madrid.

Yo no paraba de decirle:

—Cuando tengas el aprendizaje dentro de ti, la cita llegará a ti.

Él, muy incrédulo, no entendía, y a veces me costaba orientarle. Le confrontaba con él mismo.

—¿No ves que no estás preparado para tener una conversación poderosa?

—Cuando llegue el momento daré la talla —decía.

Pero el momento no llegaba, y yo, sinceramente, le notaba más perdido y fuera de foco a medida que el tiempo pasaba.

—A ver, Agustín, tienes este sueño porque necesitas aprender de tus emociones y de ti mismo para evolucionar, no porque necesites vender un producto al Real Madrid. Vamos a disociarnos de estas dos cuestiones. Primero tú y luego lo otro llegará.

Confió, reconozco que le costó, pero al final entró en razón. Aprendió el mensaje de sus emociones para liderar una reunión de altísimo nivel y, cuando sentí que estaba preparado, me miró a la cara y me dijo: «¿Y ahora qué?». Pues ahora es el momento de llamar a este número y concertar una cita. El número que le pasé era de la hija de Florentino, casualmente amiga mía, cosa que él desconocía. Su cara era un poema cuando llamó de mi parte y le atendieron amablemente. El proyecto a mi amiga la entusiasmó y le concertaron la cita con los mandamases. Ahí fue donde su aprendizaje se puso a prueba. Una reunión impresionante con un resultado sorprendente.

Agustín, a las dos horas de terminar la reunión, me llamó para darme las gracias, para decirme que el éxito de la reunión no había sido el resultado, pues al final él se dio cuenta con seguridad de que no aceptaba las condiciones ni el precio, pero que el aprendizaje que le llevó hasta ahí era impagable y para toda la vida. Mucho más que vender su proyecto de mascota. Se sentía pleno con su puesta en valor y ya no era un Agustín asustado y con una autoestima que rozaba el subsuelo. Curiosamente, el universo le regaló, un mes más tarde, un proyecto de muchos millones donde su creatividad se valoraba tanto como el aprendizaje que había incorporado previamente.

Una ley maravillosa que nos valida desde dentro para continuar creciendo con nuestros sueños.

63 LEY DEL CRECIMIENTO

El crecimiento de un sueño es directamente proporcional a todo aquello que aprender para crecer en ese sueño que te lleva a alcanzar metas inimaginables con horizontes apasionantes.

Esta ley es muy próxima también a la ley del aprendizaje. Yo diría que es una consecuencia.

Cuando pones tu sueño en marcha, el crecimiento es muy rápido; además, ese sueño alcanzado genera una fortaleza en tu propia vida por haber forjado una gran personalidad, un gran crecimiento y un gran aprendizaje.

Cuando digo crecimiento en el que te ves abocado en tu sueño me refiero a un crecimiento profundo y espiritual, no tiene nada que ver con el intelecto ni con la mente. Tu espíritu crece más fuerte, más poderoso, más valiente. Y cuando creces espiritualmente, las puertas se abren, y donde había un no, el sí ahora es inevitable.

Soñar también genera juventud, vitalidad, nos hacemos más jóvenes cuanto más soñamos porque el sueño nos revitaliza; tiene que ver mucho con la prosperidad soñadora. La prosperidad soñadora es la capacidad de hacer lo que deseas en el preciso momento en que deseas hacerlo. Y con ese espíritu de iniciativa crecemos.

Nos reciclamos a nosotros mismos, nos reinventamos en un mundo que va muy deprisa y al que necesitamos, a veces, adaptarnos; eliminamos lo viejo, eliminamos hábitos inservibles por comportamientos más novedosos... El sueño te cuestiona los antiguos aprendizajes inservibles del pasado y los tira al vertedero para que se queden ahí, fuera de uso.

Para dar un nuevo valor a nuestra profesión, a nuestra vida, se hace imprescindible soñar de forma diferente. Soñar también es innovación, innovar también es crecer con novedad.

Soñar nos ayuda a ver la vida de otra forma, eliminando lo que ya no es biodegradable, y a ser sostenibles con valores que nos aportan mayor felicidad.

«Estar perfectamente equipado para un mundo que ha dejado de existir». Esta frase es muy elocuente porque, si no nos reciclamos con nuestros sueños, nuestros comportamientos y tendencias, entraremos en una crisis en la que no sabremos afrontar el mundo con la globalidad que se merece en el nuevo siglo en el que vivimos.

El mundo ha cambiado, el planeta ha crecido y demanda otro tipo de pensamiento, otro tipo de gesto, y cada pequeño gesto tiene un gran impacto orbital. Y más ahora, donde un virus parece ser que nos ha puesto patas arribas, haciendo que nos cuestionemos ¿para qué?, para crecer soñando.

Reciclar nuestros pensamientos residuales, aquellos que no nos permiten confiar en que los sueños se hacen realidad. Reciclar para cambiar, soñar para crecer. Cambiar un «no puedo» por un «soy capaz de transformar un área de mi vida» con el poder de mis sueños. Una persona que se recicla genera buen ambiente porque sirve a otros de modelo de inspiración. Al igual que la basura se transforma en abono contribuyendo al crecimiento de la vida, así somos nosotros cuando nos reciclamos.

Creativo y revolucionario, Ferran Adrià está considerado como uno de los mejores chefs del mundo; sus recetas contienen unas texturas y sabores inimaginables. Es un gran ejemplo de crecimiento soñador e innovación, y una de sus principales frases, y que a mí más me gusta, es: «El primer síntoma de que estás innovando es que nadie te entiende». Él no se deja condicionar por ello, sabe que su propia creación culinaria es motivo de un crecimiento infinito y una originalidad sin límites. Obedece a su sueño, siendo fiel a sí mismo en todo momento.

No hay barreras en los ingredientes que usa este artista, y su *modus operandi* en la cocina le ha llevado a los reconocimientos internacionales más destacados de su profesión. Su conocido restaurante español El Bulli se transformó en una fundación donde entrena y da clases magistrales de toda su experiencia. El crecimiento de este sueño hecho realidad no solo es meteorítico, sino que también es infinito.

Sus creaciones son un ejemplo del riesgo, aprendizaje y crecimiento altamente soñador.

64 LEY DE LA INSPIRACIÓN

La inspiración soñadora es directamente proporcional a la creatividad interior que contagia a los demás para movilizar los sueños que se encuentran dormidos.

Del sueño de cada uno depende la inspiración de muchos para alcanzarlo. Menuda responsabilidad si somos conscientes de ello. De esta manera, el sueño de cada uno se convierte en un acto de generosidad.

La importancia de ser moléculas inspiradoras para que otras personas alcancen su sueño es brutal.

Un sueño alcanzado cumple un modelo soñador. A veces, nos encontramos con sistemas obsoletos y creencias trasnochadas. Sin embargo, cuando de repente vemos que alguien alcanza un sueño, miramos y nos preguntamos: ¿cuál es el secreto? ¿Qué ha pasado en la vida de esta persona? ¿Qué ha hecho de extraordinario para provocar este resultado?

Y sin darnos cuenta y con humildad, nos convertimos en modelos de inspiración. Una persona que alcanza un gran sueño es un gran referente al que seguir. La ósmosis de nuestro sueño realizado es una prueba real para provocar cambios en los demás, acciones parecidas, agentes que influencian positivamente.

¡Qué importante es la inspiración! Una huella a seguir, una brújula en nuestro viaje, una luz en el camino, sobre todo si hay mucha oscuridad.

Soñar es inspirar al entorno a conectarse con su creatividad y sus ganas de alcanzar. La inspiración es como la energía de creer en ti mismo, que mueve montañas. Por eso es tan importante alcanzar tus sueños, porque ellos generan una cadena de sueños a tu alrededor que se movilizan desde dentro hacia fuera con el poder de la inspiración.

¿Verdad que cuando vamos a algún lugar y estamos con personas que nos enseñan y nos contagian su vitalidad nos encanta escucharlas y nos sentimos revitalizados? Efecto contagio, inspiración en vena.

De la misma manera que cuando nos inspiramos ocurre

dentro de nuestra mente una nueva conexión neuronal muy fuerte, pues se modifica la manera de pensar con la manera de sentir, el entorno puede ser un semillero de talento. El cerebro con la mielina (sustancia conductora interneuronal) viaja a más velocidad en su conexión eléctrica cuando se produce la inspiración mutua.

Sensaciones nuevas que se proyectan de manera creativa y altamente productiva. Magia al poder.

La inspiración produce una imitación excelente y diferente. Absorbemos habilidades de los demás hasta ser capaces de imaginarnos a nosotros mismos en acción. «El ser humano está diseñado para copiar de una manera peculiar», dijo Ericsson. Cuando un sueño nos inspira y nos impacta muchísimo, exhalamos su esencia. Aprender desde la inspiración genera visión y un potente torrente de energía. Estamos sintiendo algo muy profundo que nos moviliza.

¡Qué importante es la inspiración para la siembra del talento y las cosechas futuras de su florecimiento!

La ignición unida a la inspiración es invencible.

La ignición en este contexto es un estallido misterioso que se despierta con la emoción y con los momentos de inspiración. Son señales codificadas en el subconsciente y fuera de nuestra conciencia. La ignición y la inspiración son disparadores del talento que se retroalimentan para crear y generar grandes obras en el futuro. Cuando nos sentimos identificados por personas como nosotros (mismas características, misma problemática, e incluso entorno familiar y gustos parecidos), y aparece un héroe o una heroína que ha alcanzado logros sobresalientes, se activa un motor, se produce más mielina y nos ponemos a derribar obstáculos y a pasar fronteras con una motivación extra.

Qué importante es ver lo que tú sueñas en las personas

que te rodean. Personas lejanas o cercanas que te inspiran y te ponen en acción.

La inspiración te moviliza; la admiración te hace crecer y la envidia te denigra.

Voy a hacer un inciso en lo opuesto a la inspiración, y es un sentimiento muy ruin que se llama envidia. Y quiero hacer hincapié en él porque a veces aprendemos por contrastes. La envidia es lo opuesto a la inspiración. Además, la envidia es una epidemia que padece el ser humano cuando no solamente no quiere soñar, sino que tampoco quiere que los demás hagan sus sueños realidad.

Son personas que no solo no hacen nada por tener éxito, sino que les molesta el éxito de los demás. La envidia es lo contrario de la inspiración, que te lleva al crecimiento y a la admiración. Los envidiosos son peligrosos, tienen una energía tóxica y ruin, no pueden soportar que te vaya bien. Están fuera de foco con una disfunción emocional, en vez de sentir orgullo sienten rabia corrompida y te escupen hipócritamente y, a veces, descaradamente.

Cuando me construí la casa de mis sueños en una urbanización cerca de El Escorial, pedí, obviamente, permiso al Ayuntamiento para obtener mi licencia de obra.

Era un proyecto muy vanguardista y como todo lo nuevo y pionero entrañaba mucha dificultad. En medio de las obras, cometí un gravísimo error. Me enteré de que mi vecino era constructor y le conté el prototipo que pensaba realizar (una casa bioclimática, ecobiológica y sostenible) con todas las bondades de respeto al medio ambiente. Claramente, un constructor de la vieja escuela del ladrillo vio en mi casa una amenaza y empezó a convertirse en mi pesadilla. Como era el vicepresidente de la junta de vecinos, empezaron a molestarme: que si las lindes, que si no puedo hacer esto, que si no tengo permiso para lo otro. El resultado fue que cuando mi casa la inauguró el alcalde y el consejero de Medio Ambiente de la CAM, a los ciento cincuenta comuneros de la urbanización se les caía la espuma por las mandíbulas de la rabia que tenían. Se fueron al Ayuntamiento a ponerme una denuncia para demolerme la casa, y cuando veían llegar a los medios de comunicación, televisiones y periódicos, no solamente tenían la osadía de hablar mal de mi casa, sino que les contaban mentiras mientras me esperaban en la puerta: «Yo también tengo una casa muy ecológica». La prensa, educadamente, los mandaba a tomar viento, diciendo que estaban esperando a la dueña de la casa en cuestión. La comunidad no descansó, movida y promovida por la envidia que le corroía las venas. Hasta que un día me hicieron una propuesta deshonesta: «Si nos das treinta mil euros, te dejamos en paz».

Y como humildemente sé que la avaricia te nubla y rompe el saco, les dije que por supuesto que aceptaba la oferta con una condición: que me lo pusieran por escrito inmediatamente con el número de cuenta. ¿Y sabes qué pasó? Que fueron tan necios que lo hicieron. Todavía me hace gracia cómo cayeron en la trampa. Hice cien copias y, cuando se dieron cuenta del error llamado prevaricación y abuso de poder plegaron velas y me dejaron en paz.

Reconozco que lo pasé bastante mal, y solo el hijo de un vecino despertó mi admiración cuando me dijo delante de su madre: «Pues yo me siento muy orgulloso de vivir enfrente de un edificio emblemático y tan famoso». La madre no sabía dónde meterse.

Tuve que blindar el acceso a mi proyecto en el Ayuntamiento, aunque ahora mi casa se estudia en la facultad de Arquitectura de Madrid y Barcelona. Un proyecto muy inspirador que desató mucha envidia a su alrededor. Pero también fue inspiración de muchos arquitectos a los que mi vivienda les influenció en su estilo y su carrera.

65

LEY DE LA AUTOESTIMA

La autoestima soñadora es directamente proporcional al amor incondicional que se encuentra dentro de ese sueño para realizarlo con seguridad. Un sueño necesita de la autoestima como palanca de seguridad y amor desde la energía con la que lo vas a alcanzar.

La autoestima que produce un sueño genera la seguridad como emoción y la capacidad interior de tu propio autoconocimiento como comportamiento soñador para descubrir y respetar tus grandes talentos como ser humano, tan necesarios para alcanzar metas extraordinarias.

El trabajo soñador provoca poderes especiales y una seguridad poderosa cuando empiezas a conocer cuál es tu sueño y se revela tu ser auténtico. Todo esto repercute en una gran confianza soñadora que te eleva hacia el logro con seguridad y al conocimiento desde el respeto (comportamiento del amor).

El concepto que tienes de ti mismo es tu programa maestro o un programa obsoleto, y esto influye mucho a nuestro pensamiento, en nuestra emoción y en nuestro comportamiento.

Los sueños se nutren de autoconceptos elevados de uno mismo y se proyectan con la capacidad de conseguirlos conectando con la energía e inteligencia superior. Si tienes un miniconcepto de ti, tendrás una vida escasa y minúscula. Liliputienses al poder.

Si descubres un autoconcepto elevado y gigante de ti mismo, desde tu inteligencia superior, vivirás en «macro» todo lo que hagas y elevarás tu vida alcanzando cimas inimaginables.

La autoestima soñadora debe estar bien calibrada, ni demasiado alta para no pecar de presuntuoso ni demasiado baja para no creer en nosotros, así el sueño crecerá y, lo más importante, no se desvanecerá.

Seguramente has escuchado la historia de Lizzie Velásquez. Si no es así te invito a conocerla. Ella es escritora, conferenciante motivacional y comunicadora.

Ha sido mundialmente conocida por padecer un síntoma (no diagnosticado) de extremada delgadez y deformación facial. Su lema es «Deja de mirar, empieza a aprender». Durante años sufrió un *bulliyng* brutal. Mientras trataba de adaptarse a su situación de ser una mujer deforme, enfrentándose con alegría a sí misma, en una ocasión le hicieron un vídeo de burla sobre su apariencia. Entre los comentarios decían lo siguiente: «¡Lizzie, Lizzie, haznos un favor, pon una pistola en tu cabeza y mátate!».

Una frase durísima que, en vez de acabar en un suicidio o terminar con sus huesos en un circo para exhibirse como un monstruo de feria, despertó en ella la importancia de la autoestima sin depender de las apariencias.

Una de las cosas por las que Lizzie luchó fue para no ver una horrible imagen reflejada en el espejo y empezar a mirarse con amor para empatizar con esa persona que era ella misma, con el estigma de su enfermedad. Perdonar a aquellos que se habían burlado de su situación y utilizar todas las experiencias que la vida le estaba brindando para transformarlas con un nuevo espíritu. Ella supo reconocer esta importante ley de la autoestima desde donde pilotaba y pilota en la vida. Y así empezó a empoderarse cuidando al milímetro su autoestima, siempre con respeto y cuidado hacia sí misma.

Lizzie ha llenado su vida de experiencias impresionantes, ha alcanzado una meta tras otra, basadas todas en el amor hacia la crítica y el perdón ante el juicio. También tomó la responsabilidad de que sus logros y sus objetivos la definieran desde la profundidad y no desde las apariencias. Ella empezó a viajar dentro para conocerse a sí misma, la valentía de enfrentarse a sus límites y verse tal y como es le genera mucha autoestima, y así empezó a enseñar a los demás lo que realmente estaba en su interior, dentro de su corazón. Hoy miles de personas asisten a sus conferencias y ha escrito tres libros, entre ellos *Be Beautiful, Be You*. Para mí, ella representa el *summum* de esta ley.

De verdad que para cuidar un sueño y protegerlo de la locura inicial y de las críticas por ser diferente y hacer cosas nuevas se requiere mucha autoestima que ayude a protegerte, a crecer y a conocerte más a ti mismo. ¿Y por qué no? A enamorarte de ti y de todo lo que sueñas. ¡Sin narcisismo, por favor!

66 LEY DE LA EVOLUCIÓN

La evolución de un sueño es inversamente proporcional a la revolución que estés dispuesto a afrontar para prosperar.
«No hay evolución sin revolución».

Una revolución es un cambio radical organizado e intenso donde se cuestiona un sistema establecido llevando a cabo una transformación o reforma para mejorar, se supone, en muchos ámbitos: social, político, humanístico.

Y digo se supone porque la Revolución rusa llevó al pueblo a la opresión de un poder con falta de libertad, donde se cambió la ostentación de los zares por la tiranía de los dictadores. La Revolución francesa sí se hizo en aras de valores como la fraternidad, la legalidad y la libertad.

Contextualizar la revolución en el mundo soñador significa que realmente nos tenemos que rebelar ante el gobierno de la terquedad mental, el poder de la ansiedad por tener razón y las contiendas neuronales que repiten patrones absurdos grabados en lo profundo de la memoria, y que nos llevan muchas veces a repetir algo, aunque nos genere dolor y sea negativo.

El cerebro ejecuta órdenes y estamos siempre repitiendo normas ancladas en el pasado que se han transformado en creencias arraigadas y que nos llevan al desastre. Cuando deseamos profundamente cambiar nuestra vida y evolucionar, empieza una revolución neuronal. La mente conformista se rebela porque sigue la pauta de lo que está establecido, pero tu energía y consciencia decide que ese patrón asumido no te lleva a ningún sitio, y menos a la evolución. Y esta decisión insertada en la memoria del cerebro genera incomodidad, desajuste, esfuerzo y desafío.

Un sueño probablemente te puede revolucionar la vida, porque el hecho de alcanzarlo puede ser una evolución descomunal en tu existencia.

Al principio, soñar parece como una película de Disney. ¡Qué maravilla! ¡Y qué hermoso es vivir la vida de mis sueños! Pero nada más lejos de la realidad. Soñar despierto es aceptar todo lo que necesitas y debes cambiar para hacer ese sueño realidad.

Una evolución es producto de una revolución, y en el tema soñador es sobre todo con nosotros mismos.

Muchas personas sueñan con tener una pareja y ser felices con ella, pero la vida que llevan es de soltero o soltera. Quizá se deba revolucionar en el tema de la fidelidad, como me pasó a mí, o en la cuestión de compartir.

Yo concretamente me di cuenta de que, si deseaba compartir mi vida con una pareja, lo primerísimo que tenía que aprender era a convivir con personas. Siempre he sido una mujer muy maniática, como en la película de Jack Nicholson *Mejor... imposible*. Y me autoimpuse con consciencia buscar una *roommate*. Menuda experiencia y qué enorme evolución. Al principio fue incomodísimo adaptarme a compartir un mismo techo, ser flexible con la vida del otro y la compañía del otro; pero algo tenía muy claro y era muy consciente: mi sueño estaba en juego. Y necesitaba entrenamiento. Creo que ha sido una de las decisiones más acertadas que he tomado en mi vida. Aprendí muchísimo a respetar los espacios, a conocerme, a divertirme con lo nuevo, a resolver problemas dialogando, a ser empática. Recuerdo una vez que mi compañera de piso se metió en mi cama, sin pedir permiso y llorando a lágrima viva porque la había dejado su novio. Yo, que me he considerado una persona muy arisca, comprendí en ese momento que me estaban regalando un aprendizaje de ternura (para mí harto complicado, aunque parezca la cosa más normal del mundo), hacia mi querida Ana. Mi cara era un poema cuando dejé que se acurrucara en mí y me mojara con su llanto, desesperada. Menuda lección de vida para evolucionar en mi sueño y estar preparándome para la llegada de mi futura vida en pareja. Someterte a una revolución soñadora es intrínseco al alcance. Porque si estuvieses evolucionado en ese aspecto, ese sueño ya lo tendrías. Es lógico, ¿cierto?

Hoy en día esto es muy común, lo que se llama «salir de la zona de confort», aunque para mí es mucho más; es empezar a estar atento y despierto porque la evolución llega con la inyección de la revolución.

La revolución genera el caos para restablecer el nuevo orden. Y el sueño con esta ley desmantela parte o toda tu vida para generar las condiciones más aptas para que tu evolución atraiga el sueño en cuestión, experimentado la transformación.

67

LEY DE LA ARMONÍA

La armonía de un sueño es directamente proporcional al equilibrio que conquistamos con nosotros mismos cuando se produce el cambio inevitable en el proceso soñador.

El ser humano busca siempre un equilibrio. Una cierta estabilidad en muchos sentidos. Estabilidad emocional, económica, mental y física. Estar en equilibrio es saber tener armonía con nosotros mismos, con la vida, con el entorno, con las personas y con todo lo que está a nuestro alrededor y también con el mundo soñador. Además, la armonía aporta mucho valor y «suena muy bien», ¿verdad?

En el mundo soñador esta ley es muy importante.

Armonizar nuestros sueños con la realidad implica un deseo de traslación externa que produce un movimiento interno. He podido comprobar y verificar muchas veces que cuando un soñador se pone seriamente a soñar no solamente se produce un cambio interior muy profundo, como hemos visto en la ley del cambio, sino que la potencia del sueño lleva a realizar cambios externos muy potentes como el cambio de ciudad o el fenómeno de las mudanzas. El ochenta por ciento de las personas que han trabajado directamente sus sueños conmigo han cambiado de casa. Y es que el hogar es algo que refleja tu interior con claridad de manera cotidiana, y es ahí donde tu sueño pide un cambio de escenario, siempre que sea necesario para lograrlo. Es muy curioso este fenómeno, pero es real. Otros cambios ya más dolorosos y necesarios son los de pareja, de trabajo... Y en estos cambios es donde la armonía desempeña un papel fundamental.

Si queremos armonía con nuestros sueños, debemos encontrar las claves íntimas de nuestra paz interior y así aparecerán los movimientos necesarios que requieren la decisión, la regulación emocional con la visión adecuada en el exterior. La armonía genera un enorme beneficio que es serenidad, certeza y belleza, puntos fuertes donde el cambio es fluido.

Yo pienso que esta ley se acopla muy bien y necesariamente a «cerrar los ciclos de la vida en armonía».

Cuando los soñadores están abocados al cambio, es muy importante cerrar esa etapa que va a mutar, a veces y probablemente dolorosa, en armonía prodigiosa. No debemos irnos de un lugar de malos modos, cerrando una puerta, con mal rollo, pues esto es lo contrario a un cierre en armonía, y más que un *close* es un *to be continued*. Y, sinceramente, no es conveniente.

Elena, una *dreamer* viajera y soñadora afincada en Madrid, vivió la mejor etapa de su vida en México y me confesó que cuando volvió a Madrid por un trabajo que resultó no ser bueno, arrepentida me dijo: «Yo me fui de México mal y con vergüenza». Y aunque hubiese hecho muchas cosas para ser reconocida, el pudor canceló una etapa gloriosa. En Madrid era muy infeliz y tenía mucho reparo en volver a México.

Empezamos a trabajar en su sueño de ser una escritora famosa y encontrar una pareja que la acompañara.

Pero llegaba a un punto en el que no había avance y se

estancaba. Me decía: «Me gustaría volver a mi etapa mexicana, donde escribí un libro sobre los artistas de todo el mundo que vivían en D. F.».

Ese libro en cuestión no se acabó de vender del todo y en su casa tenía miles de ejemplares.

La ayudé a que le diera una segunda vida útil a su libro haciendo una donación a una casa de cultura que fomenta el aspecto cosmopolita de los artistas en México. Y haciendo un pequeño flashback, la invité a que se cerrara su etapa mexicana en armonía.

Los cierres en armonía se hacen buscando una palabra que tenga que ver con el fin de esa etapa conclusiva para ser libre y feliz, y poder empezar con ilusión la nueva era.

Elena me dijo llena de entusiasmo: «Mi palabra es "reconocimiento"». Curiosamente, cuando consciente de que al final de su etapa mexicana sentía «vergüenza», inconscientemente tendía al «reconocimiento» en el cambio de ciclo. Y decidió hacer una donación en un lugar donde residen muchos artistas concentrados y refugiados, en Guanajuato. El universo intervino de una manera increíble, la Asociación de Artistas del lugar la invitó a impartir una conferencia y le pagó el alojamiento, esto entraba dentro de lo normal, pero lo que sí fue realmente extraordinario fue cómo consiguió la residencia permanente en México. Ella llevaba años pidiendo la doble nacionalidad mexicana y su abogada nunca lo había conseguido. Los papeles jamás llegaban, y justo unos minutos antes de embarcar la llamó su asesor de la gestoría y le dijo: «No sé lo que ha pasado, Elena, pero te han concedido la residencia permanente en México», algo muy parecido a obtener la nacionalidad. La alegría fue infinita y no contenta con ello, y con su misión en el corazón, se sentó en un asiento llena de felicidad sin saber que la persona que estaba sentada en el asiento se iba a convertir en su futuro marido. Las carambolas del universo, así me gusta denominarlas.

Y lo que iba a ser un cierre de su etapa pasada se convirtió en un sueño de amor en su próxima etapa del futuro. De vergüenza sin sentido a reconocimiento de un país que amaba, y de la soledad más dolorosa a la compañía más sorprendente, porque, después de ese viaje, Elena y Marcos ya no se volvieron a separar.

Los ciclos que se cierran en armonía dan la bienvenida a etapas sorprendentes y tan mágicas como la armonía soñadora que llevan en el presente.

68

LEY DE LA CONSCIENCIA

La consciencia soñadora es directamente proporcional al descubrimiento de un nuevo lugar por explorar desde la presencia.

Cuando elevamos nuestro nivel de consciencia proyectamos nuestro sueño con potencia.

La autopercepción de uno mismo es algo brutal.

Te recuerdo la fórmula de la magia: $M = E + C$ (magia es igual a energía más consciencia). Magia con sentido común es igual a mover la energía soñadora más elevar el nivel de consciencia.

En un proceso soñador, yo las llamo las TC (las tomas de consciencias). Darse cuenta de lo que está sucediendo durante el camino hacia alcanzar nuestros sueños es muy poderoso. La consciencia es la capacidad de darnos cuenta de lo que vivimos en todo momento a través de nuestro propio autoconocimiento. La verdad es que esto es un magnífico descubrimiento.

A la consciencia los cuánticos la llaman la «cuarta dimensión». Es una parte del cerebro que está conectada con el universo.

Carl Jung, médico, filósofo, psicólogo y creador de la llamada psicología profunda, decía: «Todo lo que no hacemos de manera consciente se proyecta en nuestra vida en forma de destino». Estoy completamente de acuerdo. Cuando repetimos todo al infinito, entramos en una especie de «borregomatrix», y para colmo vivimos en la ignorancia, culpando a los demás o a la vida de lo que nos sucede.

El despertar de la consciencia potencia un sueño cuando conlleva implícita sabiduría y conexión con el momento presente. Yo creo que el ser humano sufre de un estado de desconexión bestial consigo mismo, y así los niveles de consciencia que te elevan no están activos.

La consciencia refleja, no juzga, acepta. Y cuando vamos al encuentro con nuestra propia aceptación, se desconfigura la decepción y las emociones que producen resignación y frustración. Cuando fluimos con un sueño en estado de consciencia es cuando el ritmo de los acontecimientos adquiere un profundo significado.

La consciencia en el mundo soñador es mágica y poderosa, porque vivir en el presente con consciencia es también sentir que cada momento que vivimos puede tener un potencial infinito, y desde ahí se activa la energía soñadora para el siguiente paso futuro.

Empezar a ser consciente de lo que soñamos, del significado de nuestro sueño, de lo que provoca la inercia en nuestra vida para no alcanzarlo y, sobre todo, el despertar al material que tenemos dentro con un potencial inexplorado.

Y aquí viene el temazo: solo desde la consciencia del ser podemos conectarnos y reprogramar nuestra vida para que esta sea fuente de abundancia. Y hasta que esta transformación no se haga de manera consciente, el fracaso que arrastras impedirá que consigas el éxito con el que sueñas.

Para conseguir esa transformación del inconsciente necesitamos de un ingrediente clave, y esto es todo un descubrimiento: la ternura. Solo desde la ternura, el deseo desde la consciencia puede ser complacido.

Un dato tan curioso como revelador es que «el corazón posee consciencia». El corazón es un supercerebro con más de cuarenta mil células nerviosas unidas a una potente red de neurotransmisores que configuran un campo electromagnético cinco mil veces mayor que el cerebro encefálico convencional. Y, por ello, las herramientas para estar atentos en la consciencia del ser y tener más gobierno de la inconsciencia son la amabilidad, la ternura, la compasión, el amor y la voluntad. Con todo esto más unas gotitas de disciplina descubrimos el inmenso potencial para estar conectados desde la consciencia al canal del universo. Y vemos más allá de la tercera dimensión, porque podemos navegar por el universo, que es multidimensional, y estar conectados con la fuente donde todo es posible y todo sucede, el infinito universo de probabilidades.

Conocerse a uno mismo y manejarse desde la consciencia es una fuente inagotable de éxito, porque la felicidad que esto produce se convierte en sí en un éxito inagotable e incalculable. Cuando empezamos a diseñar nuestro sueño con la consciencia elevada, el universo te puede proponer un guion aún más alucinante que el que tenías inicialmente.

En los procesos soñadores, a veces siento que soy un poco pesada. Siempre estoy preguntando: «¿De qué te has dado cuenta?». Y realmente somos maestros de la obviedad, lo tenemos delante y no lo vemos. Por ello es importante elevar la consciencia. Es como si tuviésemos varias pistas en paralelo.

Una, lo que está sucediendo en la realidad, y otra, lo que significa que está sucediendo en el momento presente.

Las personas que se trabajan los sueños y toman consciencia de lo que está pasando fluyen en otra dimensión más poderosa. Una de las tomas de consciencia más potente y compleja en un *dreaming process* es el descubrimiento que sucede. De repente, Alba se da cuenta de que ser una estilista de moda es vestir con alma el sueño de las personas. Elvia despierta el amor hacia su profesión cuando, en vez de poner bótox como médico estético, durante la pandemia se entrega a salvar vidas en la ambulancia y descubre en un enfermero el amor de su vida. Marta, lanzando su negocio de la abundancia, despierta la capacidad de liderar a nivel mundial. Lirio, en su trabajo de ingeniera, diseñando tuberías profundas que unen canales de dos países fronterizos, se hace consciente de que su pasión de bucear y su trabajo en aguas profundas van de la mano en su forma de ser y tener éxito en la vida.

La consciencia pura es la absoluta aceptación en la presencia. Una ley tan poderosa como elevada.

LEY DE LA TRASCENDENCIA

La trascendencia de un sueño es directamente proporcional a la capacidad de conectar con la esencia soñadora que te lleva más allá.

Esta ley que vibra con mi valor esencial y mi actitud de estar en la vida me encanta y me conmueve de una manera muy especial. Siempre me ha llamado la atención del ser humano saber qué hay detrás de su *backstage*. La apariencia, personalmente, me aburre. El postureo tan masificado por Instagram y las redes sociales donde las personas viven en esa realidad virtual me es muy cansino, no veo verdad. Vivimos abrumados por la apariencia de las cosas. Me gusta ver y saber qué hay más allá.

Los sueños no tienen nada que ver con todo esto, porque los sueños nacen desde dentro, de lo profundo, de la verdad del ser. Claramente estoy hablando de los sueños que te llevan a realizarte en la vida y a realizarlos en el universo.

Sin duda, nos damos cuenta de que esta ley es prima hermana de la anterior, la ley de la consciencia. Pues no podemos trascender sin tomar consciencia.

Y es aquí donde entra el boicot mental. Porque con la mente no trasciendes y con la consciencia sí. Cuando la mente interviene y quiere ser la protagonista de este extraordinario proceso de descubrimiento, es cuando comienzan los problemas, ya que se produce una pseudolucidez, empañando todo el circuito. La mente en segundo plano, ¡por favor!, porque cuando la expresión desde el alma entra en contacto con nuestra esencia, además de tener el permiso para proyectarlo, es de una revelación tan bestial que te lleva a vibrar en un plano muy elevado, como una cascada de eternidad.

El extraordinario arte de soñar con verdad nos lleva a trascender nuestra existencia para llegar a la esencia.

Qué maravillosa ley que nos invita a no ser superficiales y a llegar a la profundidad de todo aquello que nos sucede. Explorar desde el interior, siendo capaces de comprender que el efecto es la manifestación de una causa profunda e interna que yace en el ser. La conexión desde el ser nos lleva al contacto con el origen, con la esencia, desde el punto de vista soñador. Descubrir y sentir las causas energéticas es algo fascinante para saber qué podemos cambiar, evitar, vivir, limpiar y proyectar.

Descubrir la repetición de un patrón con la mente no es suficiente, porque nos lleva a un conocimiento de inevitable repetición; ahora bien, si sentimos desde la energía que regresa esa nueva repetición que no queremos que vuela a suceder y genera sufrimiento en nuestra vida, con nuestro ser superior conectado a la fuente, transformamos la causa inherente que existe en cada momento para obtener un nuevo resultado que nos aporte esa serenidad para no reproducir el origen de nuestro dolor, y a ser posible cancelarlo.

Cuando nos conectamos con nuestra memoria celular y nos dejamos sentir, conectamos con nuestra verdad, con nuestra singularidad, que se empieza a definir con nuestros propios sueños y la coherencia con los valores. ¿Qué es bueno para mí y qué es aquello que me hace feliz?

Llegar a la herida que tenemos para sanarla es trabajar con el ego la falsa personalidad del ser. Nos ponemos una máscara para ser indolentes y no afrontar el dolor que está dentro de nosotros; y, claramente, el ego no para de buscar culpables o victimarse para enredarnos con los peligros de una mente llena de autosabotajes.

En la práctica de un *dreaming process* existe un momento de fortaleza interior en el que es necesario que te enfrentes a tus troyanos para conectar con tu ser y trascender. Es cierto que no todos los soñadores están dispuestos a hacerlo, aunque yo siempre los animo.

Descubrir el autoboicot es realmente alinearse con esta ley y trascender, «crackear» el virus sacando el o la «crakaza» que llevamos dentro con la conexión desde el ser.

Cuando descubrimos a través de comportamientos repetitivos y justificados con creencias arraigadas hacia dónde nos dirigimos es cuando «el efecto pantalla» nos deja ver realmente qué es lo que está pasando en nuestro sueño, quiénes somos o en quién nos podemos convertir con ese potencial inherente a nosotros.

El ejercicio consiste en descubrir la tipología del ego que tenemos a nivel genérico. Y esto es muy fácil de reconocer: ego por exceso o ego por defecto. Ninguno es mejor que otro; los dos son tremendos. Además, en las relaciones humanas existen tres clases de dinámicas:

1. Dos egos por excesos juntos se matan: tienen el peligro de la devastación.
2. Dos egos por defecto juntos se hunden: tienen el peligro del victimismo retroalimentado.
3. Un ego por exceso con un ego por defecto juntos: el ego por exceso devora al ego por defecto y este huye, escapa.

Construir una relación sana y basada en valores es imposible desde el ego.

Cuando empezamos a trabajar para reconocer e identificar el ego de cada uno, invito a los *dreamers* a que les pongan un nombre a los «anti-*dreamers*» que les produzca mucho rechazo.

Encontrar el nombre adecuado requiere de mucha concentración y guía; si recurrimos a la herida y a su manifestación en nuestra vida, nos ayudará a individuar.

Tengo muchos ejemplos y cada persona es un mundo, pero te voy a contar una historia que realmente me conmovió, la de Irene.

Irene, una mujer bellísima y con un nivel económico bastante bueno, tenía un grave problema con sus relaciones, ya que todos los hombres que se acercaban a ella la machacaban, le partían el corazón y se aprovechaban de ella.

Descubrió su personaje, su «anti-*dreamer*», el programa defectuoso (ego) que llevaba grabado y que pilotaba en automático. Le pusimos un nombre, lo bautizamos como la Quitadora. Y fue algo fantástico; pero vamos por partes. Descubrir un personaje lleva su proceso de autoobservación y maestría para hacer la radiografía. Irene echaba las culpas a los demás, porque ella entregaba todo en una relación, y luego su capacidad de dar era inversamente proporcional a la capacidad que tenían los hombres de aprovecharse de ella y quitarle todo. Algo fallaba en el sistema. Cuando descubrió el troyano que tenía, al trascender vio la luz y entró en shock. Cuando ella era pequeña le quitaron lo que más amaba: a su padre. Falleció por un cáncer fulminante y ella creció echándole la culpa a la vida y se refugió en esa falta de aceptación, pues aprendió de forma subconsciente que «cuando amas te quitan». Bestial, ¿verdad? El resultado fue esclarecedor y muy potente. Un troyano también ejecuta una orden en automático y no se la cuestiona, la pone en marcha y chimpún. Es como una bomba teledirigida que va al lugar que le indica el ordenador en diferido para explotar, no decide si es el espacio adecuado para impactar o no.

Irene con este «troyanito» iniciaba su relación y cuando estaba enamorada hasta las trancas se activaba en automático su personaje de la «Quitadora», y todos los hombres empezaban a querer quitarle de todo: hijos, dinero, relaciones, oportunidades... Un desastre que claramente te lleva al sufrimiento. Un ciclo nocivo muy repetitivo.

Poner nombre a tus personajes y darles la partida bautismal es revelador porque es tomar consciencia de dónde no deseas seguir estando. Y en vez de estallar y hacerte monja, decides apostar por tu sueño y cambiar las cartas del tablero. Así ayudé a Irene a hibernar a su Quitadora y a empezar a conectar con su esencia, construyendo desde el ser su nuevo programa soñador llamado la Recibidora. Muy poderoso, ¿verdad? Irene está posicionada con su ser y no para de recibir continuamente. Ha aprendido con amor y verdad que recibir es sano y la hace feliz. Su herida se ha cerrado, aunque las tendencias de su Quitadora estarán siempre con ella y debe prestar atención para que nunca se despierten y salgan de su estado de hibernación. Esto es muy importante; fundamental diría yo.

He conocido y acompañado muchos casos: Lupe y su Arrastrada, Claudia y su Abandonadora, Felipe y su Cagaprisas, Elena y su Jodedor, Jaime y su Pequeñito, Teresa y su Destrozadora, Juan y su Mutilador, Begoña y su Repudiadora y muchos más personajillos desechables que abocaban los sueños al fracaso.

Y así cada *dreamer* se programó con amor y con energía soñadora un nuevo programa del éxito: de Arrastrada a Aplaudida, de Abandonadora a Integradora, de Cagaprisas a Ralentí, de Jodedor a Facilitador, de Pequeñito a Mayúsculo, de Destrozadora a Constructora, de Mutilador a Creador, de Repudiadora a Conquistadora.

De este modo se empieza a diseñar un arquetipo soñador y equilibrado sin pecar en la otra punta del péndulo, pero sí generando espacio de consciencia para la trascendencia y llegar a ser y convertirte en aquello que sueñas.

Cambiar un virus informático por un programa maestro soñador y sanador es pilotar desde el ser y transcender. Trascender los límites de la mente, trascender el yoísmo de una existencia centrada en uno mismo para donar a nuestra vida y contribuir en la existencia de los demás todo lo que nos aporta valor y expandirlo.

Y así esta maravillosa ley con su poder nos lleva *a dejar el yo para ser extraordinario.*

70 LEY DE LA OBSERVACIÓN

La observación soñadora es directamente proporcional a la capacidad de ver la realidad con absoluta objetividad para su transformación a nuestro favor.

Cuando fijamos el punto de observación hacia nuestros sueños, la realidad cambia a nuestro favor, hacia nuestros deseos, con la flecha hacia la diana soñadora. La observación nos ayuda a mirar la realidad con absoluta objetividad, tal y como es, neutra e imparcial.

Creo que observar es uno de los retos más difíciles que tiene el ser humano. Observar no es juzgar; es mirar sin prejuicios, sin críticas; es un salto mortal al abismo del poder de la mirada, entrenar el ojo para ver de verdad una realidad sin sentimentalismo, corrompida por nuestras emociones, aceptando lo que vemos con naturalidad.

Hay un fenómeno cuántico científicamente demostrado que es concluyente en sus resultados: cuando la realidad se siente observada, cambia y se vuelve más ordenada, como si el simple hecho de sentirse vigilada rectificara en su propio caos (véase el video en YouTube: *Experimento de la doble ranura*). Dicen que nada de lo que sientes tiene que ver con lo que está sucediendo en la realidad. La emoción nos hace distorsionar la realidad. Podemos padecer de miopía mental o estar secuestrados emocionalmente, y todo ello nos impide observar y ver la realidad tal y como es.

La mirada más allá de la física tiene un poder en sí muy transformador. Cuando miras a una persona desde lo que puede llegar a ser, ese simple hecho de mirar con intención alienta, motiva y transforma.

Nuestra mirada es una postura de creencias ante la vida, por eso es tan difícil ser neutral. Pero sí podemos acercarnos a esa mirada objetiva, practicando la presencia desde el ser y así la realidad observada puede cambiar a nuestro favor.

La observación es un comportamiento altamente soñador que implica atención y concentración. Y cuando comprendemos que la atención es la moneda más valiosa que vamos a pagar para nuestra libertad interior, convertida en una de las fuentes de mayor felicidad, empezaremos a incorporar este comportamiento maestro para soñar. La observación mueve una energía altamente poderosa y, si además de observar fuera fueses capaz de observar dentro, te podrías liberar del tumulto emocional y dejar a tu ser que ya no sea prisionero de tu mente para vivir en plenitud.

Cuando observamos con detenimiento recabamos una información valiosa de nosotros mismos y de lo que está sucediendo.

Desde la simple, y a la vez compleja, observación se generan cambios. Porque, repito, está demostrado que cuando la realidad se siente observada esa realidad cambia y mejora.

Por lo tanto, el simple hecho de una realidad observada produce mejora.

Desde el punto de vista soñador, cuando observamos nuestro sueño generamos atención, aceptación y transformación. Atención porque nos lleva a practicar el comportamiento de estar concentrados y tiene un poder extraordinario en la mente errante. Concentrar la energía en el foco nos lleva a canalizar la energía que se requiere para alcanzar un sueño. Y la transformación solo es posible desde la aceptación. La aceptación implica amor, y esa energía de amor es en sí tan poderosa que genera una transformación impresionante a nuestro favor.

La observación con estos tres elementos de atención, aceptación y transformación genera el fenómeno de la contemplación: mirada pausada con amor. Elevación.

Viktor Frankl, maravilloso filósofo y psicoterapeuta, afirma que esta postura le salvó del sufrimiento más extremo al que fue sometido en los campos nazis, al borde el exterminio. Una masacre colosal a la que sobrevivió no solo físicamente, sino anímicamente, como nos relata en su maravillosa obra *El hombre en busca de sentido*. Y es cuando explica que un ser humano llevado al extremo del sufrimiento, sin ninguna posibilidad de expresarse positivamente, en medio de esta desolación, decide contemplarse a sí mismo con amor y recobrar la dignidad. «El amor es la meta más importante a la que un hombre puede aspirar», dice Frankl.

Por lo tanto, la práctica de la observación nos puede llevar a los sueños y al amor.

En el camino soñador, cuando nos encontramos inevitablemente con obstáculos siempre invito a mis soñadores a observar la adversidad con la mayor neutralidad posible, y, si acaban amando ese obstáculo, el crecimiento del sueño puede ser colosal.

Esa observación de la adversidad ayuda a transformar el obstáculo en un beneficio. Y esto es y ha sido para mí un descubrimiento estratosférico.

Existen nueve pasos maestros para la transformación del Maleficio a beneficio. Te lo voy a compartir en esta ley porque todo empieza con la observación.

Recordamos que es inevitable en un sueño encontrarse piedras en el camino, como nos indica la ley de la adversidad. Estamos de acuerdo, ¿verdad?

Pasos maestros para solucionar conflictos con éxito y transformar el Maleficio en beneficio:

1) Aceptar la realidad con absoluta objetividad.
2) Cero sentimentalismos.
3) Responsabilidad plena en todo lo que sucede y te afecta.
4) Ampliar el campo de información. Abrirse a lo nuevo.
5) Determinación en la victoria.
6) Rendición al aprendizaje del universo.
7) Disciplina en la conexión diaria y consciente con tu sueño.
8) Gratitud en el resultado sin saberlo todavía.
9) Incorporar la sabiduría, el coraje y el poder a tu vida.

Todo empieza con la observación; el primer paso y el segundo forman parte del proceso; sin observación no hay transformación. Y sin transformación no hay mariposa.

Cuando he conseguido que las personas que trabajan sus sueños observen y acepten sin pena, sin rabia ni rencor lo que está ocurriendo, suceden cosas mágicas, porque las emociones que se mueven hacia las acciones son de altísima calidad. El equilibrio que genera la observación y el poder de la contemplación te ayudan a ver y descodificar el profundo sentido de la razón de ser de lo que está sucediendo, y la solución espontáneamente nace desde dentro para generar tanta energía que te lleva a manifestar aquello que sueñas más allá de lo que esperabas obtener.

Patricia me llamó desesperada y me pidió que la ayudara, pues aparentemente había alcanzado su sueño como directiva en la innovación de un grupo de hospitales muy famosos en España dedicados a la élite deportiva. Puso en marcha el Proyecto Alpha, la *crème de la crème* de los cuidados médicos. Amaba tanto su trabajo y su proyecto que se metió demasiado en el barro, y se implicó de una manera casi enfermiza a sacar este sueño con la excelencia que se merecía. Pero se olvidó de sí misma. Craso error. Y su mundo interior se derrumbó. Y, claro, esto tuvo un grave impacto en el exterior, porque en vez de reconocer sus méritos le pusieron por encima a un jefe sin experiencia y más joven que ella, y, además, en vez de ascenderla se hizo casi invisible. Un desastre.

Cuando empezamos a trabajar, le pedí que se observara, sin culpar a nadie, sin queja ni victimismo. De repente, en esa observación guiada se dio cuenta de que se sentía abusada; esa fue la palabra que juntas encontramos. Abusaban de poder sobre ella, con unas licencias invisibles que ella concedía sin saber por qué ni para qué. Y, claramente, el abuso exterior empezó a lanzar alertas en su vida profesional y personal que por fin decidió atender para proteger su sueño, que se estaba convirtiendo en una pesadilla.

Finalmente, Patricia despertó el profundo deseo de tener éxito y reconocimiento. Pero existía un obstáculo imperceptible en ella que no detectaba. Seguimos observando con atención y concentración. Y cuando observó la imagen del gerente que no la tenía en cuenta y sus méritos yacían en el anonimato, la invité a contemplar esa imagen con amor, como si fuera una niña que aceptara, sin pena ni rabia, esos abusos que sufría, y de repente, como en un espejo, apareció un recuerdo almacenado y detectó con claridad que de pequeña su madre no reconocía sus méritos para no hacer sufrir a su hermano, que tenía discapacidad. De repente, un flashback inundó su presente y lo contextualizó en lo que se repetía constantemente, pero ahora ella y solo ella era la responsable de hacer algo con esa carga de información. Asumió con madurez emocional que lo que estaba sucediendo en ese momento era simplemente su responsabilidad y, desde el mismo lugar, observó que ella tenía enlazado en una maraña de sinapsis que «el éxito hace daño» (su madre le inculcó de pequeña que mostrar sus valías perjudicaba a su hermano con discapacidad), y con la misma claridad vio la calumnia que se estaba contando y la transformó en un plano de aprendizaje donde «el éxito me hace feliz», y lo observó. Y esa observación la hizo responsable en su transformación. Encontró la manera con su apertura, y el universo le brindó un plano de reconocimiento: se le quitó la venda infantil de asociar el éxito con el dolor. Y, de repente, se adjudicó sola una nueva licencia: la de «ganar y tener éxito me da la felicidad». Y cuando lo contempló, la ascendieron, le subieron el sueldo, fue la portavoz en una rueda de prensa del Proyecto Alpha. Los aplausos que recibía retumbaban de una manera muy especial en su corazón, sin miedo a hacer daño a nadie, con alivio de sentirse libre de poder disfrutar de su propio sueño finalmente reconocido, aliviada por poder sentir la admiración cuando la recibía. Ahora que seguimos trabajando por el siguiente capítulo soñador, que es todavía más grande, me dice siempre: «Estoy observando, Mayte; sigo observando lo que está pasando». Entrenamiento de élite para su próxima Olimpiada.

71

LEY DE LA INTUICIÓN

La intuición de un sueño es directamente proporcional a la habilidad de dejarse guiar por el corazón.

La intuición es el sexto sentido, el único sentido invisible desde donde se activa la sabiduría necesaria para alcanzar tus sueños con el poderoso órgano del corazón. La intuición sucede cuando percibimos algo sin la intervención de la mente, un presentimiento o una señal clara y ultraveloz.

La intuición como sensación interna, desconocida, un chispazo nada racional, pero que te guía; es como una señal que te orienta en la vida. Cuando las decisiones que tomamos están alineadas con el poder de la intuición, los resultados suelen ser abundantes y apasionantes.

Freud daba una poderosa definición de *intuición*, a la que señalaba como el eslabón perdido entre la sensibilidad y la consciencia, que trata de llevar datos del inconsciente al plano consciente. Einstein decía que era «un don sagrado, una manera de adivinación que traduce una verdad objetiva del mundo».

La vida con intuición es mucho más profunda, tiene una nueva perspectiva. Se comprende el mundo de una manera más holística.

Aunque el concepto sea abstracto, es muy eficaz. La intuición no se comprende con la razón. Los sueños que se materializan con la intuición obedecen a otros cánones.

La mente intuitiva es un don sacro y la mente racional es una sierva fiel.

Para mejorar la intuición, hay que desactivar la mente analítica. Y hay que cultivar otros hábitos, como la relajación, la contemplación, la meditación, la conexión con la naturaleza; desarrollar los cinco sentidos, pues ellos también son fuente de información desde donde se canaliza y se activa la intuición.

Dejarte guiar por un latido y confiar rompe todos los esquemas de la manera de hacer las cosas.

Esta ley nos lleva a un lugar nuevo y, desde el punto de vista social y racional, muy poco fiable.

La sensación interna que te guía puede parecer una señal que te orienta y te ilumina en el camino soñador. Una vez que aprendemos, desde la intuición no hay límites para comunicarnos con este fabuloso sentido. Cuando nuestras decisiones están alineadas con la intuición, los resultados son increíbles e inexplicables. Cuando la mente interviene, se rompe el hechizo.

Una vida con intuición está llena de clarividencia. La perspectiva con la intuición es mucho más profunda. La intuición es una manera de comprender la vida de una forma más holística y divertida.

Tomar decisiones soñadoras con la intuición es algo fantástico porque están alineadas con nuestra energía y espiritualidad. Aunque es un concepto muy abstracto, es muy eficaz al mismo tiempo. No se trata de entender; se trata de ver y sentir con claridad.

Los sueños necesitan de esos golpes de intuición. Sin ella, los progresos son más lentos; los problemas, pesados; y hay una pérdida de oportunidades.

La intuición es activar un potente GPS con resultados ultrarrápidos y sin la manía de controlarlo todo. Los sueños que se viven y vienen con el sexto sentido generan una percepción del espacio y el tiempo que es muy diferente de la habitual.

El científico y neurólogo Robert K. Cooper con su teoría de los tres cerebros dice que siempre que tenemos una experiencia fuerte no va directamente al cerebro craneal para reflexionar sobre ella, sino que va a las redes neuronales de la región intestinal y del corazón. El corazón es el órgano más importante de nuestra vida y nuestro cuerpo; es un cerebro en toda regla y va más allá que la de un motor que bombea la sangre. El corazón es una poderosa antena para emitir y recibir información. Por ello, cuando desarrollamos el sentido de la intuición tomamos decisiones vitales y profundas que nos llegan del universo y las captamos con velocidad. Además, el corazón envía más cantidad de información al cerebro de la que recibe; es como si filtrara según la circunstancia, inhibiendo así la producción de la hormona que genera estrés y activando la producción de oxitocina, que te abre al amor y a la comprensión. Impresionante, ¿verdad?

El cerebro del corazón nos conecta con la bondad, la compasión, la generosidad y el amor. Y con estas cualidades se desarrolla mucho mejor la intuición.

Esta ley también se apoya en la ley de la armonía, porque utilizar el cerebro del corazón es apelar a la armonía del espíritu.

Para mí, esta ley es tan extraordinaria y misteriosa como poderosa.

Hace años que tenía un conflicto muy grande con mi madre, Xenia. Estuvimos tiempo sin hablarnos; un día se generó un vendaval verbal y ella decidió retirarme la palabra y no perdonarme. Pasaron los años, muchos, demasiados. Hasta que un día determiné que yo iba a hacer las paces con ella. Su voluntad nunca fue pacificadora, pero el caso es que lo conseguí contra todo pronóstico. Ella vivía en Sevilla, a quinientos sesenta kilómetros de Madrid, donde resido yo. Reencontrarme con mi madre desde el perdón y el amor también desarrolló en mí una comunicación más allá de las palabras. El poder de mi intuición me llevó a verla antes de morir, antes de que supiera que tenía cáncer. De repente, sentí que mi madre se estaba yendo y me llegó la señal, a los pocos días me puse en «carretera y manta» hasta llegar a su casa, donde vi el estado lamentable en el que se encontraba; un cáncer con metástasis en el cerebro es igual a poco tiempo de vida. A los veinte días de verla, mi madre falleció, y gracias a mi intuición me despedí de ella con amor, lo que había soñado. Reconozco que fue y ha sido uno de los sueños que más me ha costado.

En los procesos soñadores la ley de la intuición te lleva a experimentar el extraordinario poder del corazón. Con la mente se aprende, con el corazón se comprende profundamente.

72

LEY DE LA ENERGÍA

Un sueño con energía o la energía soñadora es directamente proporcional a la vibración del universo alineada con el crecimiento de ese sueño desde el origen hasta la creación manifestada para su esplendor.

La energía es la fuerza motivante que mueve todo y está en la base de todo.

Y el sueño necesita en su fase embrionaria toda esa energía como el tanque de gasolina para poner el motor soñador en marcha; es el preludio hasta llegar a la realidad soñada, hasta experimentar lo concreto.

¿Qué energía y cuánta necesita nuestro sueño para ser alcanzado?

Para todas las fases soñadoras y los momentos soñadores cumbres necesitamos energía. La ley de la energía va también de la mano de la ley de la intuición.

El pensamiento, los sonidos, las emociones son vibraciones y, cuanto más las percibamos, más podremos experimentar la abundancia y la clarividencia, mejorando la intuición y canalizando la energía con maestría hacia nuestro foco soñador.

La ley de la energía es la última ley de esta macroconstitución del universo, pero no por ser la última se trata de la menos importante. Cerrar con esta ley también tiene un sentido, porque todo lo que existe es energía. Y como dice Einstein: «La energía no se destruye, se transforma».

Y los sueños tienen esa capacidad transformadora, ¿recuerdas?

Cuando nos alineamos con la energía del universo, atraemos todo lo positivo. Y si estamos desalineados con ella, la negatividad llega.

Mover la energía con maestría y aplicarla en nuestros sueños es fundamental en la cocreación soñadora.

Y los obstáculos que vamos a encontrar necesitan de esa energía para ser transformados en una fuente de beneficios, ¿verdad?

La energía soñadora es la clave del éxito y nos sirve para erradicar el sufrimiento y acceder al poder de la transformación con toneladas de información.

Cuando movemos la energía que yo llamo *dreamika* (soñadora) hacia nuestros sueños, las cosas suceden.

Vuelvo a recordar la fórmula de la magia con sentido común: $M = E + C$ (energía más consciencia).

Todo sueño necesita de nuestra consciencia, que genera presencia soñadora. La presencia aumenta el nivel de consciencia, y elevando el nivel de consciencia aumentamos el nivel de vibración. Y si aumentamos el nivel de vibración, activamos el poder de la energía para atraer lo que soñamos.

Es cierto que nuestro mundo racional está lleno de prejuicios en cuanto a este tema en cuestión. Y la fuente del conocimiento debe ser física y real. Pero en el mundo soñador esto no es así. Si uno no sintoniza con el mundo energético, utilizamos solo la mitad de las capacidades que tenemos en el universo de probabilidades. Cuando empezamos a trabajar en el mundo energético (los inicios de nuestros sueños), las cosas empiezan a moverse rápidamente: primero se mueve la energía y luego se manifiesta. Cuando tienes en cuenta la energía, todo se acelera. Una energía poderosa revitaliza la mente, genera claridad y conexión profunda con el espíritu. Todos los sueños con significado tienen alma y están dotados de energía.

El poder de la energía nos despierta en la vida alcanzando sueños que vibran.

Para hacer realidad los sueños y si queremos que se proyecten a lo grande, necesitamos energía, y yo diría que algo más: tener una maestría en ese movimiento de la energía hacia el foco soñador.

No solo somos responsables de lo que pensamos y sentimos, sino también de mover una energía poderosa y dinámica dirigida hacia el alcance. El éxito soñador depende de muchos factores: talento, oportunidad, aprendizaje y de mucha energía canalizada hacia la meta.

Un sueño hecho realidad es una realidad transformada en el deseo que teníamos inicialmente, y esa realidad transformada no hubiese sido posible sin la energía necesaria en la mutación. Pues ese sueño, primero y antes de todo, nos ha transformado a nosotros mismos; donde había una oruga, hoy existe una mariposa. Esta metáfora poderosa y visual de la transformación es fascinante, porque es lo que sucede en la realidad; los sueños nos transforman en lo que soñamos, y esa simulación mental del sueño en una realidad que no existe, todavía necesita incorporar el fabuloso aprendizaje de la energía.

No confiamos tanto en el poder de la energía porque no tenemos ni la educación ni la cultura, y, por lo tanto, no sabemos percibir la energía como tal y menos manejarla favorablemente. Y al ser invisible la damos por nula e inexistente. El mundo occidental se ha centrado en lo práctico, lo material, empírico y tangible. La verdad es que el mundo físico es limitado, aburrido y precario en comparación con el mundo energético, que es ilimitado, divertido y abundante.

Lo invisible no es sinónimo de inexistente. Todo lo que se manifiesta en el mundo real corresponde siempre a un plano subyacente no visible. Lo concreto y funcional es una expresión de una idea desde lo invisible.

Los materialistas y racionalistas están siempre limitados en su interpretación; el plano científico se somete al plano funcional impidiendo que se manifieste el auténtico significado. Un proceso de alcance soñador que lleva en sí una transformación se adentra en senderos no lógicos y son muchas veces, yo diría que la mayoría, un viaje con consciencia, pensamiento holístico, ironía, escucha activa de los entresijos del lenguaje universal y maestría en el movimiento de la energía; por ello son tan importantes las leyes universales, para poder circular en el mundo soñador y materializar nuestros deseos, por favor y de una vez para siempre.

No estoy diciendo que lo racional sea rechazado por lo energético, sino que la auténtica realidad es la coexistencia de estos dos planos, el físico y el energético. Mover la energía y aplicarla en el mundo real produce una elevación de consciencia, además de mejorar otra forma de aprendizaje, como la intuición. A veces, tan necesaria en la experiencia vital con nosotros mismos y nuestra manera de relacionarnos con el mundo. Pero lo cierto es que hemos apagado nuestra intuición al darle poco margen de credibilidad.

Al basarlo todo en el conocimiento físico y lógico, tenemos prejuicios.

Cuando empezamos a trabajar en el mundo energético, las cuestiones empiezan a moverse con mayor agilidad. Primero se mueve la energía y luego se produce la manifestación en el mundo tangible.

La energía soñadora es un acto de poder desde la humildad del no saber.

Sabemos lo que queremos lograr, pero a veces no sabemos el cómo vamos a llegar. Lo que se vuelve más apasionante e interesante. Y nos cuesta mucho vivir y convivir en el no saber.

Cuando movemos torrentes de energía, y luego explicaré cómo, esa energía es la gasolina para saltar los obstáculos inevitables que nos vamos a encontrar en el camino hacia la realización de nuestros sueños.

Esa energía es la clave para el éxito y para acceder al poder de la transformación. ¿En quién me va a convertir mi sueño cuando sea alcanzado?

«Cuando el plano científico se limita al plano funcional, impide que se manifieste el significado nuclear».

Cuando estamos conectados con la energía, ocurren hechos inexplicados, la sincronía aparece como algo mágico e imprevisto, pero vital para el camino. La mente se revitaliza, se produce una conexión espiritual con la esencia porque uno va más allá de la mente, y suceden momentos de luz, de clarividencia, donde se captan informaciones que generan poder, la energía creativa se tangibiliza con rapidez y la claridad mental permite percibir cuestiones que van más allá de un proceso cognitivo.

Un trabajo racional o físico más un trabajo energético amplía nuestra vida a la máxima potencia.

Al descubrir el poder de la energía soñadora aprendemos a desbloquear nuestros límites internos. La consciencia energética pasa a ser maestría energética cuando empezamos a poner atención y a escuchar la energía que produce una liberación en el bloqueo que tenemos y que nos impide alcanzar nuestros sueños.

La consciencia energética sucede cuando hay una presencia interna y una conexión con nuestro entorno. Los canales de percepción se amplían y se produce una conexión con el universo. Esta conexión solo es posible desde la mente superior y el estado del ser.

Sentir la energía del cuerpo cuando respiramos amable y conscientemente es vital. Unos ejercicios de respiración para sentir cómo vibra nuestra energía en nuestro cuerpo disolviendo las tensiones, con sonrisa, presencia y gratitud ayudan a proyectar sueños que se hacen realidad.

Cuando aprendemos a relacionarnos con nuestra energía consciente, obtenemos un gran impacto en el mundo y con nosotros mismos. Nuestro gran trabajo es transmitir esta energía volátil al mundo palpable.

Y aquí viene algo muy importante para la ley de la energía. La sanación y la coherencia son muy importantes cuando se trata de mover energía. Todos arrastramos heridas emocionales y dolores de experiencias precedentes. El problema es que aunque la mente entre en estado de amnesia para borrar el sufrimiento, al final es una estratagema superficial e inservible, porque lo que la mente no sabe es que en su propio sabotaje interno y torpe hay una secuela, pues el cuerpo tiene memoria y la consciencia lo almacena en forma de «campo energético». O sea, que encapsula ese sufrimiento. Esta incisión poderosa en nuestra consciencia produce confusión porque la mente percibe el mundo a través de esos códigos escondidos, pero que no por ello son imborrables. Están grabados en forma de energía, y la proyección inevitable produce un dolor hasta que la herida, huella o causa no sea sanada de raíz.

La proyección de una herida se manifiesta inconscientemente en forma de dolor y confusión. Y como la mente no entiende, se convierte en un círculo vicioso de culpabilidad ajena que produce más dolor y desencuentro. Y este dolor, producto de una herida no sanada, se propaga en el mundo hasta que vuelve a nosotros en formato engrandecido para que la herida sea atendida o sanada de una vez para siempre.

La solución para romper un círculo vicioso de repetición de patrones nocivos es ante todo tomar consciencia. La primera parte del dolor es invisible; al esconderlo está guardando o encapsulando un bloqueo. Y cuando empezamos a sanarlo, el primer síntoma es que aumenta el dolor. ¡Ahora hay consciencia!

La voluntad de sanarnos es consciencia y el movimiento para hacerlo es energía para encontrar la manera exacta, y es así cuando empieza a activarse un campo de coherencia que nos dota de poder, de fuerza y de información.

Cuando nos contagiamos o nos movemos en un campo de coherencia, producimos una energía limpia, como es la de la naturaleza, la de la armonía con nosotros mismos, donde la lectura de mensajes se percibe y se capta con fluidez.

El estado natural de un ser es vibrar con la energía del universo en un estado de coherencia. Las personas más afortunadas viven en un estado de coherencia. Cuando conquistamos este estado de coherencia, obtenemos más beneficios personales y más confianza.

Cuando vivimos en un estado de coherencia, la energía se mueve con mayor facilidad, hay limpieza, hay pureza, los acontecimientos se organizan de una forma ordenada y mágica. Cuando atravesamos el estado de incoherencia al de coherencia, los problemas adquieren una solución con mayor velocidad.

Evidentemente, no es lo mismo posicionarse para alcanzar un sueño desde la energía del miedo o la rabia que desde la serenidad y la verdad.

Desarrollar una sensibilidad con nuestra energía rompe nuestros límites, nos hace más conscientes y nos sana heridas profundas que nos devuelven la savia interior para que nuestro árbol done al mundo nuestros frutos al servicio de lo que soñamos, y así el entorno se contagiará de una abundancia y un estado más feliz. Armonía y felicidad generan paz. Felicidad es el beneficio abstracto de un sueño hecho realidad. Y la felicidad produce éxito.

En estos momentos que vivimos, el planeta nos pide un cambio radical desde la consciencia, donde cada uno contribuye a cambiar su energía. Enorme responsabilidad servida en bandeja.

Trabajar profundamente en nosotros mismos con nuestra energía y consciencia nos ayuda a concentrarnos mejor en nuestros sueños, y a ayudar también con el ejemplo desde un lugar de invitación a los demás.

La capacitación es una herramienta impresionante desde el movimiento de energía, y el de doblegar a la mente tirana para decirle que tú puedes y eres capaz de llegar a donde te propones. Emitir esa orden de capacitación te empodera. Es como cuando alguien está herido y le dicen que no se desmaye, que siga presente, porque se necesitan todas las fuerzas vitales para la curación, para el despertar. Lo mismo cuando emprendemos el sueño, pensar que podemos, que somos capaces, cuenta y es un gran paso inicial. La curiosidad ayuda. Las preguntas te mueven o, cuando menos, te sacan de un lugar.

La paciencia estimula la semilla del nuevo aprendizaje y el fluir de la información sin análisis ni desesperación, aligera tu mente de pensamientos limitantes que no sirven absolutamente para nada, eliminando la escoria mental.

La ecología de nuestra vida también es depurar la mente negativa para generar positividad, que junto con acciones coordinadas repletas de esa energía vibrante conquista la llama de una existencia apasionante y un sueño vibrante.

¿Hacia dónde quiere ir nuestro ser y no nuestra mente? Activa la energía. Y la mueve en una dirección muy ágil y poderosa. Estar en el ser sin estar en la mente genera fluidez. Pilotar desde el ser genera torrentes de creatividad.

Nikolas Tesla, un científico célebre y visionario, decía que si se quieren comprender los secretos del universo hay que empezar a pensar en términos de energía, frecuencia y vibración.

Estamos inmersos en un mundo demasiado racional, plagado de lógica y razón.

El paradigma energético propone un plano abundante, fluido y divertido.

Los sueños son ambiciones irracionales y dejarlos limitar por la razón es empezar a caminar con el pie cojo. Mover la energía y aplicarla en el mundo real es una experiencia fascinante porque se derriban todas las barreras mentales y se abre un infinito y mágico mundo de probabilidades.

Los occidentales somos muy poco cuánticos, somos de tocar y palparlo todo. Aburridísimos. Y así llenamos nuestra mente de prejuicios ante lo que queremos alcanzar. El antiguo paradigma de ver para hacer y creer por el nuevo aprendizaje de creer hacer para ver.

Esto es muy revolucionario, pero si no sintonizamos con el mundo energético, utilizamos solo una mínima parte de los superpoderes que tenemos.

Saber que necesitamos la energía para alcanzar un sueño es muy innovador y no apto para escépticos. Experimentar el sueño con energía es una invitación para que las cosas empiecen a moverse en esa dirección y poder llevarlas al mundo físico con maestría.

Canalizar la energía para manifestar tus sueños es maestría. Y la conexión con nuestro ser íntimo y superior que está conectado con el universo. El mayor proveedor del todo.

Para mover la energía soñadora necesitamos las tres C: consciencia, conexión y comunicación. Todo ello genera la gran C de clarividencia. Vemos en un plano desde el sentir la conexión con lo que va a suceder, con luz y claridad los sueños fluyen y se dan en un plano real.

Cuando me diagnosticaron el cáncer, tomé la decisión de sanarme física, mental y espiritualmente. Pues la medicina de los tumores se ha convertido en una industria que mueve miles de millones en el mundo y cada vez estamos más enfermos... ¡Qué paradoja!, ¿verdad? Hay una especie de contradicción. Mi enfermedad, cáncer de mama, es una especie de pandemia. Dicen, sin filtro, que en un futuro muy próximo la probabilidad de que las mujeres tengan cáncer de mama es altísima.

Yo pienso que algo está fallando en el sistema. Independientemente de someterme a una operación y extirpar el tumor, decido sanarme, dicho sea de paso, a nivel consciente. Y mover una poderosa energía para ello.

De lo primero que me doy cuenta, y es una obviedad, es de que el cáncer es una enfermedad emocional. Y hay algo en los códigos de mi consciencia donde un patrón invisible corrompido se manifiesta en mi cuerpo con absoluta franqueza. La enfermedad te hace sensible, humilde e incluso simpática. Pues no hay ningún juego que no sea la verdad para afrontar. Además, y lo he tenido muy claro, la enfermedad no es mi coartada para huir de mis temas pendientes. El aspecto metafísico de mi cáncer es fundamental para mí. Reconocer el síntoma para comprender el significado.

Para mí, la medicina actual falla en la filosofía o, mejor dicho, carece de toda ella, pues responde únicamente a criterios funcionales y eficaces que para mí no son suficientes ni todos me valen. Por eso decido interpretar los hechos que suceden en mi vida con la mayor sabiduría posible para darle a todo un significado, y para ello implemento el poder de la energía, que es mi marco de referencia fuera del plano en el que se manifiesta.

Me explico: los procesos físicos requieren de un plano metafísico. Está claro, ¿verdad? Todo lo visible corresponde a un plano energético subyacente invisible. Pero los médicos se mueven únicamente en el plano funcional. Y si no hay movimiento consciente de la energía presente, se impide la manifestación del significado. Y así nos quedamos con el análisis de los parámetros visibles sin tener en cuenta los cuánticos.

En el cuerpo se manifiesta una información y, cuando las funciones corporales se conjugan en armonía, se expresa la salud y, al contrario, la enfermedad. La llamada de atención en mi caso fue el cáncer; el desequilibrio inconsciente se manifiesta en forma de enfermedad. El síntoma atrae por su energía la mirada atenta, la invitación al descubrimiento para restablecer el orden en los códigos de la consciencia. Y cuando muevo la energía de la consciencia para averiguar el mensaje, agradezco el aprendizaje tan severo, pero que no deja de ser muy valioso.

Y así descubrí y testé en mi ser, desde la experiencia y la observación de esta ley de la energía que provoca, por ende, la mirada del amor, una disfunción emocional que marcaba la batuta en mi vida a nivel inconsciente: en vez de darme permiso a expresar amor, siento rabia. Y la rabia enquistada rompe el equilibrio interior y genera falta de amor, traducido en el cuerpo como enfermedad. Cáncer es el síntoma y, cuando descubro esto, la energía del amor produce lo imposible. La operación a la que me tengo que someter decido hacérmela con una eminencia. El primer obstáculo es que mi compañía aseguradora privada no tiene concierto con este gran doctor especialista en tumores de mama. Pero como la energía que estaba radicada en mí era tan poderosa, me lanzó a la clínica de este doctor. Y, cuando estaba en la sala de espera, no había mente, solo energía que se movía para ser operada por este doctor.

Me atendió, después de una larga espera, una doctora muy simpática y agradable que me explicó todo lo que padecía y lo que debía hacer. Cuando le expresé mi deseo de operarme con ellos y que no conocía a nadie mejor, pero que mi seguro privado no cubría la operación, ella me miró con estupor y me dijo: «¿Usted desea operarse con nosotros?». Mi respuesta no podía ser más clara. Me invitó a que pasara a la sala de espera. En ese momento mi intuición me dijo ¡que lo había conseguido! Y así fue, la doctora volvió a los quince minutos con un montoncito de volantes preoperatorios y diciéndome con una sonrisa que en diez días me operaban con carácter de urgencia.

Nunca pregunté cómo a nivel racional sucedió, no me importa, lo que sé y certifico es que mi energía rompedora detectó la causa profunda de mi enfermedad y movió un torrente de luz y amor que accedía a cualquier cuestión que me propusiera. Y mi curación con el mejor médico era mi prioridad en aquel momento.

Una mujer empoderada, yo misma, entró en un quirófano cuando ya estaba sanada espiritual y emocionalmente, ahora quedaba la parte física. Entregada a mi enfermedad, moví la energía que mi sueño me había hecho descubrir para seguir aprendiendo y ayudando a todos los que desean materializar sus sueños. Con una fe inquebrantable pude mover una energía inmutable hacia mi sueño, que era el de operarme con el mejor médico en cuestión. Así de poderosa es la ley de la energía.

Así de maravillosas son las leyes espirituales.

EPÍLOGO

El camino del *dreamer* se llenó de consciencia y luz gracias a la capacidad observadora y a la sabiduría que nuestra admirada Mayte Ariza regala y concreta en este fabuloso libro tras años de estudio.

Jamás encontrarás una información tan reveladora y eficaz. Te ayudará a superar miedos, a conocer y equilibrar tu arquitectura emocional, a trazar una estrategia puliendo aristas y balanceando la armonía de tu ser único e irrepetible.

Su maestría es sanadora, y sus leyes te empoderarán y harán brillar. Comprenderás y te alinearás con tus sueños llenando tu existencia de abundancia y plenitud.

Mayte Ariza nos enseña a reconectarnos con nuestro poder soñador y creador. Nuestros veintiún gramos de alma amplifican su capacidad en la concreción y concienciación de ser los tomadores de nuestro infinito poder creador. Clarifiquemos nuestros sueños y planifiquemos su estrategia con fuerza y determinación. Las 72 leyes de este manuscrito imprescindible para los soñadores, ministros soñadores o *big dreamers* te conducirán al infinito potencial que guardas en tu interior.

Gracias, querida Mayte, por tanta sabiduría.

BELINDA WASHINGTON

«El método de Mayte Ariza nos brinda una poderosa herramienta que nos ayuda a comunicar de manera responsable, asertiva y coherente con nosotr@s mismos, para convertirnos, gracias a ese nuevo lenguaje, en arquitectos de nuestras emociones, para transformarnos a lo largo de nuestro desarrollo y evolución vital con maestría, algo tan poderoso como la disciplina neurolingüística». ROSSY DE PALMA

«SOÑAR, crear, proyectar, atraer, construir, generar, amar, sembrar: liderar sueños hasta hacerlos realidad. Y al frente, la Mayte de siempre y para siempre. Como guía y como ejemplo. Yo asistí a la primera semilla, la primera siembra de su metodología. Mayte tuvo un sueño, el sueño de soñar, hacernos soñar, ayudar a soñar y lograr. Y con su semilla, mi sueño y el de tantas personas que brillan con luz y prosperidad. Enhorabuena, hermana, por tan buena cosecha. Una joya de libro». FERNANDO GUILLÉN CUERVO

«La publicación de este libro es muy importante. Yo he aprendido con Mayte a creer en mis sueños y a soñar a lo grande. La estrategia de los sueños con sus leyes me ha ayudado a trabajar por ellos y a ver resultados». MAR SAURA

«Mayte Ariza sabe sintetizar como nadie los puntos necesarios para conquistar los sueños. Su pasión por la vida y su conocimiento interno del medio artístico e intelectual, junto con su intuición, han hecho de su método con sus leyes una guía para profesionales y para todos los que quieran alcanzar un gran sueño». ALFONSO ALBACETE

«Cuando conocí a Mayte me di cuenta de que se trataba de una gran soñadora creadora. Ahora bien, saber que dedicó su talento a investigar y compartir 72 leyes para soñadores lleva su talante a otro nivel. Mayte es una soñadora incansable, cuya vida es fiel a lo que implica soñar con intención. Tanto es así que me atrevo a ampliar mi frase emblemática por "el secreto del buen vivir es no dejar de sonreír"... ni de soñar, pero con estrategia. Gracias, Mayte, por atreverte a escribir sobre algo en lo que siempre he creído». ISMAEL CALA

Si tienes preguntas o comentarios,
por favor, no dudes en escribirme a
dreams@mayteariza.com

Porque los sueños son más fuertes que la vida, aunque necesiten de la vida para realizarse. Son la mejor prueba real para desafiarnos. Son testigos de una mente canalla, a veces inexpugnable, y son la memoria de nuestro poder ilimitado. Reparadores de un pasado, inevitables para que el futuro soñador sea alcanzable.

MAYTE ARIZA DE ALBERTŸ